코드업과 함께 하는
C 언어 &
문제 해결

배준호 + 정웅열 + 정종광 + 전현석 지음

(주) 삼양미디어

머리말

왜 프로그래밍을 배워야 하나요?

4차 산업혁명이 일어나고 있는 현재는 모든 것이 디지털화되고 정보와 지식을 넘어 지능이 만들어지고 있는 사회이며, 컴퓨터는 앞으로 우리 생활에 더더욱 큰 자리를 차지하게 될 것이다. 그렇다면 우리에게는 기존의 3Rs(읽기, 쓰기, 셈하기) 이외에 어떤 능력이 필요할까? 많은 사람들은 컴퓨터를 문제 해결에 이용할 수 있는 능력, 즉 컴퓨팅 사고력(Computational Thinking; CT)이 필요하다고 말한다. 마치 컴퓨터과학자처럼 말이다.

컴퓨터과학자처럼 실생활의 문제를 해결하기 위해서는 복잡한 문제 상황을 정확하게 분석하고 이를 해결하기 위한 알고리즘을 설계해야 한다. 그리고 컴퓨터를 이용하여 알고리즘을 구현하기 위해 반드시 배워야 하는 것이 바로 프로그래밍이다. 프로그래밍은 컴퓨팅 사고력을 신장시키기 위해 우리가 할 수 있는 가장 좋은 방법이다. 따라서 다가올 SW 중심 사회, 지능 정보 사회를 대비하려면 프로그래밍 능력, 코딩 능력은 선택이 아닌 필수가 되어가고 있다.

프로그래밍을 잘하고 싶어요.

그러나,

어디서부터 무엇을 어떻게 시작해야 할지 고민만 하다가 포기하는 사람,
통합 개발 환경(IDE) 프로그램을 사용할 줄 몰라 포기하는 사람,
프로그래밍 책의 앞부분만 계속 보다가 흥미를 잃고 그만 두는 사람,
프로그래밍 공부를 하고 있지만 제대로 하고 있는지 의문이 드는 사람,
프로그래밍 책의 어느 내용이 중요한 부분인지 파악이 안 되는 사람,

이런 사람들이 많은 것이 현실이다.

필자들은 현직 정보 교사로서 학생들에게 프로그래밍을 좀 더 재미있고 체계적으로 가르칠 방법이 필요했다. 그래서 다양한 방법을 동원하여 수업해 보았지만 만족스러운 방법을 찾기가 어려웠다. 그러던 중 온라인 저지 시스템을 개발하여 수업에 적용해 보았더니, 프로그래밍에 '프' 자도 듣기 싫어하는 학생들이 재미있다고 저녁에 문자를 보내오고, 밤늦게 집에서도 스스로 프로그래밍을 공부하는 학생들을 보게 되었다. 학업 성취도가 매우 낮은 학생들도 흥미를 가지고 열심히 학습에 참여하였다. 우리는 이때부터 온라인 저지 시스템에 대한 확신을 갖게 되었다.

　기존의 프로그래밍 학습은 딱딱한 강의를 듣거나 두꺼운 책을 보면서 코드를 따라 쳐보는 방식이었다. 이 방식은 재미도 없고 학습 능률도 쉽게 오르지 않는다. 그리고 프로그래밍 문법 배우기에 급급하고, 별로 사용되지 않는 명령들까지 심도 있게 공부하느라 힘들다. 아마 이런 부분에서 흥미를 잃고 포기하는 사람이 많았을 것이다. 온라인 저지가 예전부터 있었다면 어땠을까? 조금 늦은 감이 있지만 지금이라도 온라인 저지는 프로그래밍 학습의 필수 도구가 되어야 한다.

이 책은 어떤가요?

　이 책은 코드업 온라인 저지를 활용한 C 언어 프로그래밍 학습용 교재로 개발되었다. 기존의 책과는 달리 따라하기 형태의 기본 예제를 통해 코드를 확인하고, 핵심 내용을 중심으로 설명을 최소화하였다. 프로그래밍 언어 학습보다는 문제 해결을 위한 프로그래밍의 본질에 초점을 두었기 때문이다. 기본 예제를 학습한 후에는 코드업에 있는 관련 문제들을 풀 수 있도록 안내하여 자기주도적인 학습이 이루어지게 하였다. 이를 위해 문제 해결을 위한 프로그래밍 과정에서 자주 사용되지 않는 명령과 문법, 학습자들을 힘들게 만드는 파일 처리와 동적 메모리 기법 등에 대한 소개는 과감하게 배제하였다.

　이 책은 다음과 같은 내용으로 구성되어 있다.

　PART 0에서는 온라인 저지를 소개하고 이 책에서 사용될 코드업 온라인 저지의 특징과 활용 방법을 안내한다.

　PART 1에서는 프로그래밍 및 통합 개발 환경, 그리고 컴퓨팅 사고로 문제를 해결하는 과정을 소개한다. 그리고 C 언어 프로그래밍의 기본 명령과 문법을 따라하기 형태의 간단한 예제와 다양한 문제를 통해 학습할 수 있게 구성하였다.

　PART 2는 PART 1에서 배운 기본 개념을 바탕으로 코드업에 있는 다양한 문제를 프로그래밍을 통해 해결하는 내용으로 구성하여 학습자의 컴퓨팅 사고력이 향상되게 하였다.

　C 언어에 관한 많은 책이 있지만 누구나 쉽게 배울 수 있는 프로그래밍 입문서는 많지 않다. 지능정보사회의 주역이 될 독자들에게 소중한 선물이 되기를 바라는 네 명의 정보 선생님들의 마음을 이 책에 담고자 한다.

– 저자 일동

Contents
| 차 례 |

PART 0 온라인 저지와 코드업

SECTION 1 온라인 저지 · **10**
    01 온라인 저지 · · · · · · · · · · · · · · 10
    02 온라인 저지의 종류 · · · · · · · · · 10

SECTION 2 코드업 · **14**
    01 코드업 · · · · · · · · · · · · · · · · · · · 14
    02 코드업 시작하기 · · · · · · · · · · · 17
    03 코드업의 기능과 활용 · · · · · · · 20

PART 1 C 언어 프로그래밍

CHAPTER 01 프로그래밍의 개요

SECTION 1 프로그래밍과 소프트웨어 · · · · · · · · · · **31**
    01 프로그램, 프로그래밍, 프로그래밍 언어 · 31
    02 프로그램과 소프트웨어 · · · · · · 33
    • 개념 확인하기 · · · · · · · · · · · · · · · 37

SECTION 2 프로그래밍 언어의 종류와 특징 · · · · · **38**
    01 프로그래밍 언어의 종류 · · · · · 38
    02 프로그래밍 언어의 특징 · · · · · 41
    • 개념 확인하기 · · · · · · · · · · · · · · · 44

SECTION 3 프로그래밍의 절차와 알고리즘 · · · · · · **45**
    01 프로그래밍 절차 · · · · · · · · · · · 45
    02 프로그래밍 과정 · · · · · · · · · · · 46
    03 알고리즘과 표현 방법 · · · · · · · 46
    04 순서도를 활용한 알고리즘 표현 · · 49

05 컴파일과 디버깅 · · · · · · · · · · · 51
• 개념 확인하기 · · · · · · · · · · · 54

SECTION 4 통합 개발 환경 · · · · · · · · · · · **56**
01 통합 개발 환경의 개념 · · · · · · · · · 56
02 통합 개발 환경의 종류 · · · · · · · · · 58
• 개념 확인하기 · · · · · · · · · · · 66

SECTION 5 컴퓨팅 사고력과 문제 해결 · · · · · **67**
01 컴퓨팅 사고력 · · · · · · · · · · · 67
02 문제 해결 예시 및 효율 비교 · · · · · 71
03 탐색 기반 알고리즘 설계 · · · · · · 74
• 개념 확인하기 · · · · · · · · · · · 78
• 스스로 점검하기 · · · · · · · · · · 79

CHAPTER 02 C 언어 프로그래밍의 기초

SECTION 1 C 언어의 시작 · · · · · · · · · · · **83**
01 Hello, World! · · · · · · · · · · · 83
02 main( )과 헤더 파일 · · · · · · · · 84
• 개념 확인하기 · · · · · · · · · · · 88

SECTION 2 C 언어의 기초 · · · · · · · · · · · **89**
01 상수와 변수 · · · · · · · · · · · 89
02 자료형 · · · · · · · · · · · · · · 91
03 프로그램의 구조와 연산자 · · · · · 98
• 개념 확인하기 · · · · · · · · · · · 108

SECTION 3 입력과 출력 · · · · · · · · · · · **109**
01 printf( ) · · · · · · · · · · · · · 109
02 scanf( ) · · · · · · · · · · · · · 113
• 개념 확인하기 · · · · · · · · · · · 116
• 코드업과 함께 하는 문제 해결 · · · · 118
• 스스로 점검하기 · · · · · · · · · · 120

Contents

CHAPTER 03 제어문

SECTION 1 조건문 · **122**
    01 if · 122
    02 if~else · · · · · · · · · · · · · · · · · 125
    03 if~else if···else · · · · · · · · · 129
    04 switch~case · · · · · · · · · · · · 133
    • 개념 확인하기 · · · · · · · · · · · · · 138

SECTION 2 반복문 · **140**
    01 while과 do~while · · · · · · · · 140
    02 for · 143
    03 중첩 for · · · · · · · · · · · · · · · · · 146
    04 break와 continue · · · · · · · · · 149
    • 개념 확인하기 · · · · · · · · · · · · · 151
    • 코드업과 함께 하는 문제 해결 · · · · · 153
    • 스스로 점검하기 · · · · · · · · · · · · 155

CHAPTER 04 배열과 함수

SECTION 1 배열과 포인터 · · · · · · · · · · · · · · · · · **157**
    01 배열의 선언 · · · · · · · · · · · · · · 157
    02 배열의 활용 · · · · · · · · · · · · · · 162
    03 포인터와 포인터 변수 · · · · · · · · 166
    • 개념 확인하기 · · · · · · · · · · · · · 170

SECTION 2 함수 · **172**
    01 함수의 정의 및 호출 · · · · · · · · · 172
    02 함수의 활용 · · · · · · · · · · · · · · 174
    03 재귀 호출 · · · · · · · · · · · · · · · · 179
    • 개념 확인하기 · · · · · · · · · · · · · 185
    • 코드업과 함께 하는 문제 해결 · · · · · 187
    • 스스로 점검하기 · · · · · · · · · · · · 189

PART 2
코드업과 함께 하는 문제 해결

입·출력
- 01 보안 카드 접수증 … 192
- 02 정수 계산기 … 194
- 03 성적 계산하기 … 196

조건문
- 04 사주보기 … 198
- 05 3개의 터널 통과하기 … 200
- 06 이 달은 며칠까지 있을까? … 202
- 07 30분 전 … 204

반복문
- 08 구간의 수 출력하기 … 206
- 09 가장 큰 운동장 … 208
- 10 대금 만들기 … 210
- 11 바이러스 백신 … 212
- 12 범인을 잡아라 1 … 214
- 13 시저의 암호 … 216
- 14 1등과 꼴등 … 218
- 15 종이 자르기 … 220
- 16 세모 바퀴 만들기 … 222

배열
- 17 암호 처리하기 … 224
- 18 말하는 앵무새 … 226
- 19 C 언어를 찾아라 … 228
- 20 가장 큰 수 … 230
- 21 범인을 잡아라 2 … 232

함수
- 22 윤년 판단하기 … 234
- 23 윷놀이 … 236
- 24 뒤집어 더하기 … 238
- 25 순위 구하기 … 240
- 26 광석 제련하기 … 242
- 27 줄 세우기 … 244

★ 모범 답안(해설) … 246
★ 찾아보기 … 302

PART 0
온라인 저지와 코드업

온라인 저지(online judge)는 인터넷으로 프로그래밍 코드를 제출하여 채점하고 즉시 그 결과를 확인할 수 있는 시스템이다. 이를 활용하면 프로그래밍을 지루하지 않게 학습하고 도전감과 성취감을 느낄 수 있다.

코드업은 국내 온라인 저지로서 프로그래밍에 입문하는 사람, 프로그래밍을 체계적으로 배우고 싶은 사람, 프로그래밍 대회를 준비하는 사람들에게 적합한 사이트이다.

SECTION 1 온라인 저지

기존의 프로그래밍 학습은 책이나 강의를 통해 코드를 따라 입력해 보거나 문제를 해결하고 답을 확인하는 방식이었다. 만일 내가 작성한 코드가 올바른 것인지를 바로 확인해주고, 더 좋은 코드를 알려주는 시스템이 있다면 어떨까? 지금부터 그러한 시스템이 가능한 온라인 저지에 대해 살펴본다.

01 온라인 저지

온라인 저지(Online Judge; OJ) 또는 프로그램 자동 채점 시스템은 프로그래밍 코드를 온라인으로 제출하여 서버에서 컴파일하고, 제한 시간 및 허용된 메모리 내에서 정확한 답을 출력하는지 실시간으로 채점하는 시스템이다. 온라인 저지는 채점에 대한 결과를 즉시 확인할 수 있어 자기주도적 프로그래밍 학습에 효율적인 시스템이다. 또한 다른 학습자들의 소스 코드와 효율을 비교할 수 있어 더욱 재미있게 프로그래밍을 배울 수 있게 도와준다. 현재 정보올림피아드 및 대학생 프로그래밍 경시대회 등 여러 프로그래밍 대회에서 사용되고 있다.

02 온라인 저지의 종류

온라인 저지는 국내뿐만 아니라 해외에도 많은 사이트가 운영되고 있다. 온라인 저지는 일반적으로 프로그래밍으로 해결할 수 있는 실생활의 문제를 제시하고, 실시간 채점 현황을 보여준다. 여기에 각 저지 사이트마다 특색 있는 기능을 추가하여 운영하고 있다. 요즘 해외 유명 온라인 저지들은 자체 대회를 열어 학습자들이 프로그래밍 실력을 겨루고 자신의 순위를 확인하여 컴퓨팅 사고력(Computational Thinking; CT), 즉 컴퓨터를 이용한 창의적인 문제해결력을 점검할 수 있게 하는 추세이다.

1 국내 온라인 저지

(1) 코드업

이 책에서 사용할 온라인 저지로서 자세한 내용은 다음 SECTION에서 소개한다.

▲ 코드업(http://codeup.kr)

(2) 코이스터디

경기과학고에서 운영하는 온라인 저지로서, 실제 학교 수업에 활용되고 있으며 프로그래밍 실력이 높은 학생들이 이용하는 사이트이다. 기초 100제와 다양한 문제 해결 전략을 요구하는 문제들이 많아 프로그래밍 문제 해결 심화 학습을 하는 데 적합하다.

▲ 코이스터디(http://koistudy.net)

(3) 저지 온

경남과학고에서 운영하는 온라인 저지로서, 실제 학교 수업에 활용되고 있다. 쉬운 문제와 어려운 문제가 잘 배분되어 있으며, 프로그래밍과 문제 해결 전략을 차근차근 배울 수 있게 구성되어 있다.

▲ 저지 온(http://www.judgeon.net)

(4) 기타 국내 온라인 저지

이 외에도 국내 최대 규모이며 다양한 기능을 제공하고 있는 백준 온라인 저지(http://acmicpc.net), 프로그래밍 초고수들이 존재하는 알고스팟(http://algospot.com), 프로그래밍 및 문제 해결 전략 동영상 강좌와 알고리즘 실험실을 제공하는 Coding is fun(http://koi.codingfun.net) 등이 있다.

2 해외 온라인 저지

(1) 코드 포스

러시아의 Saratov State 대학교에서 운영하는 온라인 저지로서, 프로그래밍 실력을 겨룰 수 있는 대회를 정기적으로 열고 있다. 이 대회에는 전 세계 프로그래밍 초고수들이 참가하며, 난이도가 비교적 낮은 Div 1과 어려운 수준의 Div 2로 나누어 대회가 운영된다. 대회 중 다른 사람이 제출한 코드의 약점을 찾아내어 점수를 획득하고 상대방의 점수는 깎아 내리는 Hack이라는 요소를 통해 대회의 재미를 더하고 있다. 대회가 끝나면 냈던 문제들을 다시 해결해볼 수 있게 온라인 저지 시스템을 통해 공개한다.

▲ 코드 포스(http://codeforces.com)

(2) 앳 코더

일본의 AtCoder사가 운영하는 프로그래밍 대회 사이트이다. '코드 포스'와 유사하게 프로그래밍 실력을 겨룰 수 있는 대회를 정기적으로 연다. 이 대회는 초급자들이 참가하는 ABC(Atcoder Beginner Contest), 중급자들이 참가하는 ARC(Atcoder Regular Contest), 고급자들이 참가하는 AGC(Atcoder Grand Contest)로 나누어 운영된다. 문제가 일본어로 제시되지만, 한국어

▲ 앳 코더(http://atcoder.jp)

번역 프로그램이 우수하여 문제 내용을 파악하기 어렵지 않다. 대회 운영 시간이 우리나라에서 부담 없이 참가할 수 있는 시간대이므로 점차 국내 참가자가 늘어날 것으로 예상한다.

(3) USACO

미국의 Clemson 대학교에서 운영하며, 국제 정보 올림피아드를 준비하는 중등학생들을 위한 사이트이다. 매년 6번의 대회를 실시하여 미국 국가대표를 선발하며, 타국인도 관람자로서 대회에 참가하여 채점 결과를 받을 수 있다. 문제 난이도에 따라 Bronze, Silver, Gold, Platinum의 4등급으로 대회가 운영되고 있다. 대회 운영 외에도 알고리즘을 학습할 수 있는 트레이닝 사이트를 별도로 운영한다(http://train.usaco.org/usacogate).

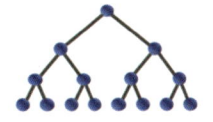

▲ USACO(http://usaco.org)

(4) POJ

중국의 북경대학교에서 대학생 프로그래밍 경시대회(ACM-ICPC) 연습을 위해 운영하는 온라인 저지이다. 2003년부터 운영되고 있어 역사가 깊고 회원 수와 문제 수가 많다. 문제는 영어와 중국어 중 선택하여 볼 수 있고, 다양한 프로그래밍 언어를 지원한다.

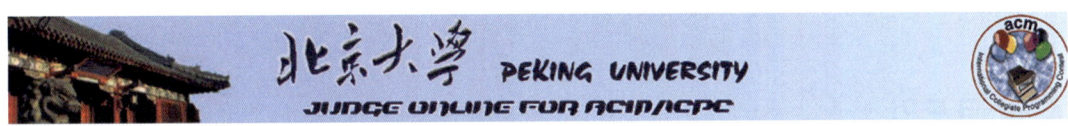

▲ POJ(http://poj.org)

SECTION 2 코드업

국내외에 존재하는 많은 온라인 저지 사이트 중 자신의 스타일에 맞는 사이트를 선택하는 것이 필요하다. 이 중 프로그래밍을 시작하는 사람이나 프로그래밍을 체계적으로 배우고 싶은 사람에게는 코드업 온라인 저지 사이트를 추천한다.

01 코드업

1 코드업 소개

코드업(http://codeup.kr)은 2012년에 만들어져 현재까지 운영 중인 국내 온라인 저지 사이트이다. 국내외 대부분 온라인 저지들은 프로그래밍 대회나 알고리즘 트레이닝 위주로 운영되어 프로그래밍에 입문하려는 학생들이 접근하기에는 다소 어려움이 있다. 이에 비해 코드업은 프로그래밍 입문자들이 쉽게 접근하여 프로그래밍에 흥미를 느끼게 구성되어 있으며, 컴퓨팅 사고를 통해 문제를 해결하는 방법을 학습하는 사이트이다.

코드업은 프로그래밍의 기본 개념인 입·출력문, 조건문, 반복문, 배열, 함수 등을 학습할 수 있는 다양한 문제들로 구성되어 있으며 C언어를 비롯하여 C++, JAVA, Python 2.7, Python 3.5 등 다양한 프로그래밍 언어를 지원한다. 또한, 코드업에서는 다양한 피드백을 통해 문제를 올바르게 해결했는지 확인할 수 있다.

코드업은 크롬, 사파리, 파이어폭스, 엣지 등처럼 웹 표준을 준수하는 웹 브라우저에서만 제대로 작동한다. 인터넷 익스플로러를 사용하려면 버전 11 미만에서는 화면 레이아웃이 깨지고 몇몇 기능이 작동하지 않으므로, 반드시 11 이상의 버전을 사용해야 한다.

현재 코드업의 회원 수는 2만 7천 명 이상, 제출 코드는 2백만 건을 넘어 서고 있다(2017년 1월 14일 기준).

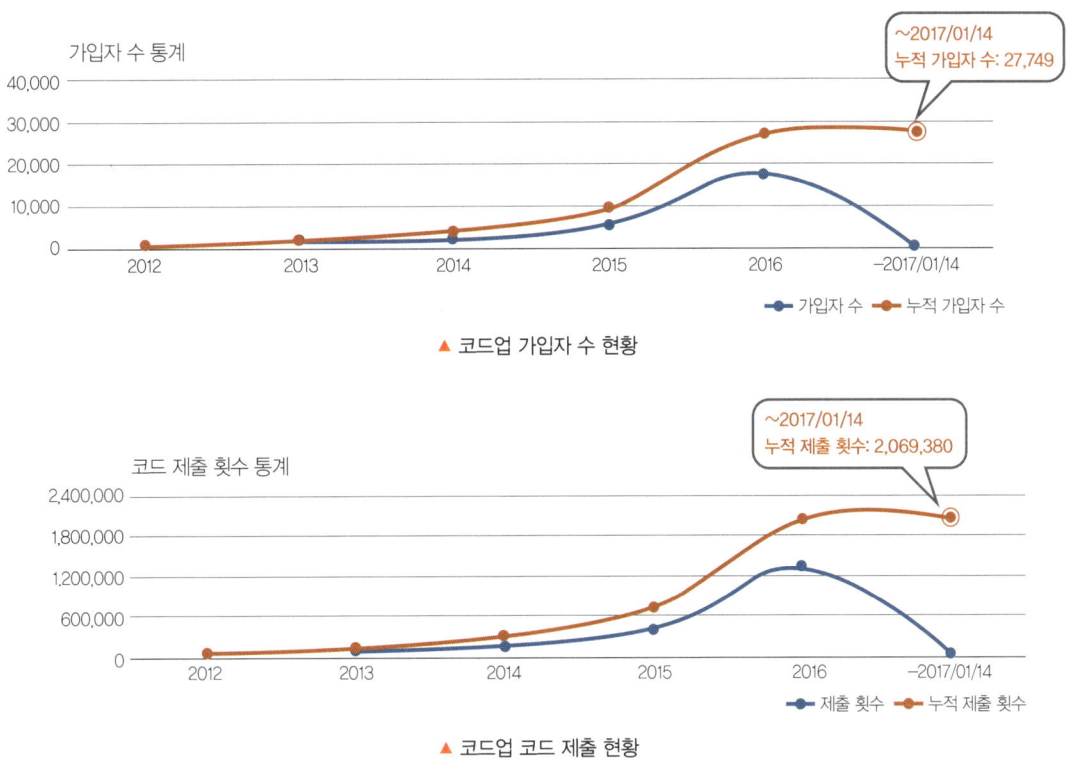

▲ 코드업 가입자 수 현황

▲ 코드업 코드 제출 현황

2 코드업 서버 제원

CPU	Intel(R) Core i5-4250U CPU @ 1.30GHz x 4
메모리	8GB
저장 장치	SSD 128GB
운영체제	UBUNTU(우분투) 14.04 LTS

3 채점 가능 언어 및 번역 명령

채점 가능 언어	번역기	번역 명령
C	GNU GCC	gcc Main.c -o Main -O2 -Wall -lm --static -std=c99 -DONLINE_JUDGE
C++	GNU G++	g++ Main.cc -o Main -O2 -Wall -lm --static -std=c++11 -DONLINE_JUDGE
JAVA	SUN_JAVA_JDK	javac -J-Xms32 -J-Xmx256 Main.java
Python 2.7	Python 2.7	python -c import py_comple; py_compile.compile(r'Main.py')
Python 3.5	Python 3.5	

4 코드업 문제 분류

코드업에는 프로그래밍을 통해 해결할 수 있는 많은 문제가 탑재되어 있다. 이러한 문제를 해결하는 방법이 한 가지만 있는 것은 아니지만, 다음의 분류표를 참고하여 학습하면 보다 효율적일 것이다.

문제 번호	구분	비고	
1001~	기초 문제	1001~	기초100제
		1101~	입·출력문
		1151~	조건문
		1251~	단일 반복문
		1351~	다중 반복문
		1401~	1차원 배열
		1501~	2차원 배열
		1601~	함수
		1701~	수행 평가 및 쉬운 수준의 대회
		1901~	재귀함수, 파일 입출력
2001~	중급 문제	약간의 문제해결력이 필요한 문제	
3001~	자료구조, 알고리즘, 문제 해결 전략	3001~	탐색 및 정렬, 기본 알고리즘
		3101~	기본 자료구조 및 STL
		3201~	트리 & 그래프 등
		3301~	욕심쟁이 기법
		3401~	DFS, BFS, 백트래킹, 분할정복 등
		3701~	동적 계획법(Dynamic Programming)
4001~	국내대회 기출문제	4001~	교원 프로그래밍 경진대회 기출문제
		4201~	정보 올림피아드 기출문제
5001~	해외대회 기출문제	USACO, CCC 등	

02 코드업 시작하기

1 회원 가입하기

① 메인 페이지에서 [가입하기]를 클릭한다.

▲ 메인 페이지

② 주어진 양식에 맞춰 내용을 입력하고 [회원 가입]을 클릭한다.

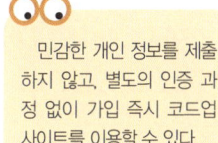

민감한 개인 정보를 제출하지 않고, 별도의 인증 과정 없이 가입 즉시 코드업 사이트를 이용할 수 있다.

▲ 회원 가입 페이지

SECTION 2 코드업 **17**

2 코드업 사용하기

① 로그인 후 [문제] 메뉴를 클릭하고 [문제]를 선택하여 목록이 나타나면 1001번 문제를 선택한다.

▲ 문제 목록 페이지

② 문제 설명과 입출력 형식을 읽고 문제 해결을 위한 프로그램의 소스 코드를 자신이 사용하는 통합 개발 환경(IDE)에서 작성한 후 잘 실행되는지 확인한다. 자신의 코드를 채점하려면 [소스 제출] 버튼을 누른다.

▲ 문제 설명 페이지

> 통합 개발 환경(IDE)에 대한 설명은 이 책의 56쪽에 소개되어 있다.

③ 소스 코드 제출 화면의 [Language]에서 작성한 프로그래밍 언어를 선택한 후, 통합 개발 환경에서 작성한 코드를 복사하여 붙여 넣고 제출한다.

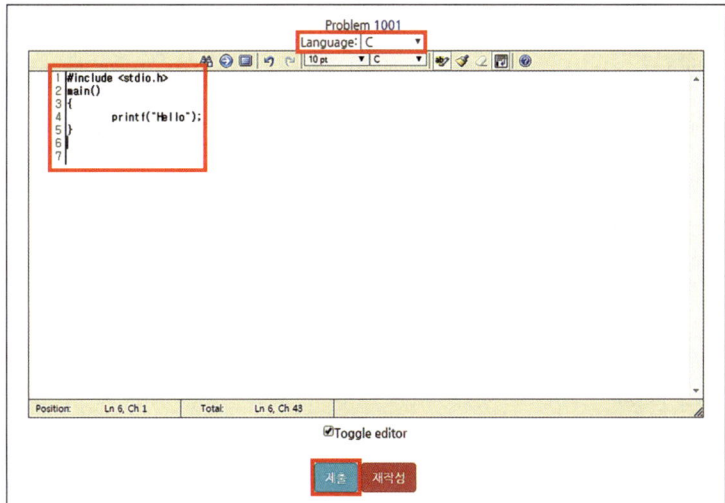

코드업은 기본적으로 소스 코드를 작성할 때 scanf( ), printf( )와 같은 표준 입출력 함수를 이용해야 한다.

▲ 소스 코드 제출 페이지

④ 제출된 코드는 즉시 채점되고 잠시 후 결과를 알려준다.

⑤ 이와 같은 방법으로 다른 문제들도 해결해 본다.

채점 결과 이해하기

[결과]에서 [정확한 풀이]는 프로그램이 올바르게 작성되고 실행되었음을 의미한다. 만약 코드는 작동하지만 문제에서 원하는 결과가 출력되지 않았다면 [잘못된 풀이]를 받게 된다. 이 때 [잘못된 풀이]를 클릭하면 무엇이 틀렸는지 정보를 확인할 수 있다.

이 외에도 채점 결과로 다양한 피드백을 제공하는데 그 의미는 아래와 같다.

결과	의미
정확한 풀이	제출한 코드가 올바르게 작동한 경우
잘못된 풀이	제출한 코드의 출력 결과가 정답과 다른 경우
표현 에러	출력 결과가 테스트 데이터와 유사하나, 공백이나 빈 줄과 같은 사소한 문제로 인해 출력 결과가 일치하지 않는 경우
시간 초과	제출한 코드가 제한된 시간 이내에 끝나지 않은 경우
메모리 초과	제출한 코드가 제한된 메모리보다 많이 사용한 경우
출력한계 초과	출력이 예상보다 많이 발생한 경우
실행 중 에러	실행 도중에 잘못된 메모리 참조(배열 인덱스 지정 오류), 0으로 나눈 경우 등의 에러가 발생하여 실행 도중에 프로그램이 뜻하지 않게 종료된 경우
컴파일 에러	컴파일러가 제출한 코드를 컴파일하지 못한 경우

3 문제 검색하기

이 책에 사용된 예제나 문제에는 코드업에 등록된 문제 번호(ID)가 표시된다. 이 문제들을 코드업에서 찾는 방법을 소개한다.

(1) 문제 목록 페이지의 문제 검색란에 문제 번호를 입력하여 찾는 방법

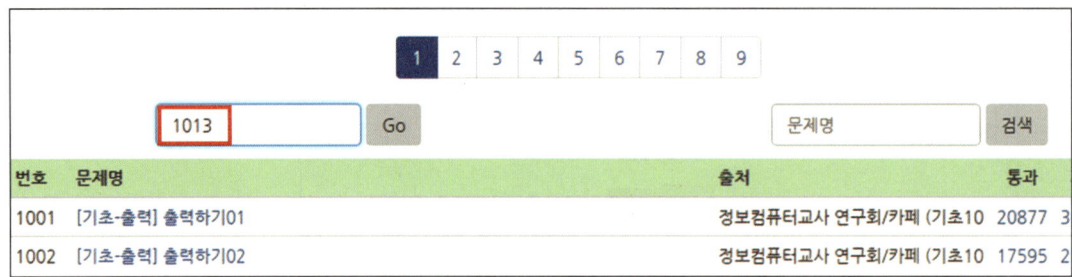

▲ 문제 검색란을 이용하는 방법

(2) 인터넷 주소 입력창에서 문제 번호를 직접 입력하여 찾는 방법

▲ 웹 브라우저 URL에 직접 입력하는 방법

03 코드업의 기능과 활용

1 공통 기능

(1) 모범 소스 기능

일반적으로 온라인 저지에서는 다른 사람의 코드를 볼 수 있는 기능을 제공하지 않는다. 하지만 학습자의 입장에서 문제를 해결하고 나면 다른 사람의 코드가 궁금하기도 하고, 내가 작성한 코드가 올바른 것인지 의문을 갖게 된다.

코드업에서도 역시 다른 사용자의 코드를 볼 수는 없지만, 모범 소스 코드를 제공하여 궁금증의 일부분을 해소해주고 있다. 모범 소스 코드는 해당 문제를 해결해야만 확인할 수 있으며, 그

문제를 해결하지 못하면 볼 수 없다.

모범 소스 코드는 모든 문제에 있는 것은 아니며, 주로 기초 문제에만 제공된다. 현재 C/C++ 언어와 Python 3 언어에 대한 모범 소스 코드를 같이 제공한다.

(2) 문제집 기능

전체 문제 목록은 문제 번호 순서로 정렬되어 있으므로 사용자가 프로그래밍의 기본 개념 또는 문제 해결 방법을 확인하며 학습하기에는 어려움이 있다. 이를 보완하기 위해 등록된 문제 중 학습자가 해결하고 싶은 형태의 문제들을 빠르게 선택해서 해결할 수 있게 하는 문제집 기능을 제공한다. 메뉴 중 [내 문제집]은 내가 해결하고 싶은 문제를 선택해 놓은 일종의 즐겨찾기 기능이다.

(3) 그룹 기능

학교나 동아리에서 단체로 코드업을 이용할 때는 별도의 요청을 통해 그룹으로 등록할 수 있다. 그룹 등록 요청은 그룹을 관리하는 담당 정보 교사만이 할 수 있다. 그룹이 등록되고 나면 같은 IP 주소로 접속되는 모든 ID는 해당 그룹으로 자동 편성되어 일일이 그룹 신청할 필요가 없다. 그룹에 편성되면 로그인 상태에서 화면 오른쪽 위에 그룹명이 표시된다.

▲ 그룹 등록 확인

해당 그룹의 네트워크 구성이 동일하지 않으면 학습자의 그룹 자동 편성이 잘 되지 않을 수 있다. 이 경우에는 수동으로 그룹을 신청해야 한다.

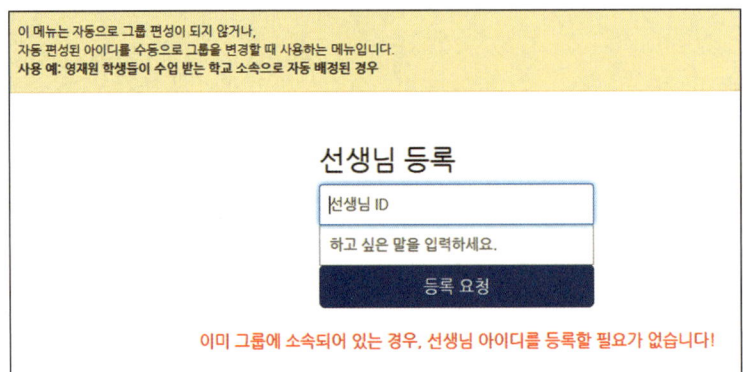

▲ 수동 그룹 등록 기능

(4) 학교 수업과 개인 강의

학교 수업은 해당 학교 그룹으로 등록된 사용자만 참여할 수 있다. 수업 생성은 해당 그룹을 담당하는 정보 교사만 생성할 수 있다.

수업번호	대상 그룹	수업 명
1190	연초고	(파이썬을 위한) 조건문(1-5) 마감
1189	창원과학고	1학년 2차고사 범위 마지막 [10]
1188	경남과학영재원	11/19 경남과학영재교육원 수업
1187	계남고	TnC 11월 18일

▲ 학교 수업 목록

개인 사용자는 개인 강의를 등록할 수 있다. 단, 강의 내용의 신뢰성을 위해 200문제 이상을 푼 사용자만 개인 강의를 등록할 수 있다.

개인 강의 목록		
※ 개인 강의 게시판입니다. 문제 풀이 및 강의를 생성 할 수 있습니다. 아무나 생성가능하		
강의 생성		
강의 번호	제목	생성자
1318	메모이제이션(memoization)	fenne
1215	정렬하는 법 [9]	limth
1095	콘솔게임 만들때 유용한 함수들 [3]	marti
1048	vector의 stl [1]	limth
1046	stl의 편리함 [5]	limth

▲ 개인 강의 목록

(5) 이벤트 기능

코드업에서는 대회(contest)를 이벤트라고 칭한다. 이벤트에는 공개/비공개/수행 평가 이벤트가 있다. 공개 이벤트는 사이트 이용자 모두가 참여할 수 있는 대회이고, 비공개 이벤트는 특정 사용자만 미리 지정하여 참여할 수 있는 대회이다. 수행 평가 이벤트는 학교별로 진행되며, 수행 평가 입장 코드를 알고 있는 사용자만 참여할 수 있는 대회이다.

이벤트 목록		
서버 시간:2017-1-15 01:45:39 문의		
ID	제목	상태(이벤트 시간)
1326	2016 Key.East 송년 대회 (프리미어) - 중급	종료@2017-01-01 23:59:0
1325	2016 Key.East 송년 대회 (챌린저) - 초급	종료@2017-01-01 23:59:0
1324	2016.밀성초_나코세_경희원선발시험	종료@2016-12-28 19:00:0
1323	2016-2학기 원주고	종료@2016-12-19 17:40:0
1322	2016 SHHS 프로그래밍 대회	종료@2016-12-15 12:00:0

▲ 이벤트 목록

(6) 해외 대회 일정 안내 기능

해외 유명 온라인 저지의 프로그래밍 대회 일정을 안내해주는 기능이다. 사이트명과 대회명을 링크해서 보여주며, 한국 시작 시간을 표시해주고 있어 매우 유용하다.

사이트명	대회명	한국 시작 시간
Leetcode	LeetCode Weekly Contest 15	2017/01/15 11:30:00
AtCoder	AtCoder Beginner Contest 052	2017/01/15 21:00:00
AtCoder	AtCoder Regular Contest 067	2017/01/15 21:00:00
Codeforces	8VC Venture Cup 2017 - Elimination Round	2017/01/16 02:05:00

▲ 해외 대회 일정

(7) 게시판 기능

문제를 해결하는 도중 질문이나 기타 의견이 있을 수 있다. 이럴 때는 게시판에 글을 작성하여 다른 사용자와 의사소통할 수 있다.

▲ 질문 게시판

2 교사 권한

코드업에는 그룹 학생을 관리하고 수업을 생성할 수 있는 교사 권한이 있다. 이 교사 권한은 중, 고등학교의 정보 교사에게만 부여된다. 자세한 내용은 [FAQ]-[교사 권한 FAQ] 메뉴에 안내되어 있다.

▲ 교사 권한 안내 FAQ

(1) 모범 소스 보기 기능

코드업은 문제 풀이 결과 [정확한 풀이]를 받게 되면 일명 [모범 소스]를 볼 수 있다. [모범 소스]란 많은 사람들이 푼 일반적인 방법의 소스 코드이다. 그런데 교사 권한을 갖게 되면 문제를 해결하지 않고도 [모범 소스]를 볼 수 있다. 이는 교사의 수업 준비 시간을 단축하기 위한 용도이다. 하지만 문제를 깊이 있게 이해하기 위해서는 직접 해결해 볼 것을 권장한다.

▲ 모범 소스 코드

(2) 수업 기능

코드업에는 약 900개의 프로그래밍 문제가 등록되어 있는데, 이 많은 문제를 모두 수업에 활용하는 것은 현실적으로 어렵다. 따라서 교사가 수업에 사용할 문제만 몇 개 선택하여 수업을 진행할 수 있게 수업 게시판이 따로 제공되며, 여기에는 소속 그룹 학생들이 문제를 해결하면 누가 어떤 문제를 해결했는지 표시된다. 이를 통해 교사는 학생들의 학습 상황을 확인할 수 있고, 어떤 문제에서 어려움을 느끼는지 파악할 수 있다.

문제 ID	문제명	인원	푼 사람
1038	[기초-산술연산] 정수 두 개 입력 받아 합 출력하기1	23	trz_21 / kth0320 / junes3 / fruit1005 / ghksdlqhdl / a4a4a455 / lspttyy / abcd4025 / fs2576 / dlaehdrn22 / best00517 / alswo7400 / Seung / kmt1023 / wotj0707 / skdhkdl70286 / dbgurwo235 / dnjsqls2ek / wjpark1074 / kang1156 / rudtls0303 / gis1118 / dudgns080500 /
1039	[기초-산술연산] 정수 두 개 입력 받아 합 출력하기2	22	trz_21 / kth0320 / junes3 / fruit1005 / best00517 / ghksdlqhdl / dbgurwo2356 / Seung / dnjsqls2ek / rudtls0303 / kang1156 / skdhkdl70286 / alswo7400 / wjpark1074 / lspttyy / fs2576 / kmt1023 / wotj0707 / dlaehdrn22 / a4a4a455 / abcd4025 / gis1118 /
1040	[기초-산술연산] 정수 한 개 입력 받아 부호 바꿔 출력하기	22	trz_21 / kth0320 / junes3 / fruit1005 / best00517 / ghksdlqhdl / dbgurwo2356 / Seung / dlaehdrn2 / rudtls0303 / lspttyy / wotj0707 / kang1156 / alswo7400 / kmt1023 / dnjsqls2ek / fs2576 / skdhkdl70286 / a4a4a455 / wjpark1074 / abcd4025 / gis1118 /

▲ 학교 수업 내 문제 해결 상황

수업 게시판의 수업 생성은 교사 권한을 가진 사람만 할 수 있다. 또한, 소속 그룹의 학생 수준이 공개되는 것을 막기 위해 다른 그룹의 수업 내용은 볼 수 없다.

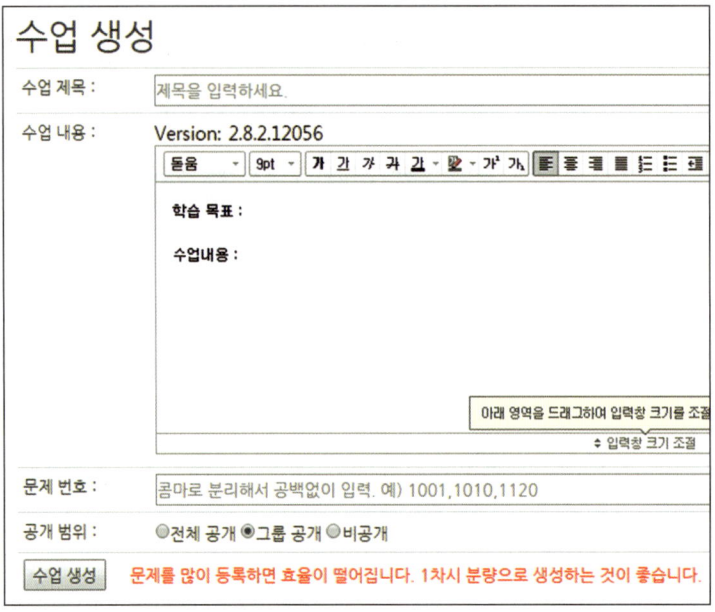

▲ 수업 생성 화면

(3) 학생 관리 기능

그룹으로 편성된 학생 ID는 교사가 관리할 수 있게 구성되어 있다. 그룹 학생의 비밀번호 분실 시에도 교사가 직접 비밀번호를 변경해 줄 수 있다.

▲ 그룹 사용자 관리 화면

(4) 이벤트 기능

이벤트 메뉴를 이용하여 학교 수행 평가를 실시할 수 있다. 수행 평가를 진행하려면 관리자(admin)에게 이벤트를 요청한다. 수행 평가는 미리 정해놓은 시간에 자동으로 시작되고 종료된다. 수행 평가 중 순위표를 빔 프로젝트나 전자칠판에 띄워 놓으면 실시간으로 누가 어떤 문제를 해결했는지 확인할 수 있다. 순위표를 이용하면 수행 평가 후 채점도 편리하게 할 수 있다.

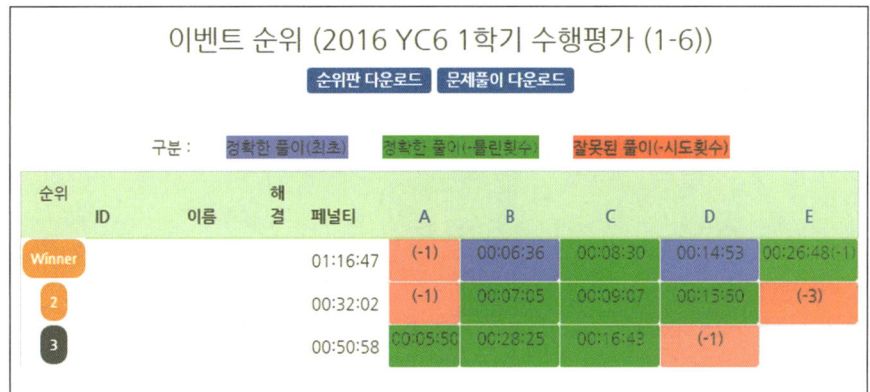

▲ 이벤트 실시간 순위 화면

(5) 부정 행위 차단 기능

수행 평가 시 학생들이 기존에 제출한 소스 코드를 볼 수 없게 하고, 부정 행위의 소지가 있는 기능(게시판 및 쪽지)을 사용하지 못하게 막는 기능이다. 이 기능은 교사가 원 클릭 토글(toggle) 방식으로 변경할 수 있고 즉시 적용된다.

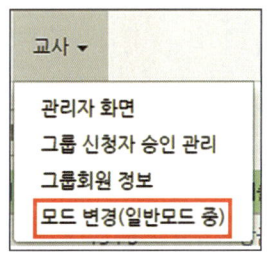

▲ 일반 모드

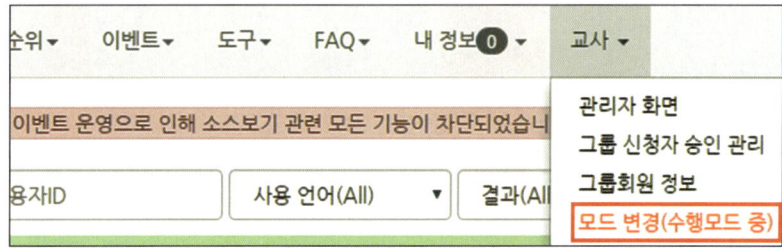

▲ 수행 모드: 소스 보기, 게시판 및 쪽지 기능 차단

PART 1
C 언어 프로그래밍

이 PART에서는 C 언어의 기초 문법을 학습한다. 이 책은 일반적인 C 언어 학습서와는 달리 온라인 저지(online judge)를 활용한 문제 해결에 초점을 두고 있으므로, 문제 해결에 필요한 기초 문법을 온라인 저지를 활용하여 학습할 수 있게 구성하였다.

CHAPTER
01
프로그래밍의 개요

프로그램과 프로그래밍이란 무엇일까? 또 알고리즘은 무엇이고, 프로그래밍과는 어떤 관계가 있을까? 프로그래밍을 수행하는 프로그래밍 개발 환경은 어떻게 이해하고 사용할 수 있는 것일까?

이 CHAPTER는 프로그래밍 언어를 이용하여 소프트웨어를 개발하는 데 필요한 전반적인 절차 및 내용에 대해서 다룬다. 프로그래밍을 작성하는 데 필요한 도구인 통합 개발 환경을 활용하는 방법을 안내하고, 프로그램의 작성 및 알고리즘 설계에 필요한 컴퓨팅 사고력에 대해서 소개한다.

SECTION 1 프로그래밍과 소프트웨어

여기에서는 먼저 프로그램, 프로그래밍, 프로그래밍 언어의 개념을 학습하고, 이를 바탕으로 소프트웨어의 의미와 종류에 대해서 학습한다.

01 프로그램, 프로그래밍, 프로그래밍 언어

1 프로그램

기계는 사람이 원하는 작업을 수행하기 위해 동력을 제어하고 관리하는 장치이다.

프로그램은 사람이 원하는 동작을 기계가 수행할 수 있게 구체적으로 실행 가능한 명령들을 순서대로 작성한 것으로서, 컴퓨터를 동작시킬 수 있는 프로그램을 '컴퓨터 프로그램', 간단히 줄여서 '프로그램'이라고 한다.

여러 개의 프로그램과 그 프로그램에서 사용되는 데이터들을 한데 모은 프로그램의 집합을 소프트웨어라고 부르기도 하는데, 그렇게 만들어진 소프트웨어들은 컴퓨터 하드웨어를 제어하고 동작시켜 사람이 원하는 작업을 수행하는 핵심적인 역할을 수행한다.

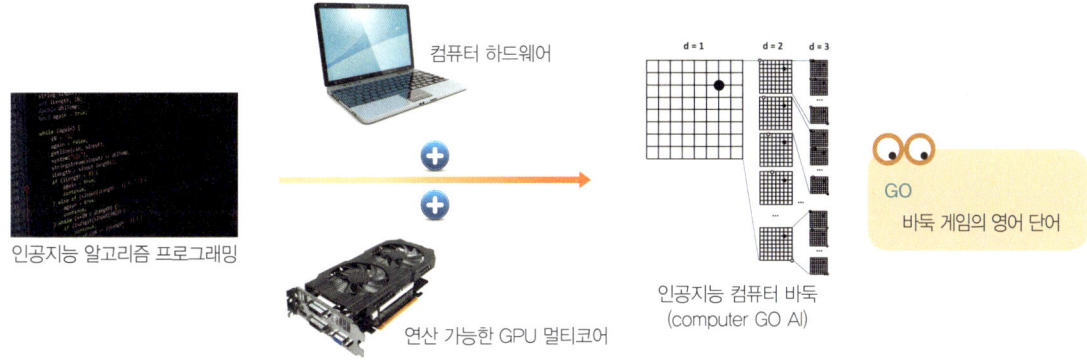

▲ 바둑 AI의 구현

프로그램과 데이터들은 그 종류에 따라 그래픽 운영체제에서 서로 다른 아이콘 모양으로 표시되는 것이 일반적이며, 텍스트 모드에서는 특별한 속성을 나타내는 기호나 색으로 표현되기도 한다.

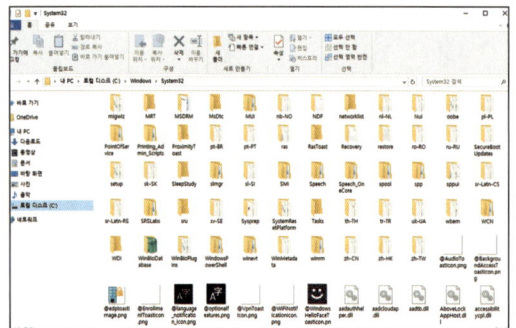 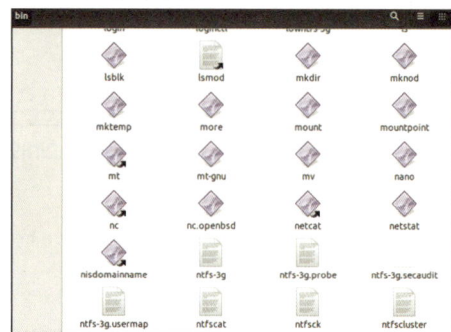

▲ 윈도와 리눅스의 프로그램과 파일들

2 프로그래밍

프로그램을 설계하고 실제로 구현하는 작업을 프로그래밍(programming)이라고 하는데, 컴퓨터가 번역하여 실행할 수 있는 코드(code)를 작성한다고 하여 '코딩(coding)'이라고 부르기도 한다.

일반적으로 사용되는 프로그래밍이라는 의미는 좁게는 프로그램 자체를 개발하는 것부터 넓게는 프로그램을 유지, 보수, 개선하는 범위까지 포함한다.

■ 프로그래밍의 의미
- 좁은 의미: 사람이 원하는 작업을 컴퓨터가 수행할 수 있도록 실행 가능한 명령어들의 순서를 설계·작성·테스트하는 것
- 넓은 의미: 프로그램이 원하는 작업을 수행하지 못한 경우 오류를 찾는 디버깅, 프로그램 개선, 보완 등의 작업을 포함하는 것

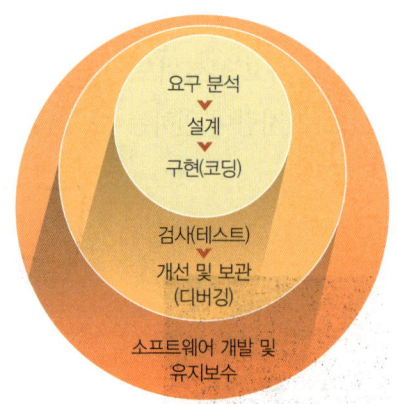

▲ 프로그래밍 의미의 다양한 범위

3 프로그래밍 언어

언어란 다른 사람들과 의사소통하기 위한 말과 글을 뜻하는데, 프로그래밍 언어(programming language)는 프로그래밍에 사용되는 언어로 컴퓨터와 대화하기 위한 언어라고 볼 수 있다.

▲ 사람 간의 대화   ▲ 컴퓨터와의 대화

02 프로그램과 소프트웨어

컴퓨터 소프트웨어는 컴퓨터 하드웨어를 이용해 사람이 원하는 작업들을 수행시키기 위해 만든 프로그램과 데이터들의 집합이다.

1 소프트웨어의 정의

소프트웨어(software)는 어떤 작업을 수행하기 위해 만들어낸 한 개 이상의 프로그램과 데이터들의 집합으로, 일반적으로 프로그램이라고 부르기도 한다.

소프트웨어라는 이름은 실제 전기·전자 장치로 구성되는 하드웨어와 대조되는 의미로부터 유래하였다. 소프트웨어는 하드웨어와 다르게 필요한 작업을 수행시키기 위해

▲ 노트북의 하드웨어 구성

마음대로 구성하고 수정·변경이 가능하며, 사람이 원하는 다양한 작업을 수행할 수 있는 여러 종류의 소프트웨어들을 만들 수 있다.

윈도(Windows) 10   우분투(ubuntu)

▲ 다양한 소프트웨어(운영체제)

다양한 하드웨어를 통해 실행되는 모든 것을 소프트웨어로 생각할 수 있는데, 여러 가지 운영체제나 웹 브라우저뿐만 아니라 웹 페이지를 만들고 보여주는 여러 가지 웹 코드들도 소프트웨어의 일종이라고 할 수 있다.

  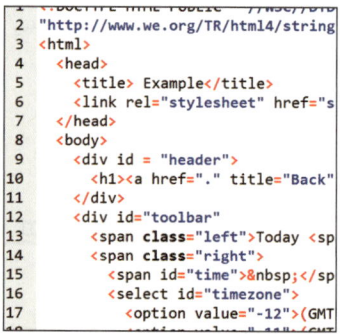

▲ 다양한 모바일 운영체제   ▲ 다양한 웹 브라우저   ▲ html 코드

 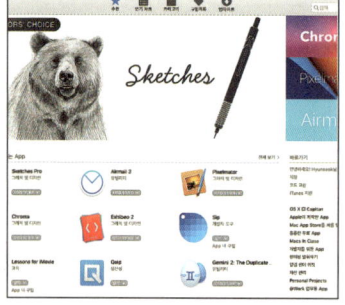 

▲ 운영체제에 따라 다른 다양한 앱 스토어

2 소프트웨어의 종류

소프트웨어는 크게 시스템 소프트웨어와 응용 소프트웨어로 구분할 수 있다.

(1) 운영체제

운영체제(operating system)는 컴퓨터 하드웨어를 관리하고 제어하는 가장 기본적인 시스템 소프트웨어이다. 운영체제는 컴퓨터 하드웨어를 운영하는 데 필요한 각종 장치 드라이버와 시스템 유틸리티 프로그램들을 통해 컴퓨터 시스템의 자원을 관리하고, 응용 소프트웨어들의 실행과 동작을 관리한다.

맥 OS 윈도 우분투

▲ 여러 가지 운영체제를 대표하는 마크

(2) 응용 소프트웨어

응용 소프트웨어(application software)는 운영체제가 설치된 후 추가적으로 설치할 수 있는 소프트웨어를 말한다.

문서 작성, 미디어 편집, 웹 사이트 검색, 데이터 저장 및 처리 등과 그 외 다양한 작업들을 위한 응용 소프트웨어들이 있으며, 일반적인 PC뿐만 아니라 각종 스마트기기의 운영체제에서 동작하는 전용 앱들도 응용 소프트웨어이다.

▲ PC 앱 스토어

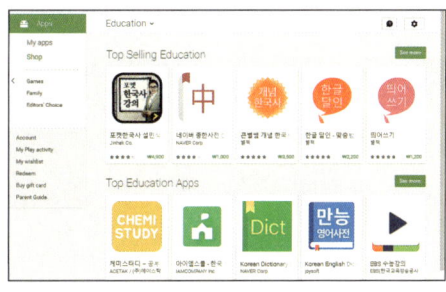
▲ 스마트기기용 앱 스토어

응용 소프트웨어 중에는 다른 응용 소프트웨어들을 개발하기 위해 사용되는 특별한 소프트웨어들도 있는데, 통합 개발 환경(IDE; Integrated Development Environment)은 소프트웨어 개발에 사용되는 컴파일러, 디버거, 인터프리터, 링커, 텍스트 에디터 등의 집합을 의미한다.

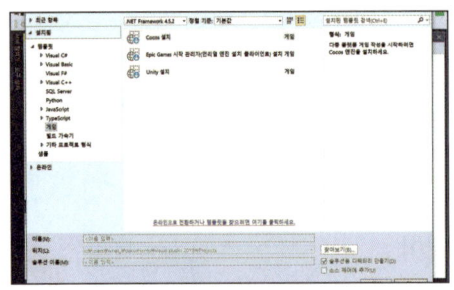
▲ 윈도 운영체제 기반 IDE

▲ 맥 운영체제 기반 IDE

운영체제, 개발할 수 있는 소프트웨어, 개발하는 방법, 사용되는 언어에 따라 선택하여 사용할 수 있는 다양한 종류의 통합 개발 환경들이 만들어지고 있다.

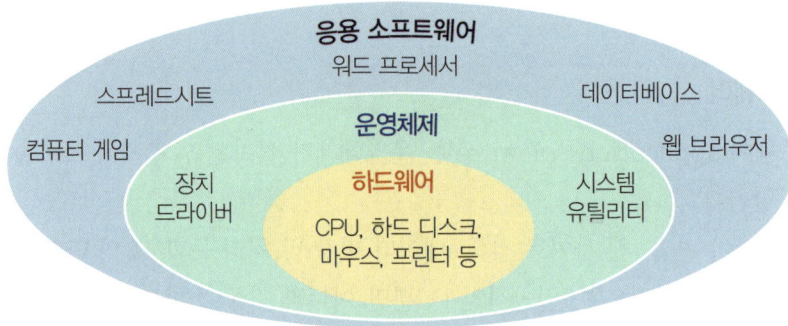
▲ 하드웨어, 운영체제, 응용 소프트웨어의 관계

★개념 확인하기

01 빈칸에 알맞은 말을 〈보기〉에서 찾아 채우시오.

( )은(는) 사람이 원하는 동작을 기계가 수행할 수 있도록 구체적으로 실행 가능한 명령들을 순서대로 작성한 것이다.

보기
㉮ 컴퓨터
㉯ 프로그램
㉰ 하드웨어

02 빈칸에 알맞은 말을 〈보기〉에서 찾아 채우시오.

프로그램을 설계하고 실제로 구현하는 작업을 ( )(이)라고 하는데, 컴퓨터가 번역하여 실행할 수 있는 코드(code)를 작성한다고 하여 '코딩(coding)'이라고 부르기도 한다.

보기
㉮ 프로그래밍
㉯ 프로그래밍 언어
㉰ 컴퓨팅

03 빈칸에 알맞은 말을 〈보기〉에서 찾아 채우시오.

( )은(는) 프로그래밍에 사용되는 언어로 ( )와(과) 대화하기 위한 언어라고 볼 수 있다.

보기
㉮ 컴퓨터
㉯ 프로그래밍
㉰ 프로그래밍 언어

SECTION 2 프로그래밍 언어의 종류와 특징

프로그래밍 언어의 종류와 특징은 다양하므로 개발 분야와 용도에 따라 적절하게 구분하여 선택할 수 있어야 한다. 여기에서는 프로그래밍 언어의 종류와 언어별 특징에 대해서 학습한다.

01 프로그래밍 언어의 종류

1 프로그래밍 언어의 역사

컴퓨터가 발명되기 이전에도 프로그래밍 언어라고 부를 수 있는 것들이 존재했는데, 예를 들면 직물(천) 제조기를 이용하여 직물의 무늬를 원하는 모양으로 만들기 위해서 펀치 카드(punch card)와 같은 일종의 소프트웨어 프로그래밍 개념과 방법이 사용되었다. 또한, 피아노가 자동으로 음악을 연주하도록 건반의 연주 순서가 기록되어 있는 종이 롤이 사용되기도 했다.

▲ 직물 제조기와 펀치 카드 　　　　　▲ 자동 피아노와 피아노 롤

전자식 컴퓨터가 발명된 이후에 수많은 프로그래밍 언어가 만들어져 왔으며, 그 결과 컴퓨터의 계산이나 동작을 기술하기 위한 명령어(instruction)나 함수(function) 등을 사용하여 편리하게 프로그래밍할 수 있게 되었다.

현재까지 많이 알려져 있는 프로그래밍 언어에는 기계어, 어셈블리어, BASIC, C, C++, C#, Java, Python, PHP 등이 있다.

2 프로그래밍 언어의 분류

프로그래밍 언어는 사용 목적과 프로그래밍 방법 등의 특성에 따라 분류할 수 있는데, 현재의 프로그래밍 언어는 다양한 목적에 따라 사용할 수 있는 편리한 기능들이 포함되어 지속적으로 개선되고 새롭게 개발되고 있다.

▼ 다양한 특성에 따른 프로그래밍 언어의 분류

수준에 따른 분류	사용 목적에 따른 분류	프로그래밍 방법에 따른 분류
• 저급 • 고급	• 시스템 개발 • 응용 프로그램 개발 • 웹 개발 • 게임 개발 • 범용 • 교육용	• 절차적 프로그래밍 • 객체 지향 프로그래밍 • 이벤트 기반 프로그래밍 • 데이터 흐름형 프로그래밍

(1) 수준에 따른 분류

하드웨어에 대한 전문적인 지식이 필요한 저급 언어와 하드웨어에 대한 이해가 적어도 쉽게 프로그래밍할 수 있는 고급 언어로 구분할 수 있다.

■ 저급 언어

기계나 컴퓨터를 통해 바로 실행시킬 수 있거나 간단히 변환해 실행시킬 수 있는 프로그래밍 언어로 기계어(machine code), 어셈블리어(assembly language) 등이 있다.

■ 고급 언어

사람이 이해하고 사용하기 쉬운 형태로 발전된 프로그래밍 언어로서 C, Python, JAVA 등이 있다. 이러한 고급 언어로 작성된 프로그램을 컴퓨터를 통하여 실행시키려면 컴퓨터로 실행할 수 있는 형태의 명령어들로 변환되어야 한다.

(2) 사용 목적에 따른 분류

프로그래밍 언어의 사용 목적에 따라 운영체제와 같은 시스템 개발용 언어, 앱과 같은 응용 프로그램 개발용 언어, 다양한 목적에 사용할 수 있는 범용 프로그래밍 언어 등으로 분류할 수 있다.

■ 시스템 개발용 언어

운영체제와 같은 시스템 소프트웨어를 개발하는 데 주로 사용되는 언어들로, 컴퓨터 하드웨어를 직접 동작시키고 제어할 수 있는 프로그램들을 개발할 때 사용한다. 이 언어들을 사용하려면 운영체제와 하드웨어에 대한 지식이 필요하며 종류는 C, C++ 등이 있다.

■ 응용 프로그램 개발용 언어

운영체제가 설치된 시스템에서 동작하는 앱과 같은 응용 프로그램을 만들기 위해 주로 사용되는 언어이다. 사용자가 원하는 프로그램을 편리하게 만들 수 있으며 종류는 Visual BASIC, Visual C++, C#, Java, Python 등이 있다.

■ 웹 개발용 언어

홈페이지와 같은 웹 페이지의 작성, 운영, 관리 등을 위해 사용하는 언어로 종류는 HTML, CSS, JavaScript, PHP, ASP, JSP 등이 있다.

■ 게임 개발용 언어

게임 개발을 위해 편리하게 사용할 수 있는 언어로 게임 설계, 개발, 테스트, 유지 관리 등에 사용된다. 종류는 Unity, ActionScript, BlitzMax, Game Maker, GLBasic 등이 있다.

■ 범용 프로그래밍 언어

다양한 목적을 위해 여러 가지 형태로 사용될 수 있는 프로그래밍 언어로 종류는 C, C++, C#, JAVA, Python 등의 최신 프로그래밍 언어들이 있다.

■ 교육용 프로그래밍 언어

프로그래밍 교육을 위해서 개발된 언어로서 스크래치(scratch), 엔트리(entry), 앱 인벤터(app inventor) 등이 있다.

(3) 프로그래밍 방법에 따른 분류

프로그래밍 방법에 따라서는 절차적 언어, 객체 지향 언어 등으로 분류할 수 있다.

■ 절차적 프로그래밍

컴퓨터가 수행할 수 있는 명령어, 함수 등을 이용하여 컴퓨터가 처리해야 할 작업들을 절차적으로 작성하는 방법으로 대부분의 프로그래밍 언어에서 기본적으로 지원된다.

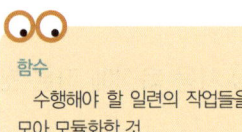

함수
수행해야 할 일련의 작업들을 모아 모듈화한 것

■ 객체 지향 프로그래밍

클래스(class)를 이용하여 객체(object)를 만들고, 그 객체들을 이용하여 편리하게 프로그래밍하는 방법으로 데이터 추상화, 캡슐화, 메시징, 모듈화, 다형성, 상속 등의 특징이 있다. C++, C#, Java 등이 대표적이다.

■ 이벤트 기반 프로그래밍

마우스 클릭, 드래그와 같은 이벤트를 이용하여 프로그래밍하는 방법으로 Visual BASIC, Visual C++, Swift 등이 대표적이다.

■ 데이터 흐름형 프로그래밍

데이터들의 흐름을 나타내는 선들을 연결하여 프로그래밍하는 방법으로 LabVIEW(G)가 대표적이다.

02 프로그래밍 언어의 특징

1 기계어의 특징

기계어는 CPU와 같은 하드웨어들을 직접 동작시킬 수 있는 전기 신호를 표현한 저급의 프로그래밍 언어로, 2진 코드와 같은 형태의 명령어를 사용한다. 하드웨어에 따라 제어 신호나 명령들이 다르므로 프로그래밍하려는 하드웨어를 자세히 알지 못하면 사용하기 매우 어렵다.

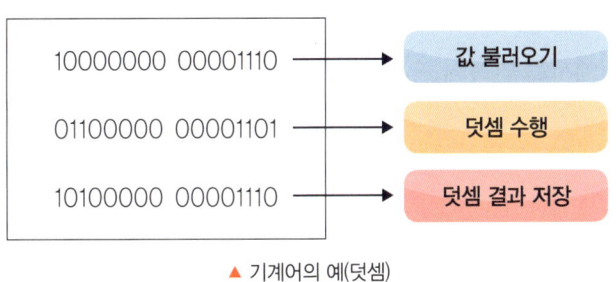

▲ 기계어의 예(덧셈)

2 어셈블리어의 특징

어셈블리어는 기계어와 1:1로 대응되는 언어로 기계어를 보다 쉽게 사용하기 위해 만들어졌다. 어셈블리어로 작성된 프로그램은 어셈블러(assembler)라는 번역 프로그램을 통해 기계어 프로그램으로 변환하여 실행시킨다.

▼ 어셈블리어와 기계어의 변환 관계의 예

어셈블리어	기계어				
add $t1, t2, $t3	04CB :	0000	0100	1100	1011
addi $t1, t3, $t60	16BC :	0001	0110	1011	1100
and $t3, $t1, $t3	2099 :	0000	0010	1001	1001
andi $t3, $t1, 5	22C5 :	0010	0010	1100	0101
beq $t1, $t2, 4	3444 :	0011	0100	0100	0100
bne $t1, $t2, 4	4444 :	0100	0100	0100	0100
j 0x50	F032 :	1111	0000	0011	0010
1w $t1, 16($s1)	5A50 :	0101	1010	0101	0000
nop	0005 :	0000	0000	0000	0101
nor $t3, $t1, $t2	029E :	0000	0010	0010	1110
or $t3, $t1, $t2	029A :	0000	0010	1001	1010
ori $t3, $t1, 10	62CA :	0110	0010	1100	1010
ssl $t2, $t1, 2	0455 :	0000	0100	0101	0101
srl $t2, $t1, 1	0457 :	0000	0100	0101	0111
sw $t1, 16($t0)	7050 :	0111	0000	0101	0000
sub $t2, $t1, $t0	0214 :	0000	0010	0001	0100

어셈블리어의 예(뺄셈)
```
SUB32 PROC
    CMP   AX,97
    JL    DONE
    CMP   AX,122
    JG    DONE
    SUB   AX,32
DONE: RET
SUB32 ENDP
```

3 고급 언어의 특징

　기계어나 어셈블리어와 같은 저급 언어는 하드웨어에 대한 전문적인 지식이 없이는 사용하기 힘들지만, C, C++, C#, Java, Python과 같은 고급 언어들은 하드웨어에 대한 전문적인 지식이 없어도 프로그램을 작성할 수 있다.

　대부분의 고급 언어에서는 반복되는 과정이나 모듈화된 작업을 위해 함수, 프로시저, 서브루틴 등의 기능을 사용하여 프로그래밍할 수 있고, 객체 지향 프로그래밍 방법을 지원하는 언어에서는 클래스를 선언하고 이를 이용하여 어떤 작업이나 처리를 수행하는 객체를 만들어 프로그래밍할 수 있다.

```
#include <stdio.h>
main( )
{
    printf("Hello world!\n");
}
```
▲ C 언어의 예

```
#include <cstdio>
class Hello
{
  public:
    void print( );
  private:
    int x;
};
void Hello::print( )
{
    printf("Hello world!\n");
}
main( )
{
    Hello n;
    n.print( );
}
```
▲ C++ 언어의 예

이벤트 기반 프로그래밍 방법은 객체 지향 프로그래밍 기반 위에 각종 버튼, 텍스트 박스, 마우스 클릭 등과 같은 여러 가지 이벤트를 이용하여 프로그래밍하는 방법으로, GUI(graphic user interface) 운영체제에서 사용되는 응용 프로그램을 만드는 데 많이 사용된다.

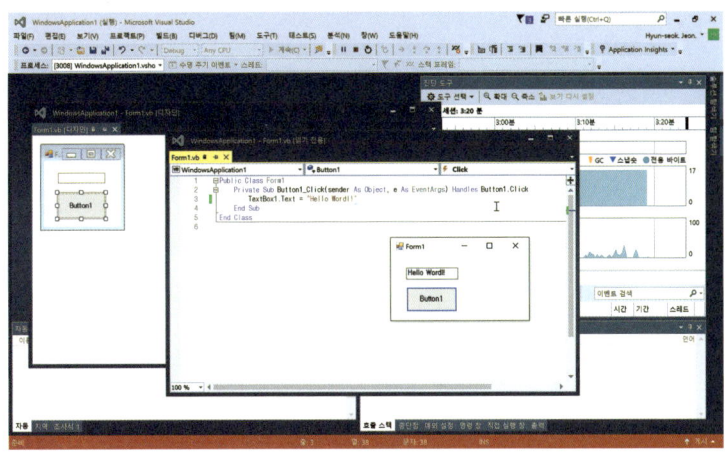

▲ Visual Studio 2015 Visual Basic의 이벤트 기반 프로그래밍

▼ 프로그래밍 언어별 종류와 특징

종류	특징
기계어	• 하드웨어에 대한 전문 지식 필요 • 2진 코드 형태의 명령어 사용 • 하드웨어에 따라 제어 신호나 명령들이 다름
어셈블리어	• 하드웨어에 대한 전문 지식 필요 • 기계어와 1:1로 대응 • 어셈블러를 통해 기계어 프로그램으로 변환되어 실행
고급 언어	• 하드웨어에 대한 전문 지식 불필요 • 함수, 프로시저, 서브루틴 등의 기능 제공 • C, C++, C#, Java, Python, Swift 등

01 다음에서 설명하는 프로그래밍 언어를 쓰시오.

> 기계어와 1:1로 대응되는 언어로 기계어를 보다 쉽게 사용하기 위해 만들어졌다.

02 다음에서 설명하는 프로그래밍 방법은?

> 클래스(class)를 이용하여 객체(object)를 만들고, 그 객체들을 이용하여 편리하게 프로그래밍하는 방법으로 데이터 추상화, 캡슐화, 메시징, 모듈화, 다형성, 상속 등의 특징이 있다. C++, C#, Java 등이 대표적이다.

보기
㉮ 절차적 프로그래밍
㉯ 객체 지향 프로그래밍
㉰ 이벤트 기반 프로그래밍

03 다음에서 설명하는 프로그래밍 언어는?

> 홈페이지와 같은 웹 페이지의 작성, 운영, 관리 등을 위해 사용하는 언어로 종류는 HTML, CSS, JavaScript, PHP, ASP, JSP 등이 있다.

보기
㉮ 시스템 개발용 언어
㉯ 게임 개발용 언어
㉰ 웹 개발용 언어

SECTION 3 프로그래밍의 절차와 알고리즘

여기에서는 알고리즘의 의미를 알아보고, 문제를 해결하기 위한 알고리즘을 순서도나 의사코드 등으로 작성하는 방법에 대해서 학습한다.

01 프로그래밍 절차

프로그램을 개발하기 위한 프로그래밍 과정은 '문제 분석 및 설계 → 프로그램 구현 → 프로그램 시험' 등의 과정으로 진행되는 것이 일반적이다.

1 문제 분석 및 설계

프로그램을 개발하기 위한 문제 해결과 계획 과정으로, 프로그램의 목적과 조건들을 체계적으로 상세히 분석하고 설계하는 과정이다. 프로그램의 입·출력, 처리 방법 등과 관련한 상세한 분석과 설계가 이루어져야 한다.

2 프로그램 구현

분석과 설계에 따라 실제 프로그램을 구현하는 과정으로, 프로그램의 입·출력과 처리를 프로그래밍 언어를 이용하여 실제로 구현한다. 만들고자 하는 프로그램의 활용 목적과 프로그램이 운영될 시스템에 따라 적합한 프로그래밍 언어를 선택하는 것이 중요하다.

3 프로그램 테스트

만들어진 프로그램이 정확히 동작하는지에 대한 테스트와 수정이 이루어지는 과정으로 프로그램의 정상 동작 여부를 다양한 상황이나 입·출력 데이터들을 이용하여 검증해야 한다.

02 프로그래밍 과정

프로그래밍은 주어진 문제 상황을 파악하고, 문제를 해결할 수 있는 알고리즘을 생각하여 프로그래밍 언어로 작성하는 문제 해결 과정이라고 할 수 있다.

프로그래밍 언어를 활용한 문제 해결 과정은 정확한 결과가 나오는 프로그램이 작성될 때까지 컴파일, 테스트, 디버깅의 작업이 반복되는 과정이다.

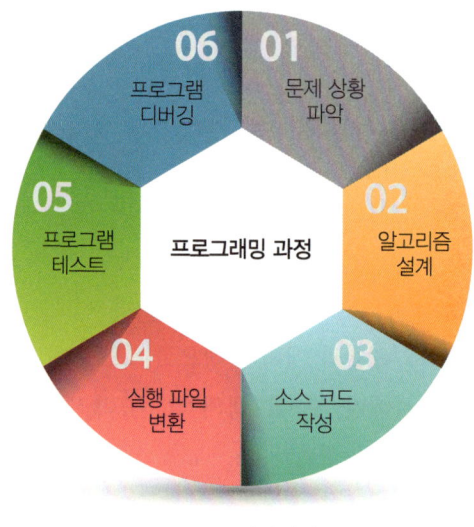

▲ 프로그래밍 과정

03 알고리즘과 표현 방법

1 알고리즘의 의미

알고리즘(algorithm)은 고대 페르시아 수학자인 알콰리즈미(Al-Khwarizmi)에서 유래한 말로 어떤 목적을 수행하기 위한 단계적인 절차, 계산 및 처리를 통해 데이터가 다루어지는 구체적인 과정을 의미한다.

알고리즘은 시작 단계에서 입력 내용, 준비 상태부터 수행 과정에서의 구체적인 계산과 처리 과정, 최종 출력 내용까지 명확하고 구체적으로 표현한 것이다.

$$48 - \{63 \div (5+4)\} \times 5 = 48 - (63 \div 9) \times 5$$
$$= 48 - 9 \times 5$$
$$= 48 - 45$$
$$= 3$$

▲ 사칙 연산 알고리즘의 예

2 알고리즘 표현 방법

구체적인 계산이나 처리 과정인 알고리즘을 표현하기 위해 자연어(일반적인 말과 글), 순서도(도형과 화살표), 프로그래밍 언어, 의사코드(자연어와 코드) 등이 주로 사용된다.

▲ 라면 조리 방법(자연어)   ▲ 차이 계산(순서도)

```
#include <stdio.h>
int GCD(int u, int v)
{
    if(u==0) return v;
    return GCD(v%u, u);
}
main( )
{
    int u, v;
    u=280; v=30;
    printf("GCD(%d,%d): ", u, v);
    printf("%d\n", GCD(u, v));
}
```

▲ 최대공약수 알고리즘(C 언어)

선생님이 청소 구역과 청소 구역별 인원 정하기
학생이 청소 구역에 지원하기
if 청소 구역별 인원 != 지원 인원
  then 선생님이 인원 조정하기
청소 도구 분배하기
while 청소 구역별 인원 != 청소 도구 개수
  do 청소 도구 재분배하기
청소하기
도구 반납 및 정리하기

▲ 학급 청소 알고리즘(의사코드)

3 알고리즘의 조건

일반적으로 알고리즘은 '입력', '출력', '명확성', '유한성'의 조건을 만족해야 하는데, 이러한 조건을 만족하는 알고리즘은 기계를 통한 자동화(automation)를 가능하게 한다.

▼ 알고리즘의 조건(규칙)

조건	설명
입력	외부에서 입력되는 자료가 0개 이상 존재한다.
출력	적어도 1개 이상의 결과가 출력된다.
명확성	수행 과정이 명확하고 구체적이어야 한다.
유한성	유한한 시간 내에 수행될 수 있어야 한다.

4 알고리즘의 역할

알고리즘은 프로그래밍 언어를 사용하여 프로그래밍으로 구현될 수 있다. 효율적으로 설계된 알고리즘은 보다 짧은 시간에 보다 낮은 하드웨어 성능으로 보다 많은 작업을 더 빠르고 정확하게 수행할 수 있는 핵심적인 역할을 한다.

효과적인 알고리즘은 프로그램의 핵심 처리 과정으로 적용되거나 전기 전자 회로로 구현되어 소프트웨어와 하드웨어 모두에 효과적으로 사용될 수 있다.

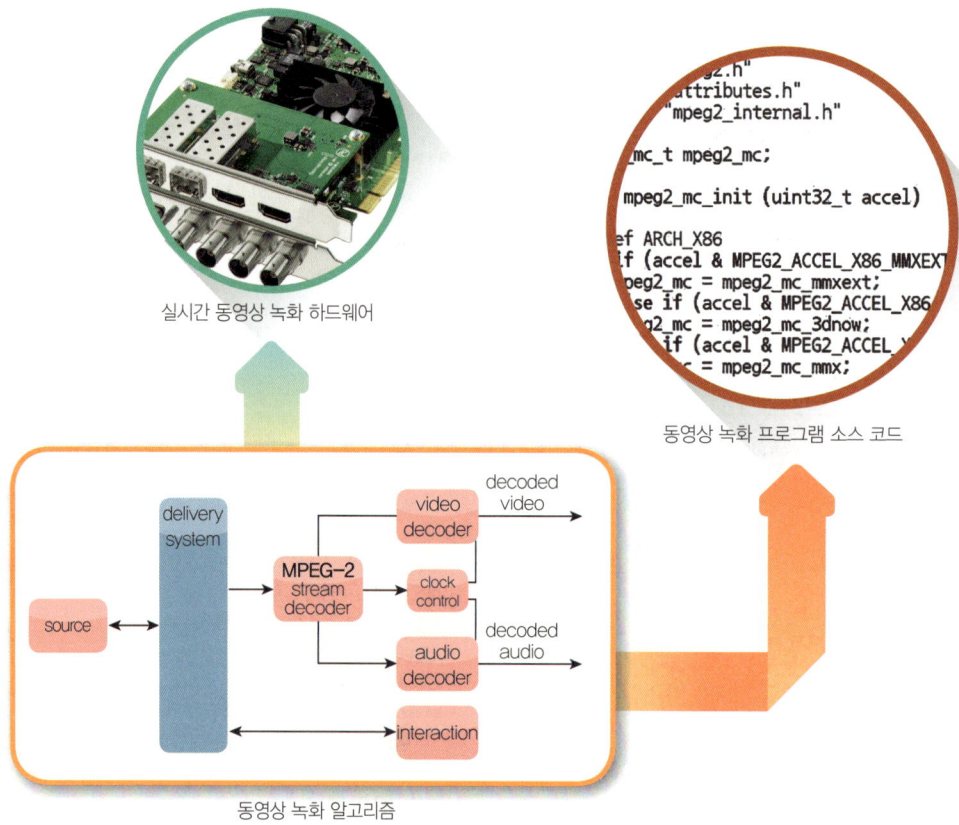

실시간 동영상 녹화 하드웨어

동영상 녹화 프로그램 소스 코드

동영상 녹화 알고리즘

▲ 동영상 압축 알고리즘의 하드웨어적/소프트웨어적 구현

04 순서도를 활용한 알고리즘 표현

순서도는 알고리즘을 구체적으로 표현할 수 있는 가장 간단한 방법 중 하나로서, 특별한 의미를 나타내는 도형들과 처리 순서를 나타내는 흐름선을 사용하여 알고리즘을 표현한다.

▼ 순서도

도형	의미	예시
→	흐름	
⬭	시작/끝	
⬡	준비	
▱	입력/출력	
▭	처리	
◇	조건 검사	
▱	인쇄	

예시 순서도:
시작 → A=0 → A 입력 → A=A−90 → A>0인가? → 예: "합격" / 아니요: "불합격" → 끝

1 알고리즘 작성의 원칙

알고리즘을 작성할 때에는 전체적인 처리 과정을 살펴보기 쉬우면서 다른 사람들이 알아보기 쉽게 명확하고 구체적으로 작성하는 것이 좋다.

2 알고리즘 작성 방법

알고리즘을 작성하기 위해서는 작업의 수행 과정을 구조화하여 표현해야 한다. 일반적으로 순차, 선택, 반복 구조를 이용하여 알고리즘을 작성하며, 이를 구조적 설계 방법이라고 한다.

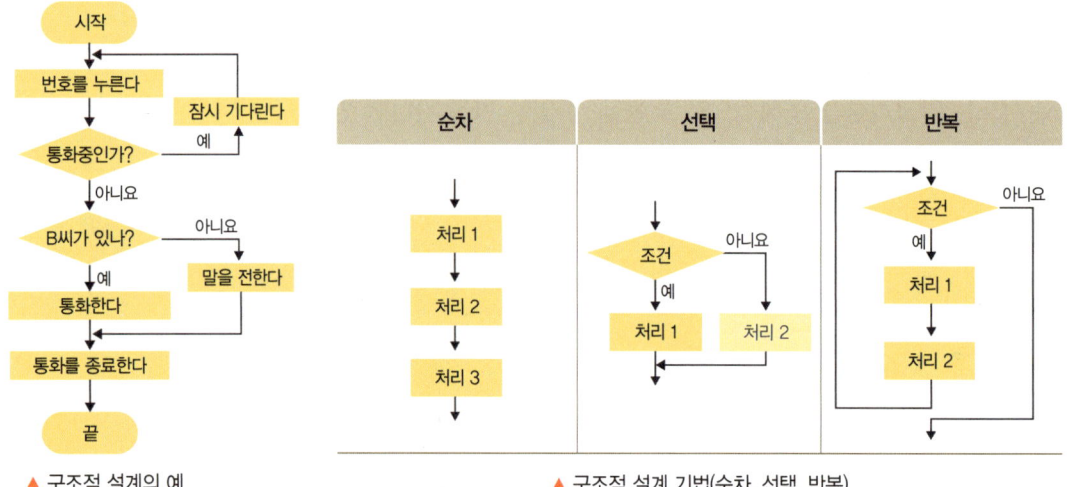

▲ 구조적 설계의 예   ▲ 구조적 설계 기법(순차, 선택, 반복)

알고리즘을 프로그래밍 언어의 형식과 문법을 사용하여 코드 형태로 작성할 수 있는데 이를 '소스 코드'라고 부른다. 작성된 소스 코드는 컴퓨터에서 실행할 수 있는 명령어인 기계어 형태의 프로그램으로 변환되어 실행시킬 수 있다.

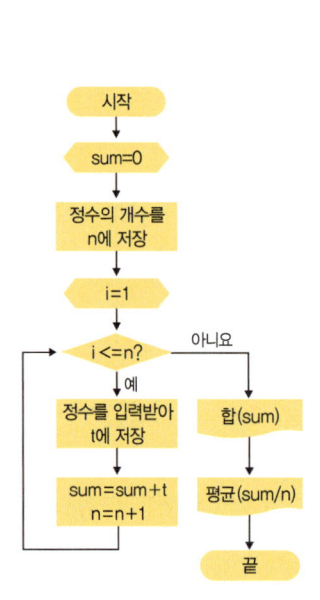

```c
#include <stdio.h>
main( )
{
   int n, i, t, sum=0;
   printf("정수의 개수?: ");
   scanf("%d", &n);
   for(i=1; i<=n; i++)
   {
      printf("%d번째 정수?: ", i);
      scanf("%d", &t);
      sum=sum+t;
   }
   printf("합: %d\n", sum);
   printf("평균: %f\n", (float)sum/n);
   return 0;
}
```

▲ 합과 평균을 계산하는 순서도의 예   ▲ 합과 평균을 계산하는 C 언어 소스 코드

05 컴파일과 디버깅

1 컴파일

컴파일(compile)의 사전적 의미는 "(여러 출처에서 자료를 따와) 엮다, 편집하다."이다. 작성한 소스 코드를 컴퓨터가 실행할 수 있는 실행 파일로 변환하려면 미리 지정된 변환 방법과 규칙에 따라 여러 가지 자료를 참조해야 한다. 이러한 작업을 컴파일이라고 하며, 컴파일 작업을 자동으로 해주는 프로그램을 컴파일러(compiler)라고 한다.

컴파일러는 미리 정해져 있는 변환 방법과 참조 자료를 이용하여 실행 가능한 프로그램을 만드는데, 이러한 과정은 외국어로 된 자료를 한글로 해석하기 위해 여러 가지 사전과 자료들을 참고하는 과정과 비슷하다.

하나의 프로그램을 만들기 위해 여러 개의 소스 코드가 사용될 수 있는데, 각각의 소스 코드들은 중간 단계의 기계어 코드 집합인 오브젝트 파일(object file)로 변환되고, 그렇게 변환된 오브젝트 파일들은 링커(linker) 프로그램에 의해 프로그램 실행을 위한 코드 부분이 합쳐져 실행 가능한 프로그램이 만들어진다.

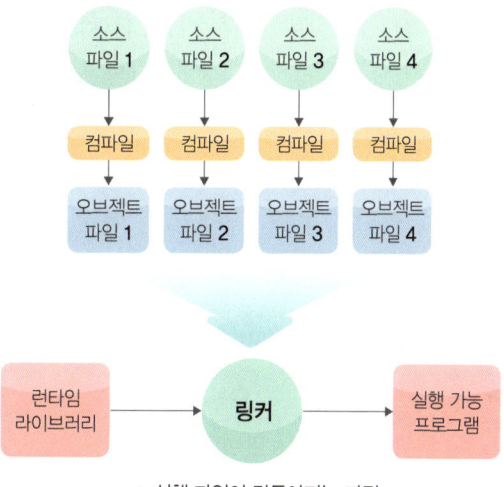

▲ 실행 파일이 만들어지는 과정

고급 언어로 작성된 소스 코드를 컴퓨터가 실행할 수 있는 기계어 코드로 번역해주는 컴파일러 프로그램이 만들어지면서 사람들은 하드웨어에 대한 깊은 지식이나 이해 없이도 프로그램을 쉽게 만들 수 있게 되었다.

2 디버깅

프로그램을 작성하는 과정에서 프로그래밍 언어의 규칙이나 문법에 맞지 않아 프로그램으로 변환되지 못하는 경우가 발생할 수 있고, 미처 생각하지 못한 부분에서 오류가 발생하여 프로그램이 정확하게 동작하지 않는 경우가 있을 수 있다.

이런 경우에는 디버거(debugger) 프로그램이 번역되지 않는 오류를 분석해 알려주고 오류를 수정할 수 있도록 내용들을 알려주는데, 이렇게 프로그램의 오류를 찾아내고 수정하는 과정을 디버깅(debugging)이라고 한다.

(1) 버그와 디버그

작성한 소스 코드가 컴파일되지 않거나 실행 결과에 오류가 있는 경우 "버그(오류)가 있다."라고 말하고, 오류를 찾아내어 제거하는 것을 '디버그(debug)'라고 한다.

디버거 프로그램은 프로그램의 실행 과정과 저장되어 있는 데이터의 변화 과정을 보여주는 등의 기능을 제공하여 프로그래밍 과정에서 발생할 수 있는 오류를 편리하게 확인하고 수정할 수 있게 도와준다.

버그의 유래
버그(bug)라는 말은 초기의 컴퓨터를 운영하는 과정에서 유래하였다. 1947년 하버드 대학교에서 운영 중이던 마크Ⅱ 컴퓨터 내부에 나방이 들어가 컴퓨터가 오작동하는 사건이 있었는데, 이때 나방을 치우니 컴퓨터가 정상적으로 작동하게 되었다고 한다.

▲ 최초의 컴퓨터 버그 기록과 사진

(2) 버그의 종류

■ 문법적 오류

문법적 오류(syntax error)는 작성된 소스 코드를 컴파일러가 해석하여 변환하지 못해 발생하는 오류이다.

문법적 오류가 있는 소스 코드는 실행 파일로 변환되지 못하는데, 대부분의 문법적 오류는 영문 대·소문자를 다 틀리게 작성하거나 특별한 의미를 나타내는 기호들을 정확히 사용하지 않아서 발생한다.

C 언어의 대·소문자
C 언어 소스 코드에서 영문 대문자는 영문 소문자와 완전히 다르게 인식된다.

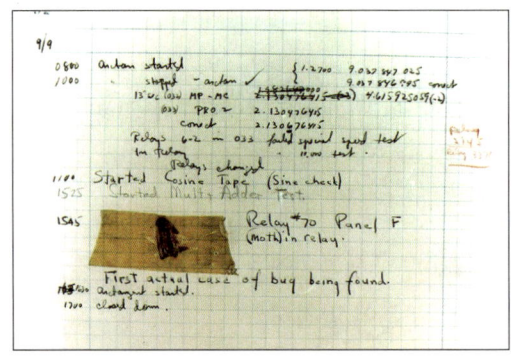

```
#include <stdio.h>
main( )
{
    printf("Hello World!\n");
}
```
▲ 정확한 소스 코드

```
#include <stdio.h>
main( )
{
    PRINTF("Hello World!\n");
}
```
▲ 문법적 오류가 있는 소스 코드

■ 논리적 오류

논리적 오류(logical error)는 알고리즘이 정확하지 않아 발생하는 오류이다. 논리적 오류가 있는 소스 코드는 컴파일러에 의해 실행 가능한 프로그램으로 변환되지만, 잘못된 결과가 출력될 수 있다.

논리적 오류가 있는 소스 코드는 실행 과정에서 예상하지 못한 결과를 출력하거나 잘못된 계산을 수행하는데, 논리적 오류를 방지하려면 다양한 경우에서의 오류 발생 가능성에 대해 분석하고 생각해야 한다.

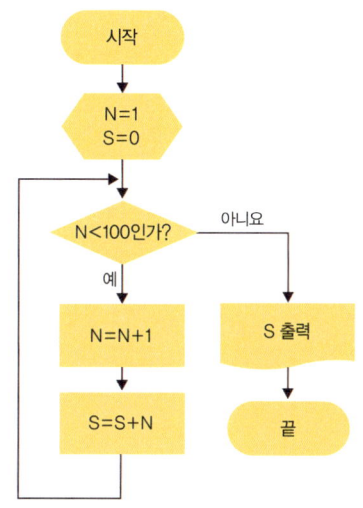

▲ 1~100까지의 정수합을 정확히 계산하지 못하는 버그가 있는 순서도

■ 성능 오류

성능 오류(performance error)는 문법적으로나 논리적으로는 완벽한 프로그램이지만 제한된 시간이나 공간 내에서 문제를 해결하지 못해 발생하는 오류이다.

문법적 오류와 논리적 오류가 없음에도 불구하고 성능 오류가 발생하는 이유는 프로그램을 통해 처리해야 하는 데이터의 양이나 연산의 수에 비해 알고리즘의 효율이 낮기 때문이다. 이로 인해 허용 가능한 시간이나 메모리 내에서 프로그램의 처리가 종료되지 않기 때문에 성능 오류가 발생한다. 따라서 프로그래머는 문제 해결을 위해 더 좋은 알고리즘은 없는지 분석해야 한다. 참고로 코드업을 비롯한 대부분의 온라인 저지의 제한 시간은 1초이다.

01 다음 빈칸에 알맞은 말을 〈보기〉에서 찾아 채우시오.

( )은(는) 고대 페르시아 수학자인 ( )에서 유래한 말로 어떤 목적을 수행하기 위한 ( ), 계산 및 처리를 통해 데이터가 다루어지는 구체적인 과정을 의미한다.

보기
㉮ 알콰리즈미
㉯ 알고리즘
㉰ 단계적인 절차

02 다음에서 설명하는 알고리즘 표현 방법은?

알고리즘을 구체적으로 표현할 수 있는 가장 간단한 방법 중 하나로서 특별한 의미를 나타내는 도형들과 처리 순서를 나타내는 흐름선을 사용하여 알고리즘을 표현하는 방법이다.

보기
㉮ 프로그래밍 언어
㉯ 의사코드
㉰ 순서도

03 다음 순서도의 실행 과정의 결과를 쓰시오.

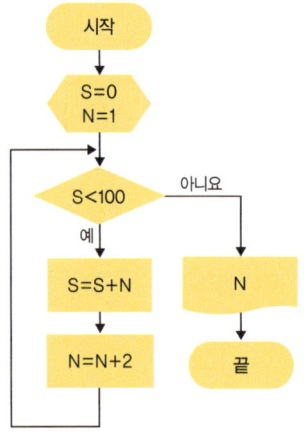

(1) 아래 표에 실행 과정에 따른 값을 채우시오.

S	0								
N	1								

(2) 출력되는 값을 쓰시오.

54 PART 1 C 언어 프로그래밍

04 다음 빈칸에 알맞은 말을 〈보기〉에서 찾아 채우시오.

알고리즘을 프로그래밍 언어의 형식과 문법을 사용하여 코드 형태로 작성할 수 있는데 이를 (　　　)라고 부른다.
작성한 (　　　)는 컴퓨터에서 실행할 수 있는 명령어인 기계어 형태의 프로그램으로 변환되어 실행될 수 있다.
미리 지정된 변환 방법과 규칙에 따라 여러 가지 자료를 참조해 실행 파일로 변환해야 하는데 이러한 작업을 (　　　)이라고 하며, (　　　) 작업을 자동으로 해주는 프로그램을 (　　　)라고 한다.

보기
㉮ 컴파일
㉯ 컴파일러
㉰ 소스 코드

05 보기의 프로그래밍 절차를 순서에 맞춰 나열하시오.

보기
㉮ 프로그램 시험　　㉯ 문제 분석 및 설계　　㉰ 프로그램 구현

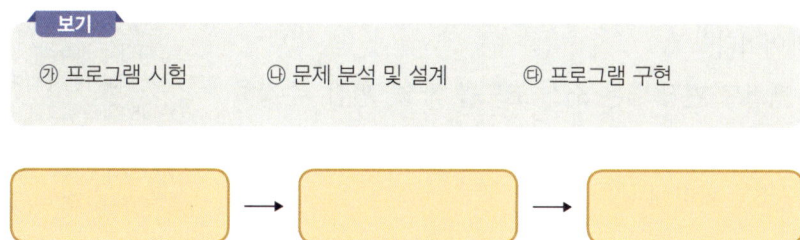

SECTION 4 통합 개발 환경

프로그램을 작성하기 위한 소프트웨어는 다양한 기능을 통합적으로 제공한다. 사용자는 통합 개발 환경의 종류와 특성을 이해하고 적절한 것을 선택하여 활용할 수 있어야 한다. 여기에서는 통합 개발 환경의 의미와 사용법을 학습한다.

01 통합 개발 환경의 개념

1 통합 개발 환경의 개념

통합 개발 환경(IDE)은 프로그램 소스 코드의 작성, 컴파일, 디버깅에 필요한 에디터, 컴파일러, 디버거 등의 프로그램들이 모두 함께 제공되는 소프트웨어이다.

에디터(editor, 텍스트 편집기)는 소스 코드를 작성, 편집, 수정하는 편집기로서 프로그래밍 언어의 문법이나 형식에 따라 글자색을 바꾸어 보여주거나 구조를 나타내 준다.

통합 개발 환경(IDE, integrated development environment)
프로그램을 개발하는 과정에서 에디터, 컴파일러, 어셈블러, 링커, 디버거 등의 각 단계가 모두 하나의 프로그램 속에 통합되어 있는 형태. 주로 퍼스널 컴퓨터용 고급 프로그래밍 언어의 컴파일러에 채용되고 있다.

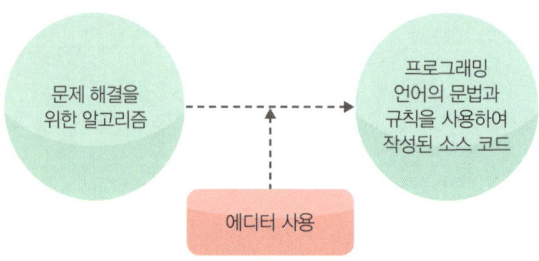

▲ 텍스트 편집기를 사용한 소스 코드의 작성

컴파일러(compiler)는 에디터로 작성된 소스 코드를 컴퓨터가 실행할 수 있는 기계어 형태의 명령어들로 변환해 준다.

컴파일러가 해석하다가 변환할 수 없는 문법적 오류가 발생하면 해당 오류에 대한 정보를 출력하여 수정할 수 있게 해준다.

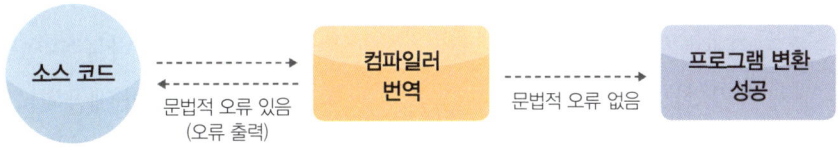

▲ 컴파일러의 프로그램 변환과 오류 처리

디버거는 프로그램의 실행을 단계적으로 실행시킬 수 있게 하면서 데이터의 변화를 추적할 수 있는 기능 등을 제공하며, 프로그래밍 과정에서 발생하는 오류들을 보다 쉽게 찾아내 해결할 수 있게 도와준다.

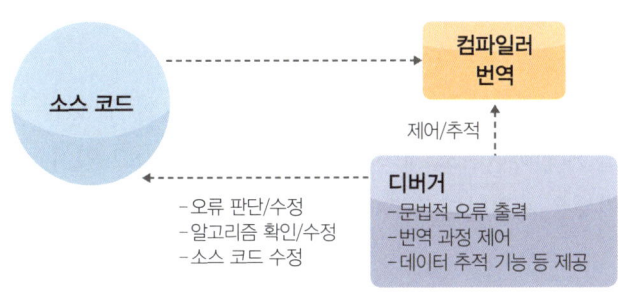

▲ 디버거의 제어/추적 기능

2 통합 개발 환경의 동작

통합 개발 환경에서는 프로그램 개발을 위한 에디터, 컴파일러, 디버거 등이 유기적으로 동작한다. 이처럼 통합 개발 환경은 프로그래밍에 필요한 여러 가지 기능과 정보들이 함께 제공되는 프로그램 개발 소프트웨어로서 프로그래밍을 보다 쉽게 할 수 있도록 도와준다.

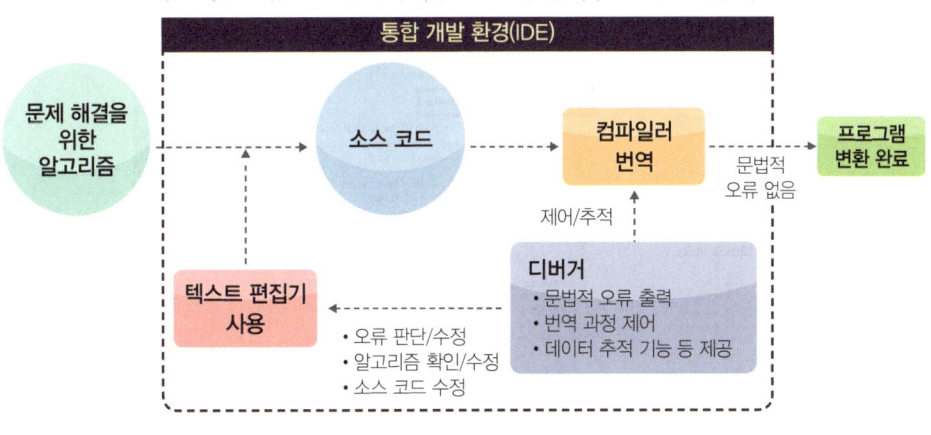

▲ 편집기, 컴파일러, 디버거의 유기적 작동 과정

02 통합 개발 환경의 종류

　통합 개발 환경은 공개 소프트웨어 라이선스에 따라 개발·공개·배포되는 GCC 기반의 무료 환경과 전문 소프트웨어 개발 회사에 의해 개발·판매되는 유료 환경으로 나눌 수 있다.
　C 언어는 현재 개발 회사나 운영체제에 따라 다양한 통합 개발 환경들이 제공되므로, 각자 프로그램이 실행될 운영체제나 시스템을 고려하고 개인적 편리성이나 사용 목적에 따라 자유롭게 선택하여 사용하면 된다.

　무료로 사용할 수 있는 통합 개발 환경은 다음과 같다.

1 Code::blocks

　Code::Blocks는 윈도, 리눅스, 맥 운영체제에서 모두 사용할 수 있는 무료 통합 개발 환경이다. 다양한 운영체제를 지원하면서도 지속적인 개발이 이루어지고 있어, 유료 통합 개발 환경만큼 다양하고 강력한 기능을 제공한다.

(1) 프로그램 다운로드

① 'http://codeblocks.org' 사이트에 접속하여 [Downloads] 메뉴를 선택하고 화면에서 [Download the binary release]를 클릭한다.

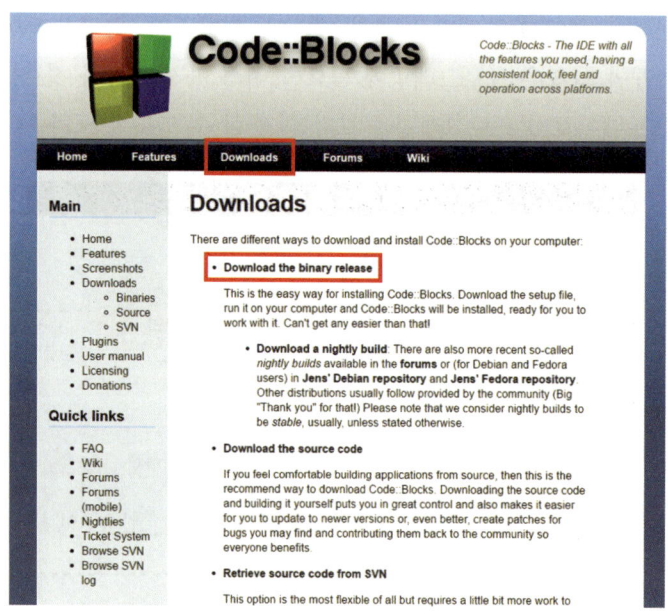

② 자신의 운영체제에 맞는 파일을 다운로드하여 설치한다. 윈도는 컴파일러와 함께 받아야 하므로 다음 파일을 받는 것을 추천한다.

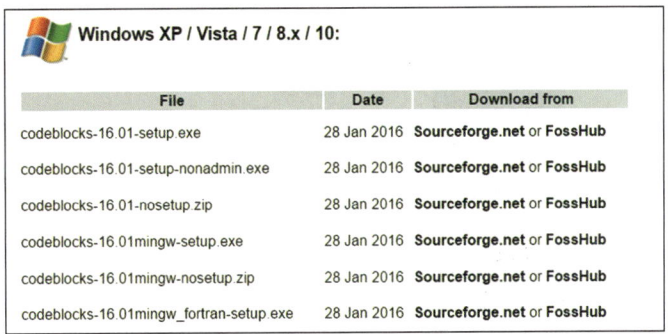

(2) 프로그램 작성 방법

① 설치한 프로그램을 실행하고 [File]-[New]-[Project] 메뉴를 선택한다.

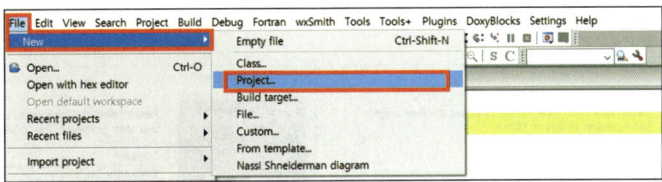

② [New from template] 대화상자에서 [Console application]을 선택하고 [Go] 버튼을 클릭한다.

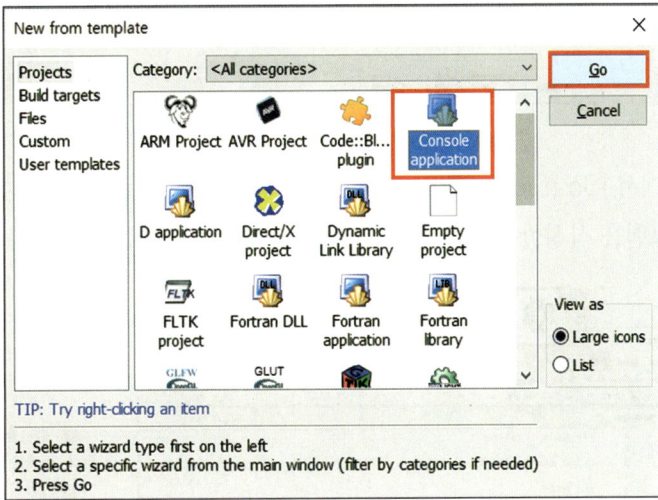

③ [Console application] 대화상자에서 사용할 프로그래밍 언어로 [C++]을 선택하고 [Next] 버튼을 클릭한다.

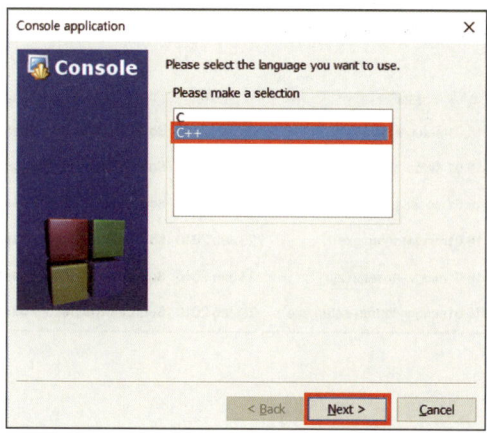

④ [Project title]에 프로젝트명을 작성하고 [Next] 버튼을 선택한 후 다음 화면에서 [Finish] 버튼을 클릭한다.

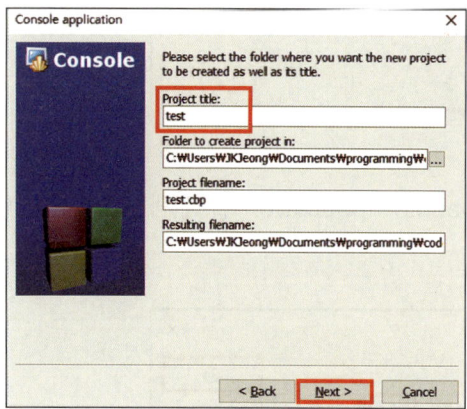 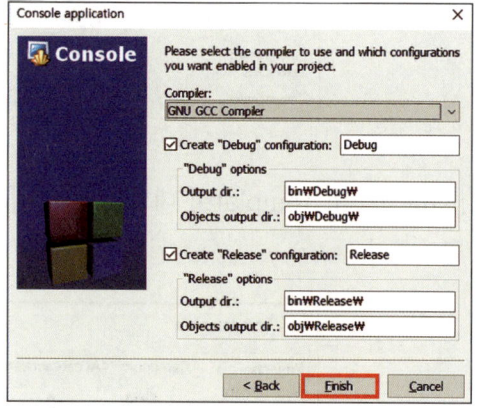

⑤ [Project] 창에서 [Sources]-[main.cpp]를 선택하면 기본 코드가 작성된 창이 나타난다. 원하는 프로그램을 작성한 후 컴파일, 실행의 순으로 Code blocks를 이용할 수 있다.

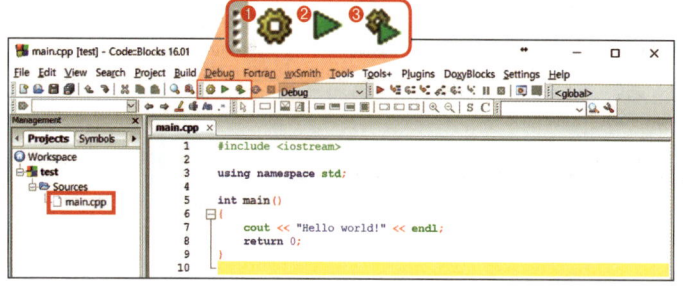

❶ 컴파일(⚙): 작성한 프로그램을 컴파일한다.
❷ 실행(▶): 컴파일된 프로그램을 실행한다.
❸ 컴파일+실행(⚙▶): 프로그램을 컴파일한 후, 실행한다.

⑥ 위 프로그램을 실행한 결과이다.

```
Hello world!

Process returned 0 (0x0)    execution time : 0.010 s
Press any key to continue.
```

2 Dev-C++

Dev C++은 GCC 컴파일러를 윈도 환경에서 사용할 수 있게 최소화하여 만든 통합 개발 환경이다. 델파이 언어를 사용하여 만들었으며, 콜린 라플 라스가 처음 개발하였다. 윈도 환경에서만 동작하며, 설치 프로그램의 크기가 작고 설치가 간편하다.

(1) 프로그램 다운로드

① 'http://www.bloodshed.net/dev/index.html' 사이트에 접속하여 [Sections]에서 [Dev-C++]을 클릭한다.

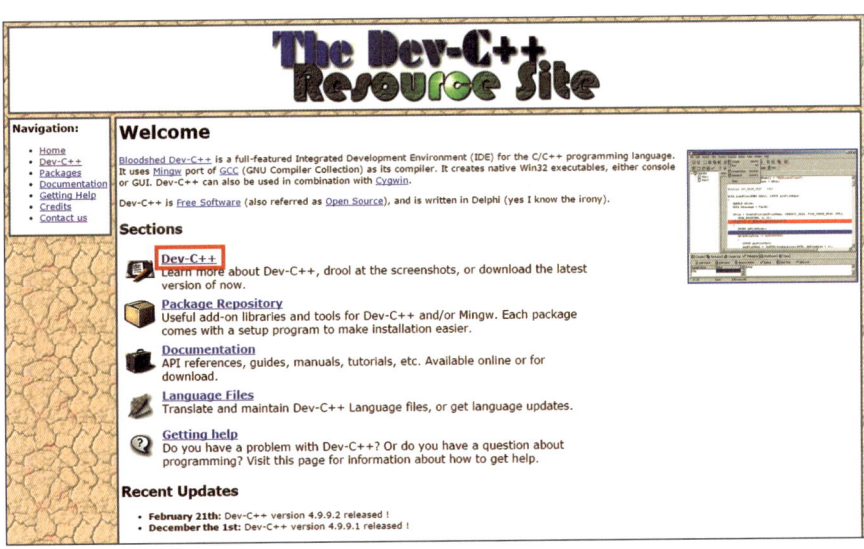

② [Downloads]에서 [SourceForge]를 클릭하면 프로그램을 다운로드할 수 있다.

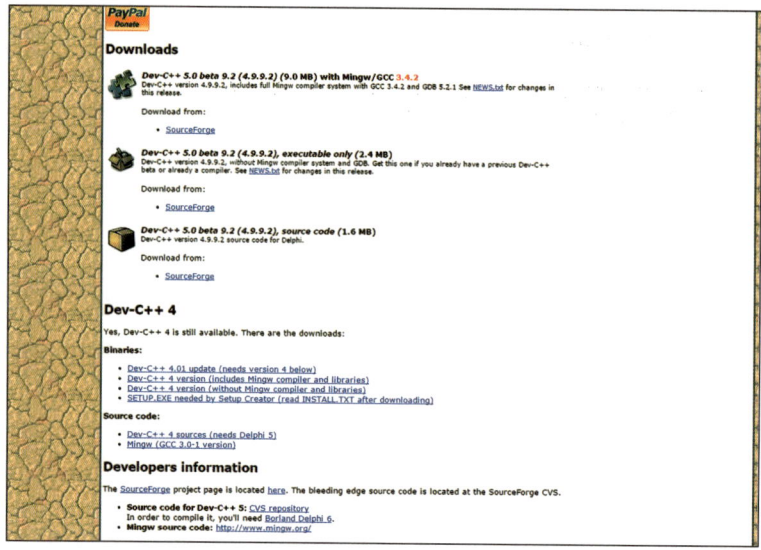

(2) 프로그램 작성 방법

① 설치한 프로그램을 실행하고 [File]-[New]-[Project] 메뉴를 클릭한다.

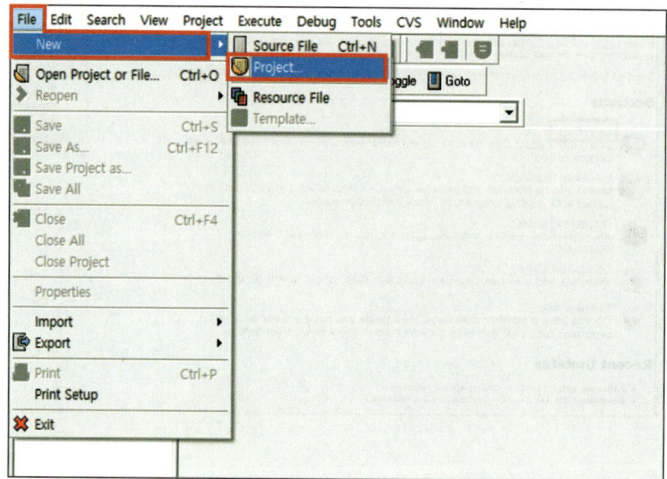

② [New project] 대화상자에서 [Console Application]을 선택하고 [Name]에 프로젝트 이름을 작성한 후 [OK] 버튼을 클릭한다.

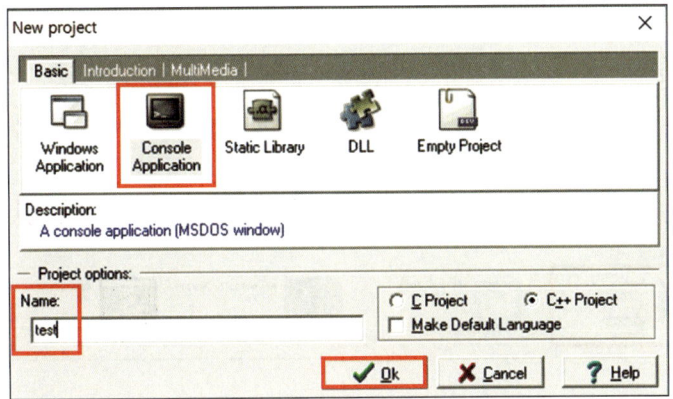

③ 초기 코드가 작성된 형태로 나온다.

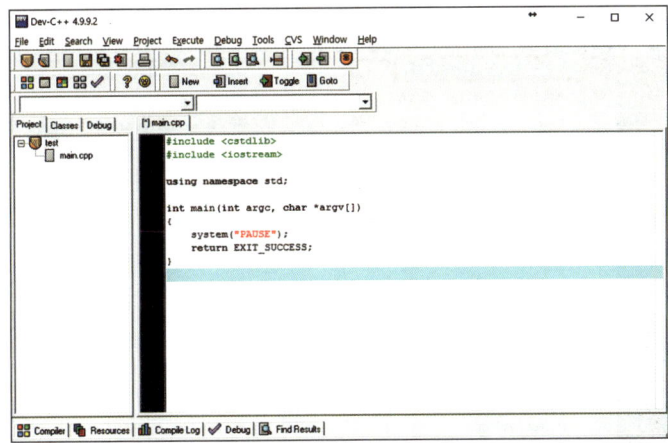

④ 이 코드에 다음 코드를 추가한 후 실행한다.

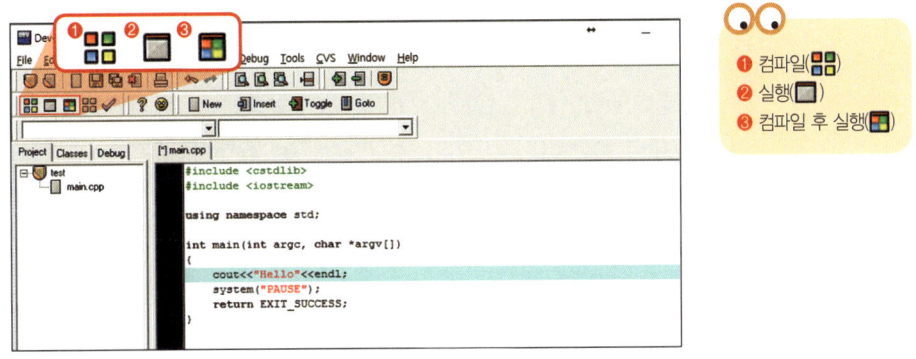

3 Xcode

Xcode는 애플의 맥 운영체제에서 사용할 수 있는 무료 통합 개발 환경이다.

(1) 프로그램 다운로드

Mac OS의 앱 스토어에 접속하여 'xcode'로 검색하면 무료로 다운로드할 수 있다.

(2) 프로그램 작성 방법

① 설치한 프로그램을 실행하고 [File]-[New]-[Project] 메뉴를 클릭한다.

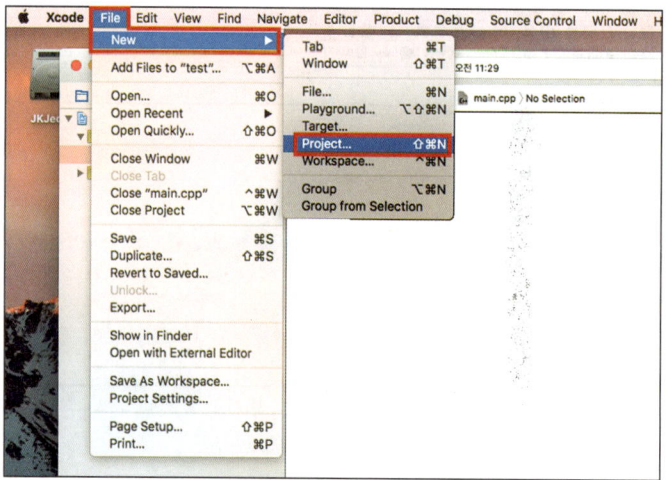

② [Choose a template for your new project] 대화상자에서 [Command Line Tool]을 선택하고 [Next] 버튼을 클릭한다.

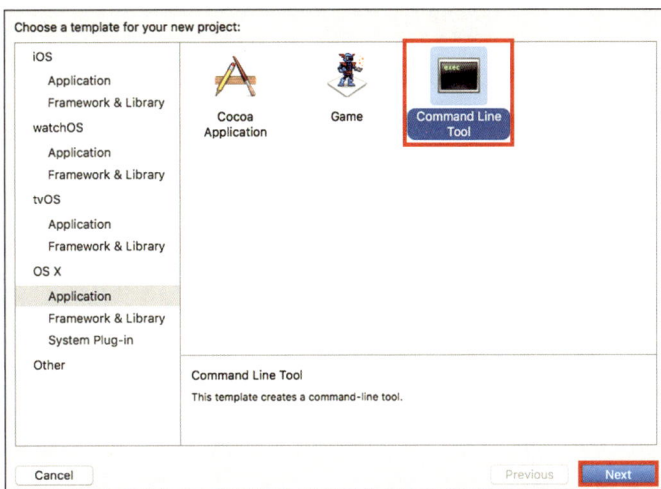

③ 왼쪽 창에서 [main.cpp]를 클릭하면 기본적인 프로그램이 작성되어 있는 것을 볼 수 있다. 프로그램을 실행하려면 [플레이] 버튼 혹은 바로 가기 키 Command + R 을 누른다.

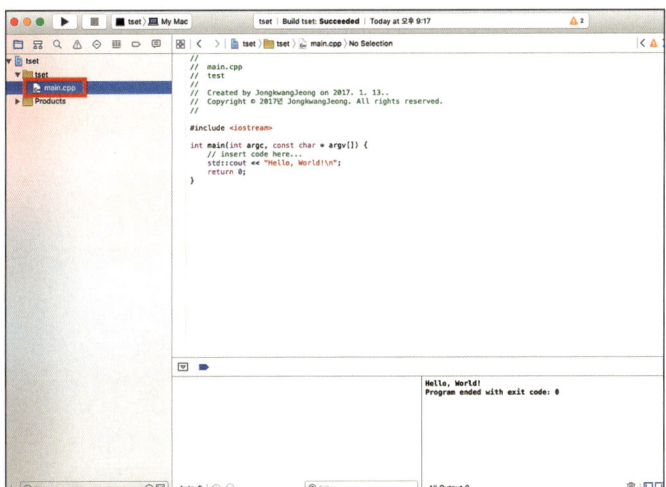

01 다음 빈칸에 알맞은 말을 〈보기〉에서 찾아 채우시오.

> (   )를 사용하면 소스 코드를 작성, 편집, 수정할 수 있으며 프로그래밍 언어의 문법이나 형식에 맞게 글자의 색이나 구조를 알아보기 쉽게 나타내 준다.
> (   )는 프로그램을 단계적으로 제어하면서 실행시킬 수 있게 하고 데이터의 변화를 추적할 수 있는 기능을 제공함으로써, 논리적 오류를 보다 쉽게 찾아내고 해결할 수 있게 도와준다.

보기
㉮ 디버거
㉯ 에디터
㉰ 컴파일러

02 다음은 무엇을 설명하는 것인지 쓰시오.

> 프로그래밍에 필요한 에디터, 컴파일러, 디버거 등의 프로그램들이 함께 제공되는 개발 환경이다.

SECTION 5 컴퓨팅 사고력과 문제 해결

여기에서는 컴퓨팅 사고력의 의미를 알고, 문제를 효율적으로 해결할 수 있도록 컴퓨팅 사고력을 향상시킬 수 있는 방법에 대해서 알아본다.

01 컴퓨팅 사고력

1 컴퓨팅 사고력의 개념

컴퓨팅 사고력(Computational Thinking; CT) 또는 컴퓨팅 사고란 컴퓨터과학의 기본 개념과 원리 및 컴퓨팅 시스템을 활용하여 실생활과 다양한 학문 분야의 문제를 이해하고 창의적으로 해법을 구현하여 적용할 수 있는 능력을 뜻한다. 간단하게 말해 '컴퓨터에 의한 생각', '컴퓨터를 이용할 때 하게 되는 생각', '컴퓨터과학자처럼 생각하기' 등으로 의역할 수 있다. 따라서 컴퓨팅 사고력이란 보다 효율적인 문제 해결을 위해 컴퓨터를 활용하는 역량이라고 할 수 있다.

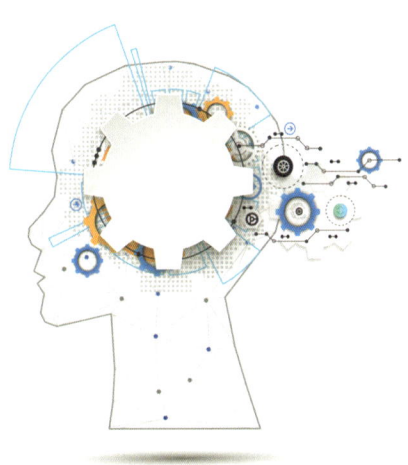

> 컴퓨팅 사고력은 'Computational Thinking'을 우리말로 표기한 것으로, 국문 표기 방법이 합의되기 이전에는 계산적 사고, 정보과학적 사고, 컴퓨터적 사고 등 학자마다 다르게 번역하여 사용하였다. 그러나 2014년 국립국어원의 의견에 따라 현재는 컴퓨팅 사고력이라는 용어로 통일되어 사용되고 있다.

▲ 컴퓨팅 사고력을 적용하여 밥상을 차리는 문제

2 추상화와 자동화

컴퓨팅 사고력을 바탕으로 하여 효율적으로 문제를 해결하는 과정은 크게 2가지로 나눌 수 있다.

(1) 추상화

첫 번째 과정은 문제의 복잡성을 제거하고 문제 해결에 필요한 핵심적인 요소를 추출하며, 추출한 요소를 바탕으로 문제 해결의 절차를 설계하는 '추상화(abstraction)'이다. 따라서 추상화는 문제를 정의하고 이해하는 과정과 이에 따라 효율적인 문제 해결 방법인 알고리즘을 설계하는 과정이라고 할 수 있다.

▲ 추상화와 자동화

(2) 자동화

두 번째 과정은 추상화를 통해 설계한 알고리즘을 구현함으로써 실제로 문제를 해결하는 '자동화(automation)'이다. 물론 알고리즘이 간단하거나 매우 효율적이라면 사람이 수행할 수도 있을 것이다. 그러나 알고리즘이 복잡하거나 동일한 알고리즘을 여러 번 반복해서 수행해야 한다면 사람보다 뛰어난 계산 능력을 가진 컴퓨터 또는 컴퓨팅 시스템을 활용해야 한다. 따라서 자동화에는 문제 해결 방법인 알고리즘을 구현하는 프로그래밍 과정과 알고리즘 구현 결과인 프로그램 실행 결과를 분석하고 평가하는 과정이 포함된다.

이때 중요한 것은 문제를 얼마나 효율적으로 해결하는가이다. 컴퓨터과학자처럼 컴퓨터과학의 기초 개념 및 컴퓨팅 시스템을 활용하여 문제를 해결한다는 것은 문제를 보다 신속하고 정확하게 해결한다는 것을 뜻하기 때문이다. 따라서 알고리즘을 설계하고 구현할 때는 언제나 효율을 분석하고 비교해야 한다. 이때 효율이란 알고리즘을 수행하기 위한 수행 시간이며, 일반적으로 알고리즘 속에 포함된 문제 해결 절차의 수라고 나타낼 수 있다.

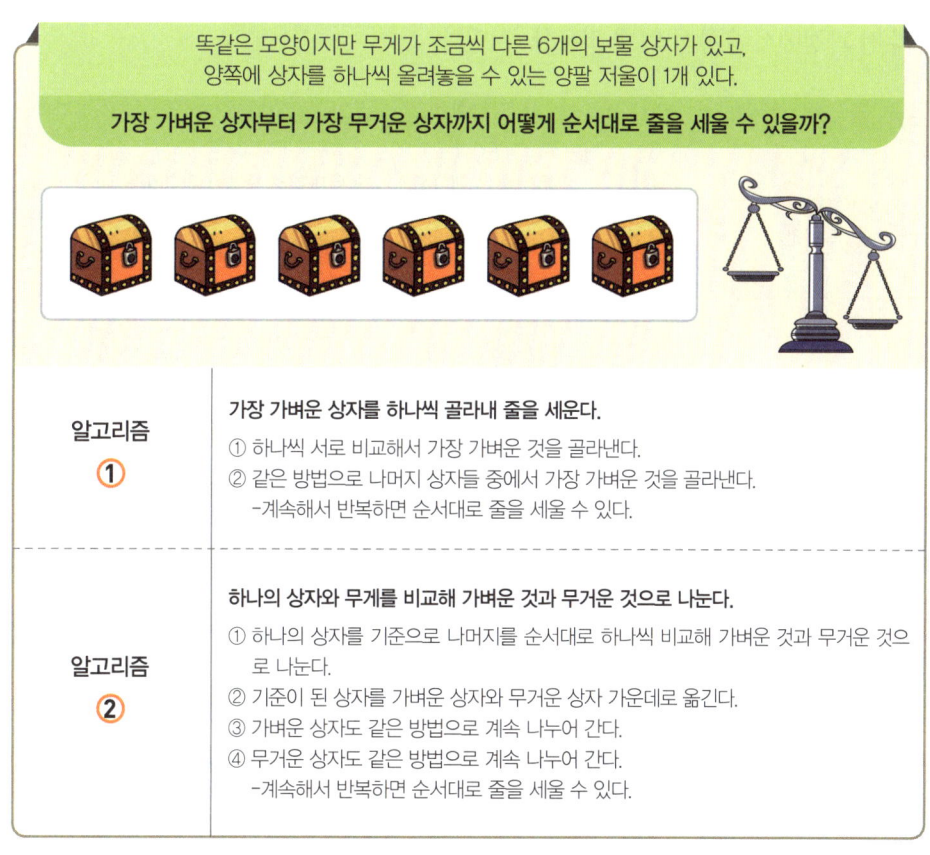

▲ 두 알고리즘의 효율은 같을까, 다를까?

3 컴퓨팅 사고력의 구성 요소

일반적으로 문제를 해결하는 과정은 '문제 이해하기 → 문제 해결 방법 만들기 → 문제 해결 방법 적용하기 → 결과 분석하기'로 나타낼 수 있다. 따라서 컴퓨팅 사고력을 문제 해결 과정에 적용하기 위한 구체적인 기법 또는 전략이 존재하며, 이것을 컴퓨팅 사고력의 구성 요소라고 할 수 있다.

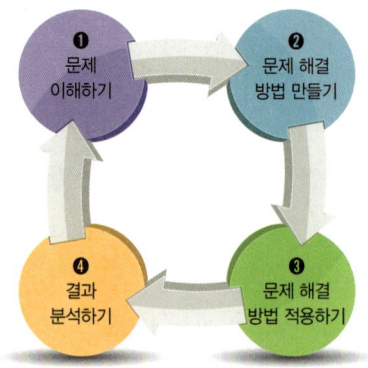

▲ 문제 해결 과정

먼저 '문제 분석', '핵심 요소 추출', '문제 분해' 및 '모델링'은 문제를 이해하기 위해 사용하는 전략이고, '알고리즘'은 문제 해결 방법을 설계하기 위한 과정이다. 또한, '프로그래밍'과 '병렬화'는 문제 해결 방법을 구현하기 위해 필요한 요소이며, '시뮬레이션'은 수행 결과를 분석하고 평가하는 과정이라고 할 수 있다. '자료 수집', '자료 분석' 및 '자료 표현'은 문제를 정의하거나 이해하는 과정을 돕기 위한 세부 전략으로 활용할 수 있으나, 경우에 따라 문제 해결의 전 과정에서 융통성 있게 적용할 수 있다.

문제 해결 과정	컴퓨팅 사고의 구성 요소		
1. 문제 이해하기 2. 문제 해결 방법 만들기 3. 문제 해결 방법 적용하기 4. 결과 분석하기	추상화	문제 분석, 핵심 요소 추출 문제 분해, 모델링, 알고리즘	자료 수집 자료 분석 자료 표현
	자동화	프로그래밍, 병렬화, 시뮬레이션	

4 컴퓨팅 사고력의 필요성

컴퓨팅 사고력이 중요한 이유는 우리 삶에서 만나는 많은 문제들이 점점 복잡해지고 있기 때문이다. 여기서 복잡한 문제라는 것은 어려운 문제와는 다른 의미로서, 여러 번의 절차를 거쳐서 해결해야 하는 문제를 말한다. 복잡한 문제를 해결하기 위한 방법과 절차는 매우 다양하며, 다양한 방법과 절차들 간에 효율의 차이가 존재한다.

따라서 복잡한 문제를 정확하게 분석하고 적절하게 분해한 후 알고리즘을 설계하면 보다 효율적으로 해결할 수 있다. 또한 이렇게 설계된 알고리즘은 프로그래밍을 이용하여 컴퓨터가 수행할 수 있도록 구현할 수 있으며, 이를 통해 사람이 수행하는 것과는 비교가 안 될 정도로 빠르고 정확한 계산이 가능해진다.

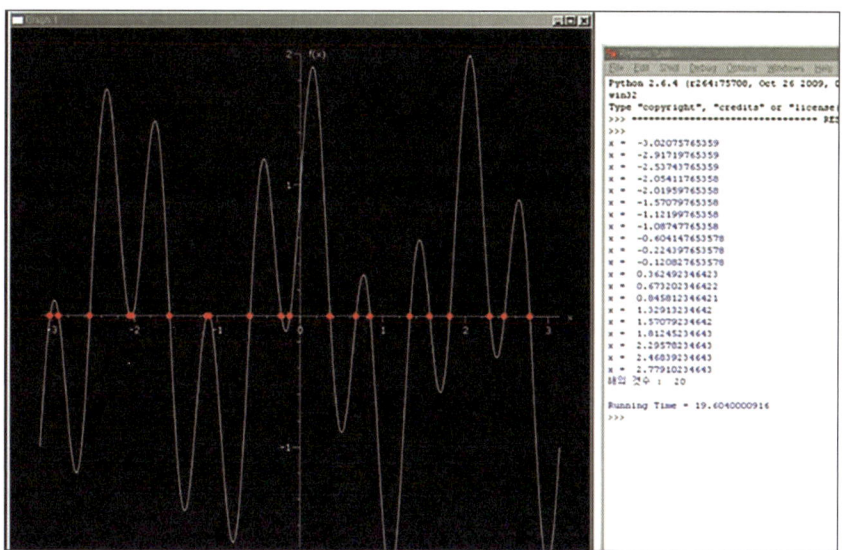

▲ 20차 방정식의 해를 계산하는 프로그램의 실행 결과

    마치 컴퓨터과학자가 그러하듯이 복잡한 문제를 효율적으로 해결하기 위한 알고리즘을 설계하고 구현하기 위해 필요한 절차적 사고 능력, 그것이 바로 컴퓨팅 사고력이다. 그리고 컴퓨팅 사고력을 기르기 위해 가장 좋은 방법이 바로 프로그래밍, 코딩을 바탕으로 하는 알고리즘 설계와 문제 해결이다.

02 문제 해결 예시 및 효율 비교

■ 1부터 n까지의 합 구하기

    1부터 n까지의 합을 구하려면 다음과 같은 식을 이용한다고 수학 시간에 배운 적이 있을 것이다. 그러면 프로그래밍으로는 어떻게 이 문제를 해결할까?

$$\frac{n(n+1)}{2}$$

    코딩을 이용하면 위의 식을 이용하는 것보다 더 다양한 방법으로 답을 구할 수 있다. 컴퓨터는 아무리 복잡한 연산이라도 빠르고 정확하게 처리할 수 있기 때문이다. 다만, 컴퓨터의 연산 능력을 이용하여 계산 문제를 해결할 때는 알고리즘을 어떻게 설계하느냐에 따라서 효율이 달라진다.

다음 두 개의 알고리즘은 1부터 n까지의 합을 구하는 서로 다른 방법을 보여준다.

> **알고리즘 1**
> ① $S \leftarrow 0, i \leftarrow 1$
> ② $S \leftarrow S + i, i \leftarrow i + 1$
> ③ 만약 $i < n$이면 $i \leftarrow i + 1$ 한 후 ②로 이동
> ④ S를 출력하고 종료

이 알고리즘은 1부터 n까지의 정수를 1씩 증가하면서 순차적으로 더하는 과정을 통하여 1부터 n까지의 합을 구하는 것이다. 만약 n의 값을 10으로 지정하면 각 단계의 S 값은 다음과 같이 변한다.

진행	단계	1	2	3	4	5	6	7	8	9	10
합계	S	1	3	6	10	15	21	28	36	45	55

각 명령이 실행되는 단계의 수를 단계 수라고 할 때, 1부터 10까지의 합을 구하기 위해 각 명령이 실행되는 단계 수는 다음 표와 같다.

알고리즘 행 번호	①	②	③	④	합계
단계 수	1회	10회	11회	1회	23회

> **알고리즘 2**
> ① $S \leftarrow 0, i \leftarrow n, p \leftarrow 1$
> ② $S \leftarrow S + \left(\dfrac{i+1}{2}\right)^2 \times p$
> ③ 만약 $i < 0$이면 $i \leftarrow \dfrac{i}{2}, p \leftarrow 2p$ 한 후 ②로 이동
> ④ S를 출력하고 종료

n의 값을 10이라고 할 때, 1부터 10까지의 합을 구하기 위해 그림과 같이 너비가 1, 높이가 1부터 10까지인 모든 막대의 넓이를 구하는 방법으로 설계한 알고리즘이다.

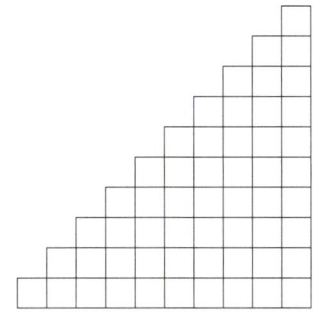

이 삼각형의 길이가 10이라고 하면, 다음과 같이 길이가 5인 삼각형 2개와 한 변의 길이가 5인 정사각형으로 나눌 수 있다. 이때 흰색의 넓이는 5×5임을 알 수 있다.

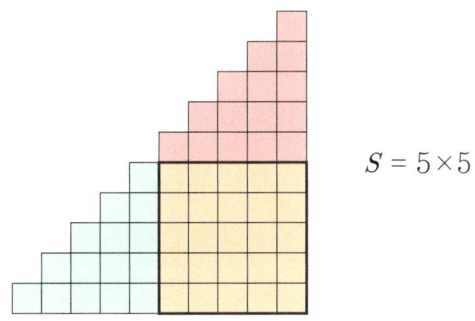

$S = 5 \times 5$

이제 이러한 사각형은 2개 있으며, 이들도 앞과 같은 과정으로 넓이를 구할 수 있다. 즉, 다음과 같이 3×3인 정사각형의 넓이를 구할 수 있다.

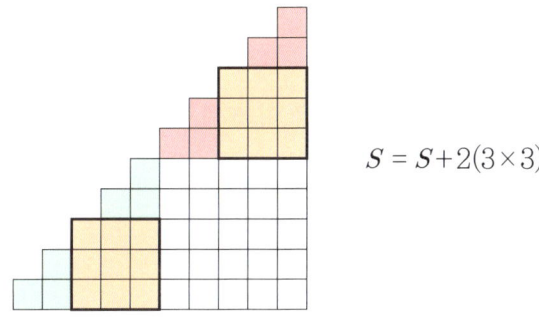

$S = S + 2(3 \times 3)$

다음으로 1×1인 정사각형 4개의 넓이를 구할 수 있다.

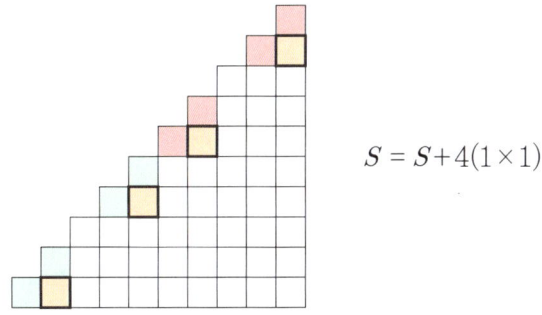

$S = S + 4(1 \times 1)$

마지막으로 작은 정사각형 8개의 값을 더하면 전체 넓이를 구할 수 있다.

만약 n=10이라고 하면, 각 단계의 S 값은 다음과 같이 변한다.

단계	1	2	3	4
S	25 = 5×5	43 = 25 + 2(3×3)	47 = 43 + 4(1×1)	55 = 47 + 8(1×1)

이 알고리즘에서 1부터 10까지의 합을 구하기 위하여 각 명령이 실행되는 단계의 수는 다음 표와 같다.

알고리즘 행 번호	①	②	③	④	합계
단계 수	1회	3회	4회	1회	9회

알고리즘 1과 알고리즘 2의 효율을 단계 수로 비교해 보면 n이 10일 때 알고리즘 1은 23회, 알고리즘 2는 9회임을 알 수 있다. 따라서 알고리즘 2가 알고리즘 1보다 2배 이상 효율이 좋은데, 이유는 같은 형태의 작업을 동시에 처리하기 때문이다.

빠르고 정확하게 연산을 할 수 있는 컴퓨터를 이용한다고 하더라도 이와 같이 알고리즘을 설계하는 방법에 따라서 효율이 달라질 수 있다.

03 탐색 기반 알고리즘 설계

프로그래밍을 이용하여 문제를 해결할 때 처음 생각할 수 있는 것이 탐색을 이용하는 방법인데, 이는 컴퓨터의 빠르고 정확한 연산 능력을 이용한 문제 해결 방법이다. 탐색은 이해하기 쉽고 구현하기 간단하면서도 대부분의 문제를 해결할 수 있는 매우 효율적인 알고리즘이다.

탐색의 종류는 다음과 같다. 사실 탐색은 원하는 값을 찾는 것이므로, 탐색만으로 해결할 수 있는 문제는 많지 않다. 그러나 컴퓨터가 빠르고 정확하게 탐색을 수행해낼 수 있다는 것을 이용하면 다양한 문제를 해결하는 알고리즘을 쉽게 설계할 수 있다. 이와 같이 탐색을 기본으로 하여 다양한 문제의 해결에 이르는 방법과 절차를 탐색 기반 알고리즘이라고 한다.

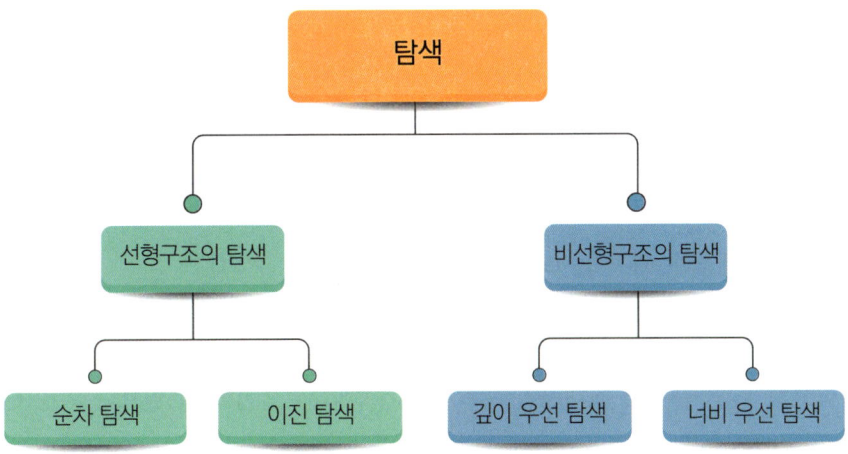

▲ 탐색 알고리즘의 종류

다음의 예제를 해결하는 탐색 기반 알고리즘을 설계해 보자. 여기에서는 순차 탐색과 이진 탐색을 이용하고자 한다.

예제 1

주어진 자연수 n이 소수이면 "yes" 아니면, "no"를 출력하시오.

알고리즘 설계

수학에서 소수는 매우 흥미로운 탐구 대상이다. 따라서 소수에 대한 많은 알고리즘이 알려져 있다. 여기서는 간단하게 주어진 자연수가 소수인지 아닌지 판단하면 된다. 소수란 1을 제외한 약수가 1개뿐인 자연수를 말한다. 따라서 이 정의를 이용하여 알고리즘을 설계할 수 있다.

기본적으로 어떤 수 n의 약수가 될 수 있는 수의 범위는 1부터 n까지라는 사실을 쉽게 알 수 있다. 따라서 1부터 n까지의 자연수를 모두 탐색하면서 약수의 수를 세어 개수가 2개인지 아닌지를 판단하여 소수인지 아닌지 구할 수 있다.

알고리즘은 다음과 같다.

① $i \leftarrow 1, c \leftarrow 0$
② 만약 $n \% i = 0$이면 $c = c + 1$
③ 만약 $i < n$ 이면 $i \leftarrow i + 1$ 한 후 ②로 이동
④ 만약 $c = 2$이면 "yes" 아니면 "no"를 출력한다.

이와 같이 간단한 탐색을 통하여 수학적인 문제를 해결할 수 있다. 이번에는 다른 문제를 탐색으로 해결해 보자.

예제 2

두 자연수 a, b의 최대공약수를 구하시오.

알고리즘 설계

수학적으로 두 자연수의 최대공약수를 구하는 방법은 잘 알려져 있으나, 여기에서는 수학적인 방법을 사용하지 않고 탐색을 통해서 두 자연수의 최대공약수를 구해보자.

1은 모든 자연수의 공약수이므로 두 자연수 a, b의 최대공약수는 1 이상이라는 사실은 쉽게 알 수 있다. 그리고 두 자연수 a, b의 최대공약수가 a, b 중 더 작은 값이라는 사실도 쉽게 알 수 있다. 그러므로 두 자연수 a, b의 최대공약수가 될 수 있는 값들은 1 이상 a, b 중 더 작은 수 이하의 값들이라고 할 수 있다. 따라서 1부터 a, b 중 더 작은 수까지를 모두 탐색하면 최대공약수를 구할 수 있다.

설계할 수 있는 탐색 기반 알고리즘은 다음과 같다.

> ① $i \leftarrow 1$
> ② 만약 $a \% i = 0$ and $b \% i = 0$이면 $GCD = i$
> ③ 만약 $i < n$ 이면 $i \leftarrow i+1$ 한 후 ②로 이동
> ④ GCD를 출력하고 종료

여기서 a%b는 a를 b로 나눈 나머지를 의미한다. 이 알고리즘을 통해서 두 자연수 a, b의 최대공약수를 순차적으로 탐색할 수 있다.

예제 3

어떤 시험에 응시한 n명의 학생들의 점수가 있다. 이들 중 m명을 합격시키고자 한다. m명을 합격시킬 수 있는 커트라인의 최소 점수를 구하시오.
(단, 모든 학생들의 점수는 다르며, $n \geq m$이다.)

알고리즘 설계

이 문제에서는 커트라인이 될 수 있는 점수를 0점부터 100점까지 각각 탐색하면서, 탐색하는 점수 이상인 학생의 수가 m명 이상인 점수를 구하면 된다.

이 문제는 앞의 예제1, 예제2와는 달리 점수가 올라갈수록 그 점수 이상인 학생들의 수는 같거나 감소한다는 특징이 있다. 즉, 점수와 그 점수 이상인 학생의 수와의 관계를 파악해보면 정렬된 자료와 같음을 알 수 있다. 따라서 이 문제는 이진 탐색으로도 해결할 수 있다.

이진 탐색으로 설계한 알고리즘은 다음과 같다.

① $lo \leftarrow 0, hi \leftarrow 100$
② $c \leftarrow \dfrac{(l+r-1)}{2}$
③ 만약 점수가 c점 이상인 학생의 수가 m명 이상이면 $lo \leftarrow c$, 아니면 $hi \leftarrow c+1$
④ $lo < hi$ 이면 ②로 이동
⑤ hi를 출력하고 종료

이와 같이 탐색을 이용하여 문제를 해결하는 경우 효율이 떨어질 수 있지만 정확한 답을 구할 수 있다. 예제3과 같이 수학적인 아이디어를 활용하여 알고리즘을 더욱 효율적으로 개선할 수도 있으니 스스로 고민해보기 바란다.

기본적으로 탐색을 이용하여 알고리즘을 설계할 때에는 먼저 탐색해야 할 값의 범위를 설정하고 문제의 특성에 따라 이 값들을 순차 탐색 혹은 이진 탐색으로 탐색해가면서 해를 구할 수 있는 방법이 기본이므로 잘 익혀두는 것이 좋다.

01 빈칸에 알맞은 말을 〈보기〉에서 찾아 채우시오.

( )은(는) ( )의 기본 개념과 원리 및 ( )을 활용하여 실생활과 다양한 학문 분야의 문제를 이해하고 창의적으로 해법을 구현하여 적용할 수 있는 능력이다.

보기
㉮ 컴퓨터과학
㉯ 컴퓨팅 시스템
㉰ 컴퓨팅 사고력

02 다음에서 설명하는 컴퓨팅 사고력의 하위 요소는?

이것은 현실세계의 문제가 가진 복잡성을 제거하기 위한 사고 과정 및 능력으로 문제의 상태를 정의하고 문제 해결을 위해 반드시 필요한 요소를 추출한 후 이를 바탕으로 문제를 재표현하는 과정을 모두 포함하는 것이다.

보기
㉮ 추상화
㉯ 자동화
㉰ 프로그래밍

03 다음에서 설명하는 알고리즘 설계 기법은?

컴퓨터를 비롯한 컴퓨팅 시스템이 가지고 있는 빠르고 정확한 계산 능력을 바탕으로 해(답)가 있을 법한 공간을 뒤져보고 해가 맞는지 검사함으로써 문제를 해결하는 알고리즘을 설계하는 기법이다.

보기
㉮ 관계 기반 알고리즘 설계
㉯ 탐색 기반 알고리즘 설계
㉰ 객체 기반 알고리즘 설계

01 사용자가 컴퓨터 하드웨어 시스템을 사용하기 쉽게 도와주는 소프트웨어는?
① 컴파일러　　　　② 통합 개발 환경
③ 응용 소프트웨어　④ 시스템 소프트웨어
⑤ 프로그래밍 소프트웨어

02 프로그래밍 소프트웨어에 속하지 않는 것은?
① 링커　　② 서버　　③ 디버거
④ 컴파일러　⑤ 텍스트 에디터

03 소프트웨어로 볼 수 없는 것은?
① 게임　　② CPU　　③ 펌웨어
④ 웹 페이지　⑤ 운영체제

04 구조적 알고리즘 설계 방법과 관계가 적은 것은?
① 구조화　② 순차　③ 선택
④ 객체　　⑤ 반복

05 웹 전용 프로그래밍 언어가 아닌 것은?
① JSP　　② CSS　　③ PHP
④ Python　⑤ JavaScript

06 통합 개발 환경이 아닌 것은?
① Visual C++　　② Dev C++
③ Code::Blocks　④ Xcode
⑤ linker

07 다음 순서도를 실행한 결과는?

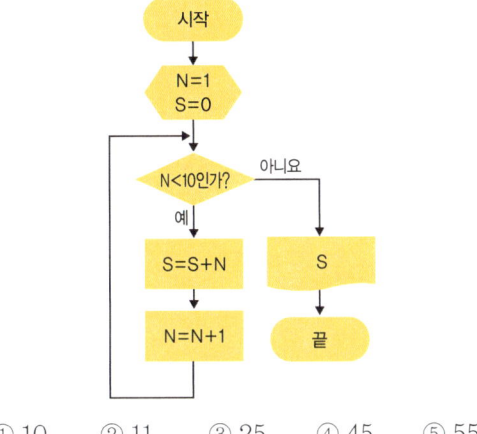

① 10　② 11　③ 25　④ 45　⑤ 55

08 소스 코드를 실행 파일로 변환하는 프로그램은?
① 에디터　② 컨버터　③ 디버거
④ 테스터　⑤ 컴파일러

09 애플(Apple)의 맥 OS에서의 통합 개발 환경은?
① GCC　　② VC++　　③ Xcode
④ Dev C++　⑤ Code::blocks

다양한 프로그래밍 언어들

컴퓨터가 처음 만들어진 이후 보다 쉽게 프로그래밍하기 위한 여러 가지 아이디어와 방법들이 생겨났으며, 그에 따라 더욱 강력하고 편리한 형태의 새로운 프로그래밍 언어가 현재까지도 계속해서 만들어지고 있다.

지금까지 수백 가지의 프로그래밍 언어들이 만들어져 왔는데, 여러 검색 사이트에서 검색되는 프로그래밍 언어의 비율을 분석하는 TIOBE Index에 의하면 2017년 03월 기준 가장 많이 검색되는 프로그래밍 언어는 Java, C, C++, C#, Python, Visual Basic.NET 등으로 나타난다.

TIOBE Index는 전세계적으로 가장 많이 사용되는 상위 25개(Google, Youtube, Baidu, Yahoo, Wikipedia, Ebay, Amazon 등)의 검색 엔진 사이트를 통해 검색되는 프로그래밍 언어 관련 검색의 횟수들을 수집하고, 그 데이터를 기반으로 순위를 계산하여 월 단위의 변화와 순위를 게시한다.

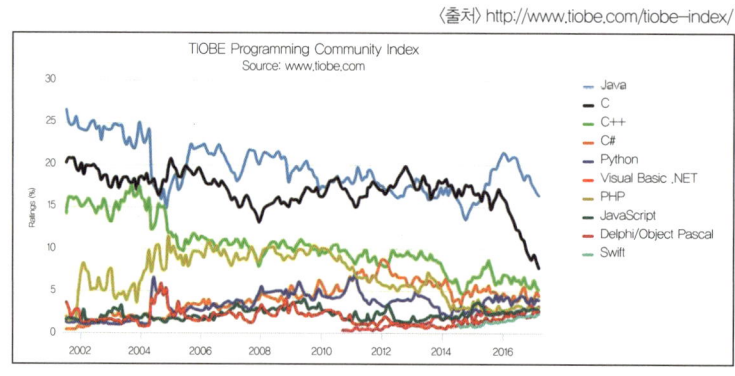

▲ TIOBE index 변화(2017.03)

C 언어는 매우 오래된 역사를 가지고 있지만 최근에 개발된 다른 언어들과 경쟁해도 높은 사용 비율을 보이고 있다는 점이 흥미롭다. 이렇게 C 언어가 오랫동안 컴퓨터 프로그래밍 언어로서 많이 사용되고 검색되는 이유로는 문법의 간결성, 빠른 처리 속도, 효율적인 메모리 접근 및 사용, 높은 확장성 등을 들 수 있다.

▲ TIOBE 프로그래밍 언어 순위(2017.03)

코드의 로제타석

로제타석(로제타스톤)은 기원전 196년 고대 이집트에서 제작된 화강암으로, 같은 내용의 글이 이집트 상형문자, 이집트 민중문자, 고대 그리스어 등 세 가지 문자로 번역되어 쓰여있다. 로제타석에 대한 고고학적 연구는 그 이전까지 해석할 수 없었던 이집트 상형문자를 같은 의미로 작성된 그리스어를 이용하여 번역할 수 있다는 역사적 시발점이 되었다.

로제타코드(http://rosettacode.org) 사이트는 그러한 로제타석과 비슷하게, 서로 다른 프로그래밍 언어의 같은 작업 코드를 작성·수집·기록하는 사이트이다. 약 800여 개 이상의 알고리즘·작업들에 대해 641개 프로그래밍 언어로 코드를 수집해 나아가고 있으며, 원하는 알고리즘·작업들에 대한 서로 다른 프로그래밍 언어로 작성된 코드를 검색하고 참고할 수 있다.

〈출처〉 http://rosettacode.org/wiki/Rosetta_Code

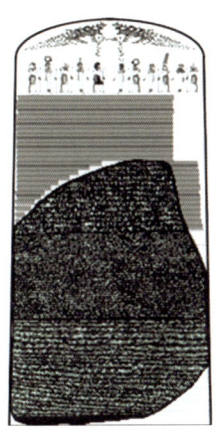

▲ 로제타석(복원 예상 모습)

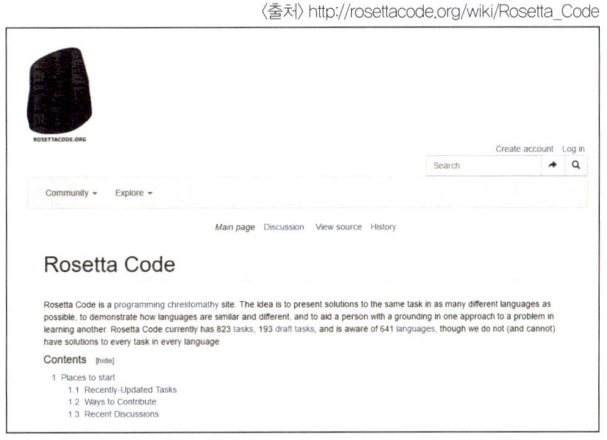

▲ 로제타코드

C	Python	Ruby

iint gcd(int u, int v)
{
  return v!=0?gcd(v,u%v):u;
}
	def gcd(u, v):
	  return gcd(v,u%v) if v else abs(u)
		def gcd(u, v)
		  u, v = u.abs, v.abs
		  while v > 0
		    u, v = v, u % v
		  end
		  u
		end

▲ 최대공약수를 계산하는 유클리드 알고리즘의 로제타코드(C, Python, Ruby)

CHAPTER

02

C 언어 프로그래밍의 기초

프로그래밍을 배운다는 것은 프로그래밍 언어를 이용하여 알고리즘을 구현하는 방법을 배운다는 뜻이다. 이는 매우 어렵게 느껴질 수도 있으나, 실제 프로그래밍 과정에서 사용하는 단어의 개수는 30~50여 개에 불과하고 문법과 의미는 매우 명확하므로 영어나 제2외국어를 배우는 것에 비하면 프로그래밍 언어를 배우는 것은 매우 쉽다고 할 수 있다. 이번 CHAPTER에서는 프로그래밍의 기초를 차근차근 살펴본다.

SECTION 1 C 언어의 시작

이제 본격적으로 C 언어에 대해 살펴보자. 먼저 C 프로그램을 이용하여 간단한 출력문을 작성하는 방법을 학습한다.

01 Hello, World!

프로그래밍 언어는 인간과 컴퓨터가 대화를 하기 위한 언어이다. 인간이 명령을 내리고 컴퓨터가 실행하기 때문에, 기계어보다는 C 언어처럼 인간이 사용하는 언어와 가까운 고급 언어를 사용한다.

1 프로그램의 이해

다음 프로그램을 작성하고 컴퓨터와의 첫 번째 대화를 시도해 보자.

먼저 실행하기

따라하기
```
1   #include <stdio.h>
2   main( )
3   {
4       printf("Hello, World!");
5   }
```

실행 결과
```
Hello, World!
```

→ 위 프로그램을 실행하면 "Hello, World!"라는 결과가 나타난다.

순서도

시작 → Hello, World! → 끝

- "Hello, World!"는 "안녕, 세상아!"라는 뜻으로 printf( ) 함수를 사용하여 출력한다.
- 4행에서 컴퓨터에게 "Hello, World!"를 출력하라는 명령을 내리고, 그 명령에 따라 컴퓨터가 문장을 출력한 것이다.

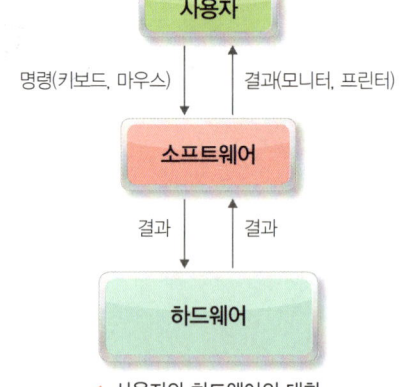

▲ 사용자와 하드웨어의 대화

> **Hello, World!**
> 대부분의 학생들이 C 언어를 공부할 때 처음 작성하게 되는 예제이다. 왜 그럴까? "Hello, World!"라는 말은 누가 한 것인지 생각해보자.

main( )과 헤더 파일

C 언어 소스 코드에는 main( )이 꼭 있어야 하며, 사용하는 명령들의 내용이 미리 기록된 헤더 파일을 참조하여 프로그래밍한다.

> **소스 코드**
> 소스 코드란 사용자가 작성한 코드로 컴파일러에 의해 번역되지 않은 상태의 프로그램 파일(*.c)을 뜻한다.

1 main( )

가장 간단한 C 언어 프로그램은 무엇일까? 가장 간단하다는 것은 꼭 필요하다는 뜻이다. 다음 프로그램을 작성하고 실행해 보자.

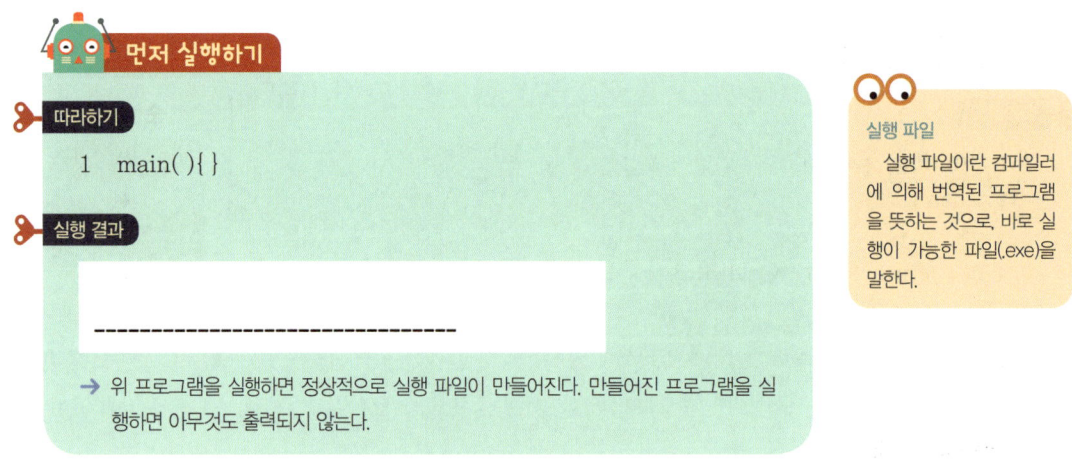

따라하기
```
1   main( ){ }
```

실행 결과

→ 위 프로그램을 실행하면 정상적으로 실행 파일이 만들어진다. 만들어진 프로그램을 실행하면 아무것도 출력되지 않는다.

> **실행 파일**
> 실행 파일이란 컴파일러에 의해 번역된 프로그램을 뜻하는 것으로, 바로 실행이 가능한 파일(.exe)을 말한다.

- 이 프로그램은 가장 간단한 C 언어 프로그램으로, 오류 없이 컴파일되고 정상적으로 실행된다.
- C 언어 프로그램은 main( ) 함수 내부에 실행해야 할 내용들을 작성하는 것이 기본이다. main( ) 함수에는 C 프로그램의 시작부터 종료까지 실행되는 내용들이 작성되어 있다.
- C 언어 프로그램은 main( ) 함수를 기본으로 여러 가지 명령과 함수들을 사용하여 작성된다. 프로그래밍의 기본은 사용자가 필요한 명령들을 코딩하는 것이고, 여러 명령들을 반복해서 사용할 경우 그것을 함수나 작은 단위의 부프로그램(subprogram) 형태로 코딩하는 것이다.

> **함수**
> 여러 연산을 처리하는 명령의 집합을 말한다. '함수 이름( ){실행할 내용들}'의 구조로 되어 있으며, 종류와 사용법이 다양하다.

■ 기본적인 C 언어 프로그램 구조

```
main( )
{
    함수 1( );
    함수 2( );
    문장;
     ⋮
}
```

- C 언어 내부의 모든 명령들은 위에서 아래로 작성하며, 각 문장의 끝에는 문장의 마지막을 나타내는 마침표(.)와 같은 의미로 세미콜론(;)이 사용된다.
- 소괄호(( )), 중괄호({ }), 대괄호([ ]), 작은따옴표(' '), 큰따옴표(" ")와 같이 쌍으로 사용되는 기호들이 있으며, 실행되는 문장이 2줄 이상일 경우 중괄호({ })를 사용하여 묶어주는데, 이를 코드 블록(code block)이라고 한다.

2 헤더 파일

헤더 파일(header file)이 포함된 문장은 main( ) 함수보다 먼저 작성하기 때문에 전처리 구문이라고 부른다. 다음과 같이 "Hello, World!"를 출력하는 프로그램을 작성하고 실행해 보자.

> **헤더 파일**
> 헤더 파일의 헤더(header)는 '우두머리', '제목'이라는 뜻이다. 헤더 파일은 유사한 종류의 라이브러리 함수들이 포함된 책의 소제목이라고 생각할 수 있다. 컴파일러의 빠른 처리를 위해 라이브러리 함수들이 수록된 페이지들의 제목을 써 주어야 한다.

먼저 실행하기

따라하기

```
1   #include <stdio.h>
2   main( )
3   {
4       printf("Hello, World!");
5   }
```

실행 결과

```
Hello, World!
```

→ 위의 프로그램을 실행하면 "Hello, World!"라는 문자열이 출력된다.

> **stdio**
> stdio는 표준 입출력(standard input output)의 약자로, 입력과 출력에 관련된 라이브러리 함수들이 포함되어 있다.

- 1행에서 stdio.h 헤더 파일은 printf( ) 함수의 실행 내용이 미리 정의되어 작성되어 있는 파일이다.
- 4행에서 printf( ) 함수에 "Hello, World!" 문장(문자열)이 전달되면 문자열이 출력된다.

> **라이브러리 함수**
> printf( )와 같이 사전에 그 내용이 정의된 함수로서, 마치 도서관(library)의 책처럼 미리 만들어 놓고 필요하면 언제든지 꺼내어 쓸 수 있는 함수를 말한다.

3 헤더 파일의 필요성

헤더 파일이 main( ) 함수 이전에 작성되지 않으면 main( ) 함수 내에 작성된 내용들을 번역하지 못하여 오류가 발생한다.

다음과 같이 헤더 파일 부분을 없애고 프로그램을 컴파일해 보자.

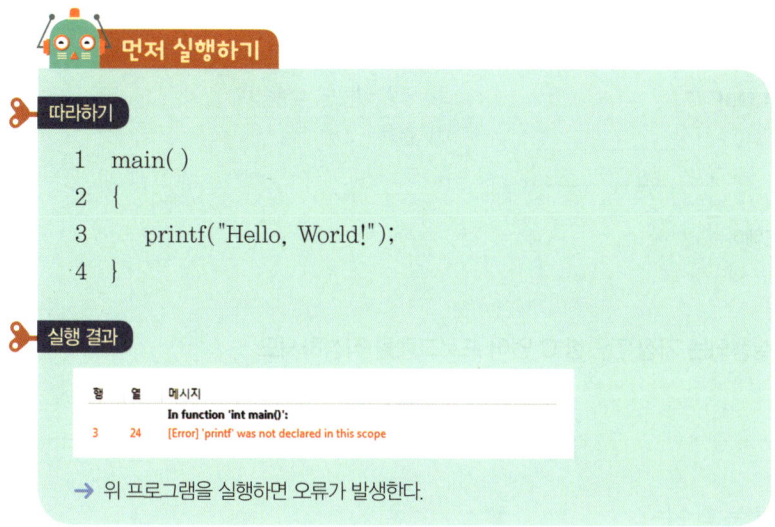

- 프로그램을 컴파일하면 3행에서 오류가 발생한다.
- printf( ) 함수가 미리 정의되지 않아서 해석할 수 없다는 메시지를 보여준다.

not declared, undeclared
프로그래밍을 하다 보면 많이 볼 수 있는 오류 메시지이다. 이것은 사용하려는 명령이나 연산의 이름과 의미가 미리 정해지지 않았다는 의미이다.
'+'라는 연산자를 사용할 수 있는 것은 '+'가 '두 개의 숫자를 더하라.'라는 명령이 사전에 약속되어 있는 기호이기 때문이다.

01 다음은 인간과 컴퓨터의 대화 과정을 그림으로 나타낸 것이다. 빈칸에 알맞은 말을 <보기>에서 찾아 쓰시오.

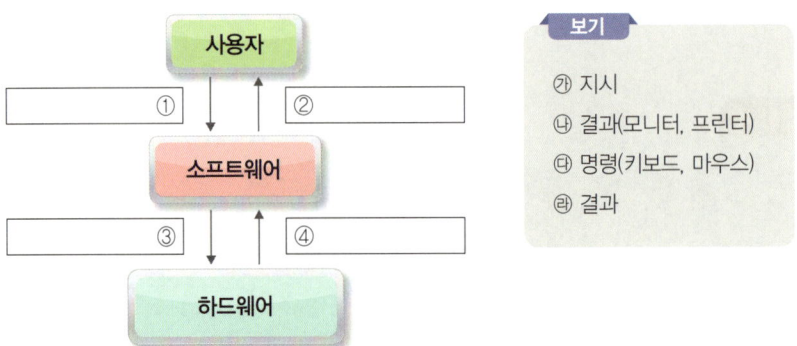

보기
㉮ 지시
㉯ 결과(모니터, 프린터)
㉰ 명령(키보드, 마우스)
㉱ 결과

02 오류 없이 컴파일한 후 실행되는 가장 간단한 C 언어 프로그램을 작성하시오.

---

03 다음 <보기>에서 설명하는 함수는? _____

보기
① 컴파일의 시작 지점이 되는 함수 ② 컴파일의 종료 지점이 되는 함수
③ 모든 C 언어 프로그램에 반드시 필요한 함수 ④ C 언어 프로그램은 이 함수의 내용을 작성하는 과정

04 다음 프로그램에서 오류가 발생하는 행을 찾고, 오류가 발생하지 않도록 내용을 추가하여 다시 작성하시오.

```
1  main( )
2  {
3      printf("Hello, World!");
4  }
```

오류 발생 : _____ 행

```
1
2
3
4
5
```

88 PART 1 C 언어 프로그래밍

SECTION 2 C 언어의 기초

컴퓨터는 빠르고 정확한 계산을 수행한다. 따라서 수를 이용한 연산이 기본이다. 상수와 변수, 연산자를 이해하는 것은 프로그래밍 학습의 가장 기초이다. 여기에서는 상수와 변수의 개념과 필요성, 연산자의 의미와 특성에 대해서 학습한다.

01 상수와 변수

프로그램을 작성하다 보면 데이터를 표현하고 저장하는 작업이 자주 발생한다. 일단 다음과 같은 프로그램을 작성하고 실행해 보자.

먼저 실행하기

따라하기

```
1  #include <stdio.h>
2  main( )
3  {
4      printf(" 38 * 75 - 63 = 2787\n");
5      int a = 38, b = 75, c = 63;
6      printf("%d * %d - %d = %d\n", a, b, c, a * b - c);
7      a = a*b - c;
8      printf("메모리[%d] = %d\n", &a, a);
9  }
```

실행 결과

```
38 * 75 - 63 = 2787
38 * 75 - 63 = 2787
메모리[2293412] = 2787
--------------------------------
```

→ 위의 프로그램을 실행하면 '38×75-63'의 연산 결과가 출력된다.

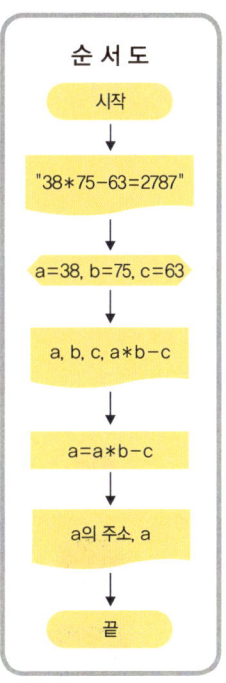

1 상수

위 프로그램과 같이 38, 75, 63과 같은 데이터를 직접 표현하거나 저장할 수 있다. 4행과 5행의 38, 75, 63과 같이 수나 문자와 같은 값 자체를 상수(constant)라고 한다.

■ 상수의 종류

숫자 상수	정수 상수	−65536, −75, 0, 37, 99, 32587 등
	실수 상수	3.14, 15.365, 37.31, 37.0 등
문자 상수	문자 상수	'a'~'z', '!', '@', '#', '$', '%', '^', '&', ':', '(', ')' 등
	문자열 상수	"KOREA", "America", "China" 등
논리 상수	참	true 또는 0이 아닌 수
	거짓	false 또는 0

2 변수

- 5행의 a, b, c에는 수나 문자와 같은 값(상수)이 저장된다. 이처럼 언제든지 다른 값을 저장할 수 있는 이름을 변수(variable)라고 한다.
- 7행에서 a*b-c의 값으로 a의 값이 변경되는데, 이처럼 변수에 저장되는 값은 변경할 수 있다.
- 8행에서 변수 a가 사용하는 메모리 영역의 주소와 a 변수가 사용하는 주소에 저장되어 있는 값을 출력한다.

■ 변수 선언

변수에 저장하는 값의 종류와 저장되는 범위(크기)에 따라 변수를 다르게 사용해야 하는데, 처음 변수를 지정하는 것을 변수의 선언이라고 한다.

■ 변수의 선언과 쓰임

의미	자연어 표현	C 언어로 표현
	A라는 접시를 만든다.	int A;
	A에 감귤 1개를 담는다.	A = 1;
	A에 감귤 2개를 담는다.	A = 2;
	A에 감귤 3개를 담는다.	A = 3;

'='은 등호?

등호(=)라고 알려진 연산자는 '같다'의 의미이지만, 우변의 값을 좌변에 '대입'하라는 의미도 있다. C 언어에서는 이렇게 모호한 표현을 막기 위해 '대입'은 '=', '같다'는 '=='로 표현한다.

■ 변수의 종류

변수는 값을 저장하기 위한 메모리(RAM)의 일부 공간이며, 메모리는 이러한 공간(cell)의 집합으로 구성된다. 변수로 지정된 이름은 특정 메모리 공간을 가리키며, 이 공간이 효율적으로 사용될 수 있도록 적당한 자료형으로 선언되어야 한다.

숫자 변수	정수형 변수	정수를 저장하기 위한 4Byte 메모리 공간을 할당한다(예 30).
	실수형 변수	실수를 저장하기 위한 4Byte 메모리 공간을 할당한다(예 3.14f).
문자 변수	문자 변수	문자를 저장하기 위한 1Byte 메모리 공간을 할당한다(예 'A').
	문자열 변수	문자열을 저장하기 위한 6Byte 메모리 공간을 할당한다(예 "KOREA").

02 자료형

자료형(data type)이란 저장되는 데이터의 종류에 따른 형태로, 저장되는 값의 종류와 범위에 따라 다르게 표현된다.

1 자료형의 종류

변수에 저장하는 값의 종류와 범위에 따라 다른 자료형을 사용하여 변수를 선언해야 한다. 다음 프로그램을 작성하고 실행해 보자.

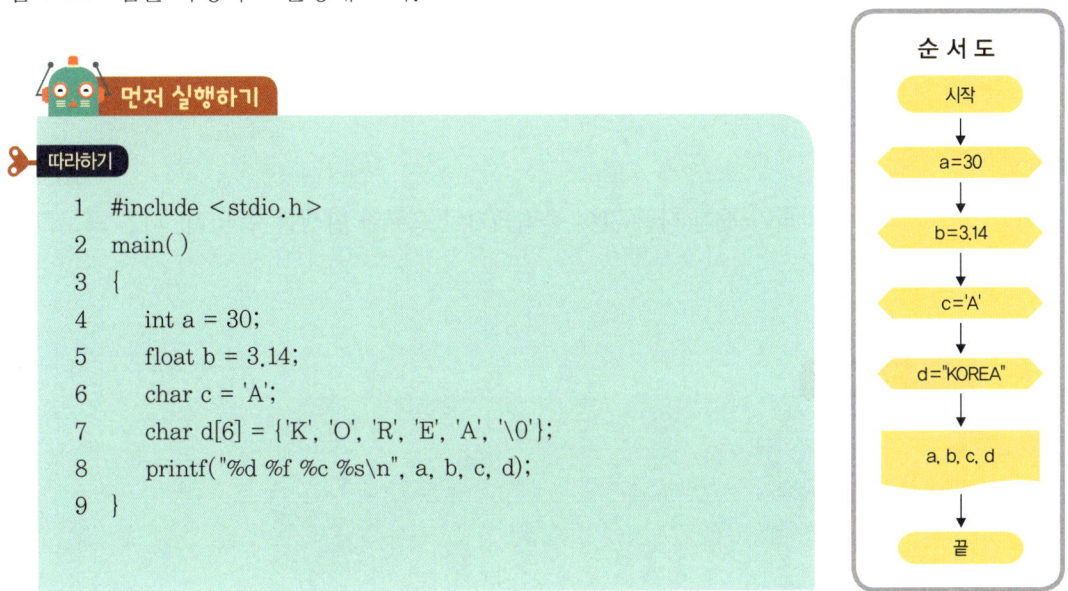

```
1   #include <stdio.h>
2   main( )
3   {
4       int a = 30;
5       float b = 3.14;
6       char c = 'A';
7       char d[6] = {'K', 'O', 'R', 'E', 'A', '\0'};
8       printf("%d %f %c %s\n", a, b, c, d);
9   }
```

> **실행 결과**
>
> ```
> 30 3.140000 A KOREA
> ------------------------------
> ```
>
> → 위 프로그램을 실행하면 변수 a, b, c, d에 저장된 값들이 출력된다.

- 'int a'는 'a라는 변수에 10진 정수를 저장하기 위해 4byte(32bit)의 메모리를 할당하라.'는 의미이다. 따라서 저장되는 값은 10진수에서 2진수 형태로 변환되어 a에 저장된다.
- 자료형에 따라 저장될 수 있는 값의 종류와 범위가 결정되어 있다.
- int형이 4byte(32bit)라는 것은 int형 변수를 이용하여 표현할 수 있는 숫자의 종류가 2³²개임을 의미한다.

> 대부분의 컴퓨터 시스템에서는 2의 보수 체계를 따르므로, int형(4byte)은 $-2^{31} \sim (2^{31}-1)$의 범위를 갖는다.

■ **자료형의 크기와 범위**

정수형	int	부호 있는 10진 정수(4Byte)	$-2^{31} \sim (2^{31}-1)$
	unsigned int	부호 없는 10진 정수(4Byte)	$0 \sim (2^{32}-1)$
	long long	부호 있는 10진 정수(8Byte)	$-2^{63} \sim (2^{63}-1)$
	unsigned long long	부호 없는 10진 정수(8Byte)	$0 \sim (2^{64}-1)$
실수형	float	단정도 부동 소수점(4Byte)	±3.4E-38~±3.4E+38
	double	배정도 부동 소수점(8Byte)	±1.7E-308~±1.7E+308
문자형	char	아스키코드(1Byte)	-128~127
논리형	bool	논리값(1Byte)	true, false

2 논리적 오류

프로그램 실행 시 생각하지 못한 다른 값이 출력되거나 오류가 발생할 수 있다. 다음 프로그램을 작성하고 실행해 보자.

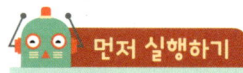

> **따라하기**
>
> ```
> 1   #include <stdio.h>
> 2   main( )
> 3   {
> ```

```
4    int max = 2147483647;
5    printf("%d\n", max);
6    max = max + 1;
7    printf("%d\n", max);
8  }
```

실행 결과

```
2147483647
-2147483648
----------------------------
```

→ 위 프로그램을 실행하면 논리적인 오류가 발생하게 된다.

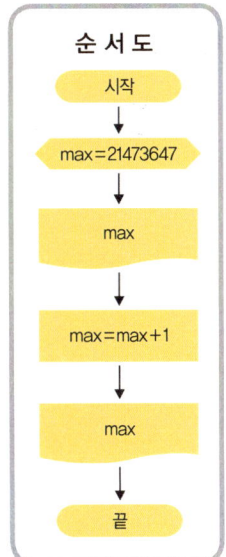

- 4행에서 int형 변수 max에 저장할 수 있는 최대 숫자인 2,147,483,647($2^{31}-1$)을 저장하였다.
- 6행에서 4행의 값에 1을 더하면 저장 가능한 수의 범위를 넘게 되어 오버플로가 발생한다. 따라서 더 큰 정수를 저장하려면 8byte(64bit) 자료형인 long long 또는 __int64를 이용하여 변수 max를 선언해야 한다.

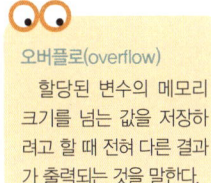

오버플로(overflow) 할당된 변수의 메모리 크기를 넘는 값을 저장하려고 할 때 전혀 다른 결과가 출력되는 것을 말한다.

3 아스키코드

문자형(char) 변수의 경우, 문자 상수를 저장하거나 문자 상수에 해당하는 아스키코드(ASCII code) 값을 저장할 수 있다. 다음 프로그램을 작성하고 실행해 보자.

먼저 실행하기

따라하기

```
1  #include <stdio.h>
2  main( )
3  {
4     char a = 'A';
5     char b = a + 1;
6     printf("ASCII[%d] = %c\n", a, a);
7     printf("ASCII[%d] = %c\n", b, b);
8     return 0;
9  }
```

> **실행 결과**
>
> ```
> ASCII[65] = A
> ASCII[66] = B
>
> -----------------------------
> ```
>
> → 위 프로그램을 실행하면 아스키코드에 해당하는 문자가 출력된다.

위의 프로그램은 문자형 변수를 이용하여 덧셈을 수행하는 예제이다. 문자는 각 문자에 해당하는 아스키코드 값(정수)으로 바뀌어 문자형 변수에 저장된다. 이를 이용하면 출력되는 서식을 어떻게 지정하는가에 따라 문자를 숫자로, 숫자를 문자로 출력하게 할 수 있다.

> **아스키코드(ASCII code)**
>
> 아스키코드(ASCII, American Standard Code for Information Interchange)는 정보 전송을 위해 미국표준협회에서 개발한 것으로, 알파벳과 아라비아 숫자, 그리고 특수문자를 표현하는 2진 코드 체계이다. 7bit를 이용하여 128개의 문자를 표현하며, 메모리에 저장될 때는 숫자(0~127)로 변환되어 저장된다.

- 4행에서는 문자형 변수 a에 'A'라는 문자를 저장하였다. 그런데 'A'의 아스키코드 값이 65이므로 실제 a에는 65가 저장된 것이다. 따라서 5행에서 b에는 66이 저장된다.
- 6행과 7행처럼 이러한 변수 값을 출력할 때, printf( ) 함수 내부의 서식을 정수(%d)와 문자(%c)로 각각 지정하면 그에 맞는 형태로 변환되어 출력된다. 컴퓨터 내부에서 문자 'A'와 10진수 65는 같은 값으로 저장되는데, 서식 '%d'와 '%c'를 사용하면 10진수나 문자로 출력한다.

4 문자열형 변수

문자열형 변수는 문자형 변수와 유사하지만 저장과 계산의 효율성을 위해 몇 가지 규칙이 포함되어 있다. 다음 프로그램을 작성하고 실행해 보자.

먼저 실행하기

따라하기

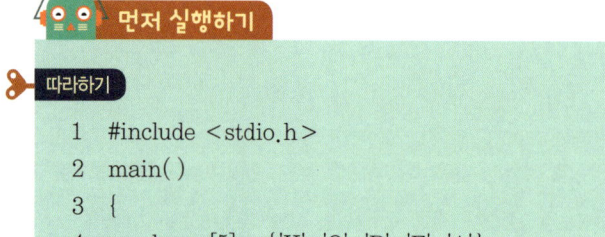

```
1   #include <stdio.h>
2   main( )
3   {
4       char a[5] = {'K', 'O', 'R', 'E', 'A'};
5       printf("%c\n", a[1]);
6       printf("%s\n", a);
7       char b[6] = {'K', 'O', 'R', 'E', 'A', '\0'};
```

```
8      printf("%s\n", b);
9      char c[6] = "KOREA";
10     printf("%s\n", c);
11  }
```

실행 결과

```
O
KOREA`?
KOREA
KOREA
------------------------------
```

→ 위 프로그램을 실행하면 설정한 메모리 공간에 해당하는 문자를 출력한다.

위의 프로그램은 문자열형 변수에 값을 저장하는 방법과 규칙에 관한 예제이다.

문자열형 변수는 여러 문자를 저장하기 위해서 여러 개의 메모리 공간을 연속적으로 할당받아 한 문자씩 저장하게 된다. 문자열형 변수를 저장할 때는 변수명 뒤에 필요한 공간의 크기를 적어야 하는데, 저장하고자 하는 문자열 상수의 길이보다 하나 큰 공간을 할당해야 한다.

- 5행에서 a[1]은 'O'를 출력하게 된다. 따라서 a[0]는 'K', a[2]는 'R'이라는 것을 알 수 있다.

메모리 상태에 따라 출력 결과가 달라질 수 있다.

- 6행에서 a를 출력하면 "KOREA"를 모두 출력하게 되는데, a[ ]는 종료 문자 없이 출력되므로, 'K'에서 시작하지만 끝을 알 수 없기 때문에 다른 문자들이 함께 출력된다.
- 7행은 b[ ] 문자열형 변수에는 문자열 변수 값의 끝을 의미하는 종료(null) 문자 '\0'이 포함되어 8행에서 정확한 결과가 출력된다.
- 9행은 입력의 불편함을 막기 위해 출력할 문자를 모두 입력하는 방법으로, 종료 문자가 자동적으로 입력된다.

5 논리 변수

C 언어에서는 '참'과 '거짓'의 논리 상수값을 저장하는 변수를 사용할 수 있다. 일반적으로 논리 값은 '크다', '작다'와 같은 비교 연산의 결과다. 다음 프로그램을 작성하고 실행해 보자.

```
1   #include <stdio.h>
2   #include <stdbool.h>
3   main( )
4   {
5       bool a = false;
6       bool b = 25;
7       printf("%d %d\n", a, 0);
8       printf("%d %d\n", b, true);
9   }
```

실행 결과

```
0 0
1 1
```

→ 위 프로그램을 실행하면 논리 변수에 저장된 논리값(0또는 1)이 숫자로 출력된다.

bool
bool 자료형을 사용하기 위해서 #include <stdbool.h>가 필요하다.

논리값을 의미하는 논리 상수인 참(true), 거짓(false)은 1(참) 또는 0(거짓)으로 바뀌어 저장되며, 0 이외의 모든 수는 참(true)으로 인식된다.

- 4행에서 논리 변수 a에 거짓(false, 0)을 저장한다.
- 5행에서 b에는 25를 저장하였지만 논리 변수에 저장할 때 1(true)로 바뀌어 저장된다. 따라서 6행과 7행에서 각각 '0, 0'과 '1, 1'이 출력된다.

6 변수명 지정

변수를 선언할 때 변수 이름으로 사용할 수 없는 것들이 있다. 다음 프로그램을 작성하고 실행해 보자.

```
1   #include <stdio.h>
2   main( )
3   {
```

```
4    int a, a1, 1a;
5    int _a, __a, ___;
6    int if;
7  }
```

실행 결과

행	열	메시지
4	13	[Error] invalid suffix "a" on integer constant
		In function 'int main()':
4	13	[Error] expected unqualified-id before numeric constant
6	6	[Error] expected unqualified-id before 'if'

→ 위 프로그램을 실행하면 4행의 '1a'와 6행의 'if'라는 변수 이름에서 오류가 발생한다.

- 4~6행까지 모두 7개의 정수형(int) 변수를 선언하였는데, 4행과 6행의 2개의 변수 이름에서 오류가 발생하는 것을 확인할 수 있다.

■ 변수 이름의 작성 규칙

변수의 이름을 만들 때에는 규칙이 필요한데, 이는 미리 정의되어 있는 예약어(keyword)나 식별자(identifier), 상수 등과 구별하여 인식할 수 있도록 하기 위해서이다.

- 변수의 이름은 알파벳, 아라비아 숫자, 특수기호 ' _ '의 조합으로 만들 수 있다.
- 변수 이름은 알파벳 대소문자를 구분하며, 첫 글자에는 숫자를 사용할 수 없다.
- 시스템 예약어(연산자 및 라이브러리 함수 등)는 변수 이름으로 사용할 수 없다.

시스템 예약어				
auto	do	goto	signed	unsigned
break	double	if	sized	void
case	else	int	static	volatile
char	enum	long	struct	while
const	extem	register	switch	
continue	float	retum	typedef	
default	for	short	union	

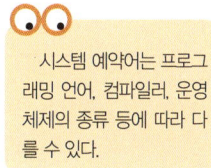

시스템 예약어는 프로그래밍 언어, 컴파일러, 운영체제의 종류 등에 따라 다를 수 있다.

03 프로그램의 구조와 연산자

프로그램 작성 시 데이터의 연산을 나타내는 수식은 연산자의 사용에 따라 프로그램의 계산 결과가 달라진다.

1 C 언어 프로그램의 구조

C 언어의 문법은 엄격하지만 단순하다. 몇 가지 종류의 문장과 명령어, 단어들만 사용하면 다양한 프로그램을 작성할 수 있다. 다음 프로그램을 작성하고 실행해 보자.

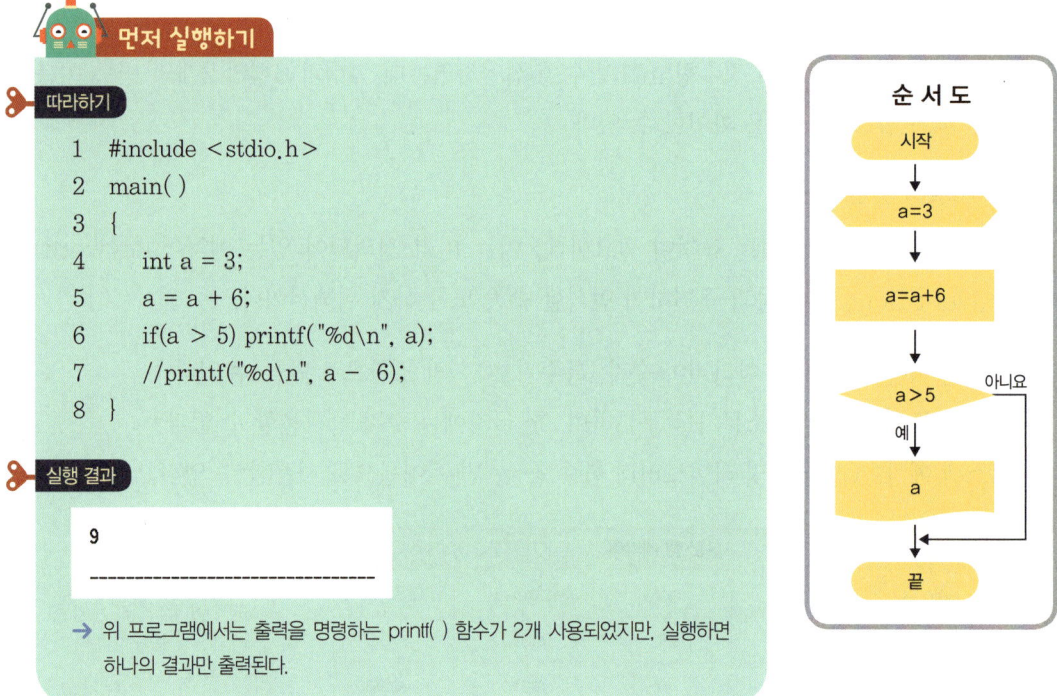

따라하기
```
1   #include <stdio.h>
2   main( )
3   {
4       int a = 3;
5       a = a + 6;
6       if(a > 5) printf("%d\n", a);
7       //printf("%d\n", a - 6);
8   }
```

실행 결과
```
9
```

→ 위 프로그램에서는 출력을 명령하는 printf( ) 함수가 2개 사용되었지만, 실행하면 하나의 결과만 출력된다.

- 1행은 main( ) 함수보다 먼저 처리되는 전처리 구문으로, main( ) 함수 내에 포함된 라이브러리 함수들의 해석을 돕는 헤더 파일을 불러오는 명령문이다.
- main( ) 함수는 3~8행의 문장들을 하나의 코드 블록으로 포함하고 있다. 여기에는 연산식(4행, 5행)과 또 다른 함수(6행)가 포함되어 있다.
- 7행은 '//' 기호로 시작되는 주석(comment) 부분으로, 주석이 끝나는 부분까지 프로그램의 실행에서 제외된다. //을 사용하면 행 단위의 주석을 작성해 넣을 수 있는데, //로 시작하는 행은 printf( )와 같은 함수가 포함되어 있어도 실행되지 않는다.

■ C 언어 프로그램의 구조

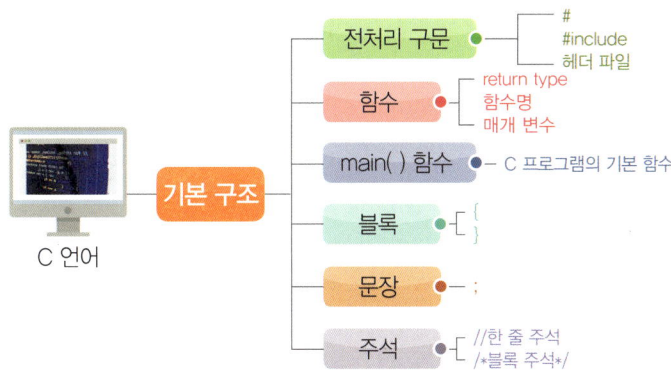

▲ C 언어 프로그램의 예시

■ 연산자 종류

연산식은 연산자(operator)와 피연산자(operand)의 조합으로 만들어진다. C 언어에서 사용하는 연산자의 종류는 다음과 같다.

대입	=	비트	&, |, ^, <<, >>, ~
산술	+, -, *, /, %	증감	++, --
비교	>, >=, <, <=, ==, !=	복합 대입	+=, -=, *=, /=, %=, &=, ^=, |=, <<=, >>=
논리	&&, ||, !	참조	&, *

2 대입 연산자와 산술 연산자

대입 연산자와 산술 연산자의 사용 방법을 이해하기 위해 다음 프로그램을 작성하고 실행해 보자.

먼저 실행하기

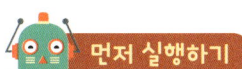

```
1  #include <stdio.h>
2  main()
3  {
4      int a=3; a=a+3; a=a-3; // =, +, -
5      a=a*3; a=a/3;  a=a%3; // *, /, %
6      printf("%d\n", a);
7  }
```

> **실행 결과**
>
> ```
> 0
> ------------------------------
> ```
>
> → 위 프로그램을 실행하면 마지막 연산에서 나머지가 0인 결과가 출력된다.

■ **대입 연산자(=)**

대입 연산자 '='는 오른쪽 계산식의 결과나 값을 왼쪽의 변수에 대입(assign)하라는 의미로 사용된다.

■ **산술 연산자(+, -, *, /, %)**

- 곱셈은 '*', 나눗셈은 '/'을 사용한다. 이는 '×' 또는 '÷' 기호가 알파벳 또는 다른 기호들과 유사하기 때문이다.
  곱셈과 나눗셈에서 주의할 점은 이들의 결과가 자료형에 따라 소수점 이하 부분 전체가 '버림'되거나, 일부분이 '절삭'될 수 있다는 것이다.
- '%'는 나머지를 계산하는 연산자로, 두 수의 나눗셈 결과 발생하는 나머지 값을 연산한다. 이 연산자는 최대공약수나 소수 찾기 등의 문제를 해결할 때 사용되며 프로그래밍 언어에만 존재한다.

'버림'과 '절삭'
C 언어에서 정수를 정수로 나누는 연산(/)의 경우, 몫을 제외한 나머지 부분은 버리게 된다. 또한 계산 과정에서 저장할 수 있는 범위를 넘어서는 값들은 잘라내어 버린다. 따라서 계산 과정에서 생기는 오류에 주의해야 한다.

■ **대입 연산자와 산술 연산자의 쓰임**

종류	기호	문법	의미
대입 연산자	=	a = 3	a에 3을 대입
산술 연산자	+	a + 3	a와 3의 합
	-	a - 3	a와 3의 차
	*	a * 3	a와 3의 곱
	/	a / 3	a를 3으로 나눈 몫
	%	a % 3	a를 3으로 나눈 나머지

3 비교 연산자와 논리 연산자

비교 연산자는 오른쪽과 왼쪽의 계산 결과나 값을 비교하는 연산자이고, 논리 연산자는 논리적 계산을 수행하는 연산자이다. 다음 프로그램을 작성하고 실행해 보자.

먼저 실행하기

따라하기

```
1   #include <stdio.h>
2   main( )
3   {
4       printf("%d %d\n", 3==2, 3!=2);
5       printf("%d %d\n", 3>2, 3<=2);
6       printf("%d\n", (3>2) && (3<=2));
7       printf("%d\n", (3>2) || (3<=2));
8       printf("%d\n", !(3>2));
9   }
```

실행 결과

```
0 1
1 0
0
1
0
```

→ 위 프로그램을 실행하면 비교 연산자와 논리 연산자를 이용한 각각의 연산 결과를 논리값으로 출력한다.

비교 연산자(==, !=, >, >=, <, <=)는 왼쪽과 오른쪽의 계산 결과나 값을 비교한 결과를 '참(1)'과 '거짓(0)'의 논리값으로 계산하고, 논리 연산자(&&, ||, !)는 논리적 계산을 수행하여 '참(1)'과 '거짓(0)'의 값으로 계산한다.

- 4행에서 '==' 연산자는 양변의 값이 같은지 비교하여 같으면 참(1), 다르면 거짓(0)을 출력한다. 또한 '!='은 '같지 않음'을 의미한다. 따라서 '3==2'의 결과는 거짓(0)으로 계산되어 출력되고, '3!=2'의 결과는 참(1)으로 계산되어 출력된다.
- 5행에서 '3>2'의 결과는 참(1)이며, '3<=2'의 결과는 거짓(0)이다.
- 6행에서 '&&' 연산자는 논리곱(AND) 연산자로, 양변의 논리값이 모두 참일 때만 참(1)이 출력된다. 이 경우에는 우변('3<=2')이 거짓이므로 '&&' 연산의 결과는 거짓이다.
- 7행에서 '||' 연산자는 논리합(OR) 연산자로, 양변의 논리값 중 하나라도 참이면 참(1)이 출력된다. 따라서 우변(3<=2)은 거짓이지만, 좌변(3>2)이 참이므로 '||' 연산의 결과는 참(1)이다.
- 8행에서 '!' 연산자는 논리부정(NOT) 연산자로, 원래의 값이 참(0이 아닌 값)이면 거짓(0)으로, 거짓이면 참(1)으로 계산한다.

■ 비교 연산자와 논리 연산자의 쓰임

종류	기호	문법	의미
비교 연산자	==	a == 3	a와 3이 같은가?
	!=	a != 3	a와 3이 다른가?
	>, <	a > 3, a < 3	a가 3보다 큰(작은)가?
	>=, <=	a >= 3, a <= 3	a가 3보다 크거(작거)나 같은가?
논리 연산자	&&	a && b	a와 b가 모두 참일 경우에만 참
	||	a || b	a와 b가 모두 거짓일 경우에만 거짓
	!	!a	a가 참이면 거짓, 거짓이면 참

4 비트 연산자

비트 단위 연산자는 2진수 형태의 비트 자리별로 논리 연산을 수행하는 연산자이다. 다음 프로그램을 작성하고 실행해 보자.

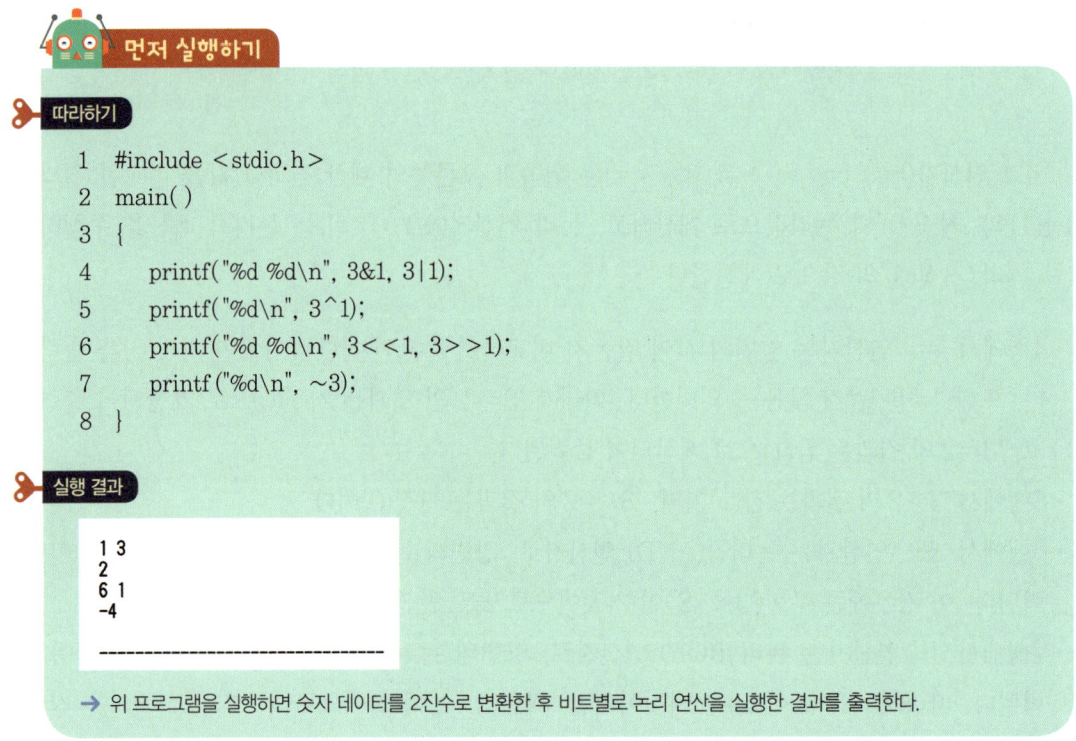

따라하기

```
1   #include <stdio.h>
2   main( )
3   {
4       printf("%d %d\n", 3&1, 3|1);
5       printf("%d\n", 3^1);
6       printf("%d %d\n", 3<<1, 3>>1);
7       printf("%d\n", ~3);
8   }
```

실행 결과

```
1 3
2
6 1
-4
```

→ 위 프로그램을 실행하면 숫자 데이터를 2진수로 변환한 후 비트별로 논리 연산을 실행한 결과를 출력한다.

• 4행에서 비트 연산자 '&'와 '|'는 각각 논리곱(AND)과 논리합(OR) 연산을 비트 단위로 수행한다. 따라서 3의 비트 값 $11_{(2)}$과 1의 비트 값 $01_{(2)}$의 논리곱을 비트 단위로 수행한 결과 1을 출력하게 된다. 같은 방식으로 비트 논리합 연산의 결과는 $3(11_{(2)})$이 출력된다.

- 5행에서 비트 연산자 '^'은 배타적 논리합(XOR) 연산을 비트 단위로 수행한다. XOR 연산은 두 비트의 값이 다를 때만 참(1)이 되는 연산이므로, $11_{(2)}$과 $01_{(2)}$의 XOR 연산 결과는 $2(10_{(2)})$이 된다.
- 6행에서 '<<'와 '>>'은 비트 열을 일정 길이만큼 이동시키는 시프트(shift) 연산자이다.

정수의 비트 변환

비트 연산을 위해 정수 3을 2진수로 바꾸면 실제로는 정수 3의 자료형에 해당하는 길이만큼의 2진수가 생성된다. 따라서 정수 3의 경우 실제로는 32bit로 구성된 2진수 '0…011'이 비트 연산의 대상이 된다.

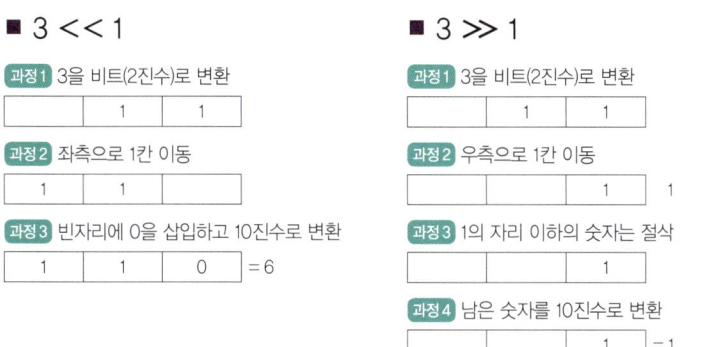

- 7행에서 '~'은 비트 열의 값들을 각각 부정(not)하라는 뜻으로, 해당 수를 1의 보수로 변환한다. 따라서 3의 비트 값 '$11_{(2)}$'은 실제로는 '$000000…11_{(2)}$'이므로 비트 부정의 결과 '111111…00(2)'이 된다. 이 숫자는 2의 보수를 취급하는 컴퓨터 환경에서 −3이 된다.

■ 비트 연산자의 쓰임

종류	기호	문법	의미
비트 연산자	&	a & 3	a와 3의 비트 논리곱(AND) 연산
	|	a | 3	a와 3의 비트 논리합(OR) 연산
	^	a ^ 3	a와 3의 비트 배타적 논리합(XOR) 연산
	>>	a >> 3	a의 비트열을 우측으로 3칸 이동
	<<	a << 3	a의 비트열을 좌측으로 3칸 이동
	~	~a	a의 각각의 비트 값을 부정(not)

5 복합 대입 연산자와 증감 연산자

복합 대입 연산자와 증감 연산자는 연산식을 간단하게 표현할 수 있는 특별한 연산자이다. 다음 프로그램을 작성하고 실행해 보자.

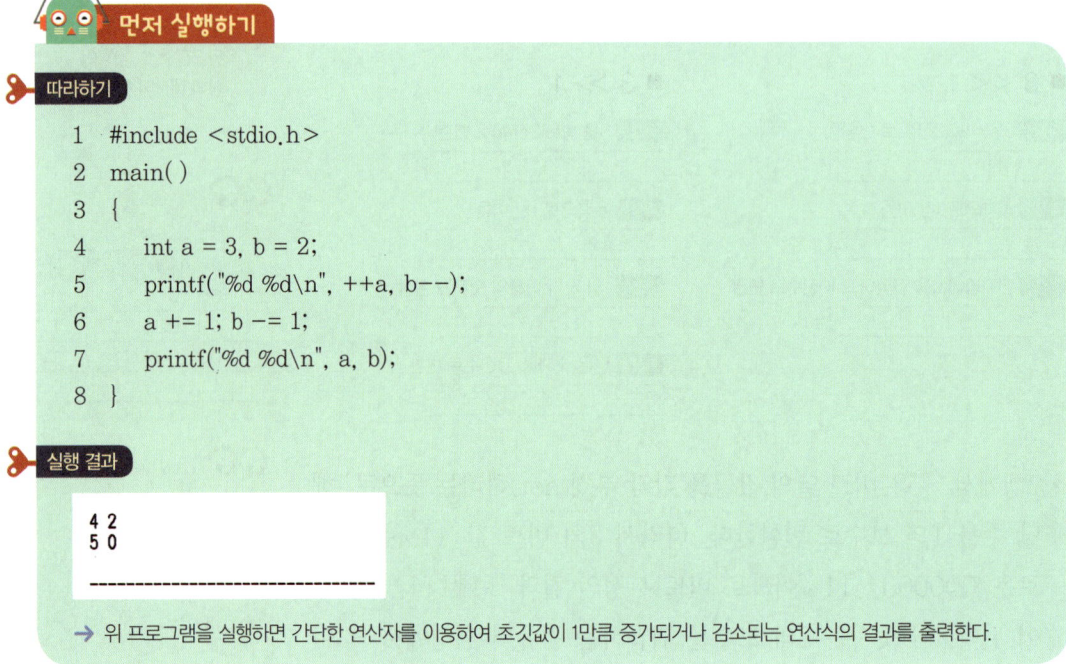

- 4행에서 정수형 변수 a와 b를 선언하고, 각각 3과 2로 초기화한다.
- 5행에서 a의 값을 1만큼 증가시키는 연산자 '++'에 의해 a의 값이 4가 된다. 그러나 b의 값을 1만큼 감소시키는 연산자 '--'는 다음 번 b의 값을 이용할 때까지 연산을 보류시킨다.
- 6행에서 'a+=1'은 a 값을 1만큼 증가시키는 'a=a+1'을 줄인 표현이며, 'b-=1'도 b 값을 1만큼 감소시키는 'b=b-1'을 줄인 표현이다. 따라서 7행에서 출력되는 최종 결과는 5와 0이다.

■ 복합 대입 연산자

복합 대입 연산자는 연산과 대입을 한꺼번에 표현할 수 있도록 도와준다. 다양한 종류가 있으며 기본적으로 대입 연산자와 산술, 비교, 논리, 비트 연산자가 합쳐진 구조라고 할 수 있다.

■ 증감 연산자

증감 연산자는 변수의 값을 1씩 증가 또는 감소시키는 연산자이며, 위치에 따라 연산의 시점이 달라진다. 전위(앞쪽, prefix)에 사용된 경우는 계산이 수행되기 전에 먼저 실행되지만, 후위(뒤쪽, postfix)에 사용된 경우에는 계산을 수행한 후 실행된다.

■ 복합 대입 연산자와 증감 연산자의 쓰임

종류	기호	문법	의미
복합 대입 연산자	+=	a += 1	a = a + 1
	-=	a -= 1	a = a - 1
	*=	a *= 1	a = a * 1
	/=	a /= 1	a = a / 1
	%=	a %= 1	a = a % 1
	&=	a &= 1	a = a & 1
	^=	a ^= 1	a = a ^ 1
	|=	a |= 1	a = a | 1
	<<=	a <<= 1	a = a << 1
	>>=	a >>=	a = a >> 1
증가 연산자	++	++a 또는 a++	a = a + 1
감소 연산자	--	--a 또는 a--	a = a - 1

6 참조 연산자

참조 연산자는 변수가 사용하는 메모리의 주소값을 나타내는 연산자이다. 다음 프로그램을 작성하고 실행해 보자.

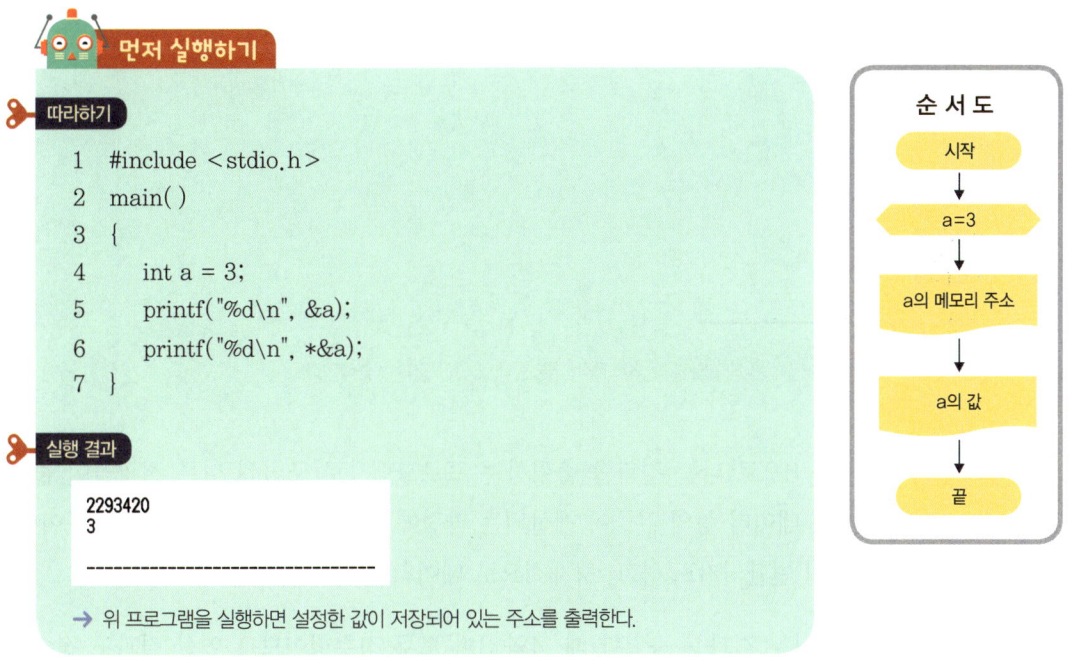

따라하기
```
1  #include <stdio.h>
2  main( )
3  {
4     int a = 3;
5     printf("%d\n", &a);
6     printf("%d\n", *&a);
7  }
```

실행 결과
```
2293420
3
```

→ 위 프로그램을 실행하면 설정한 값이 저장되어 있는 주소를 출력한다.

- 5행에서 '&' 연산자는 변수 a가 저장된 메모리(RAM) 공간의 주소값을 알아낸다.
- 6행에서 '*' 연산자는 어떤 메모리 주소에 저장된 값을 나타내는 연산자이다.

■ 참조 연산자의 쓰임

종류	기호	문법	의미
참조 연산자	&	&a	변수 a의 주소
	*	*&b	변수 b의 주소에 저장된 값 (변수 b의 값)

7 형 변환 연산자

형 변환(type cast) 연산자는 자료형을 바꾸어 주기 위해 사용되는 연산자이다. 다음 프로그램을 작성하고 실행해 보자.

따라하기

```
1   #include <stdio.h>
2   main( )
3   {
4       printf("%d\n", 4/3);
5       printf("%f\n", 4/3);
6       printf("%f\n", (float)4/3);
7       printf("%f\n", 4/3.0);
8   }
```

실행 결과

```
1
0.000000
1.333333
1.333333
```

→ 위 프로그램을 실행하면 같은 데이터에 대하여 각각 다른 형태의 연산 결과가 출력된다.

위의 프로그램은 4를 3으로 나눈 결과를 출력하는 프로그램으로 조금씩 다른 결과들이 출력된다. 이것은 서로 다른 데이터 형의 값들이 계산되는 과정에서 데이터 형이 변환되기 때문이다. 자동적으로 데이터 형이 변환되기도 하고, 강제적으로 데이터 형을 변환시킬 수도 있다.

- 4행에서 4를 3으로 나눈 결과를 출력할 때, 4와 3이 모두 정수형이므로 연산 결과도 정수형

이 된다. 따라서 소수점 이하 부분이 절삭되어 1이 출력된다.
- 5행에서도 같은 결과이지만, printf( ) 함수의 출력 서식이 실수형(%f)이므로 예상치 못한 결과가 나온다.
- 6행에서 '4/3' 앞에 '(float)'라는 형 변환(type cast) 연산자를 사용함으로써 연산 결과를 실수형으로 바꾸어 준다.
- 7행에서 4를 3이 아닌, 3.0으로 나누어 줌으로써 정수를 실수로 나누는 형태가 된다. 이 경우에는 특별히 형 변환을 지정하지 않아도 자동으로 실수형으로 변환되어 계산되는 것이다.

> **상수의 자료형**
> 연산을 위해 표현되는 모든 종류의 데이터는 저장이 필요하므로 상수값도 일시적으로 메모리에 저장된다. 따라서 상수값이 저장될 때에도 자료형이 존재하게 되는 것이다. 예를 들어 정수형 상수는 int(4byte), 실수형 상수는 double(8byte)이 사용된다. 상수 뒤에 특별한 접미어를 붙여서 자료형의 크기를 지정할 수도 있다.
>
> | 3 | 4byte | 3l | 8byte |
> | 3.14f | 4byte | 3.14 | 8byte |

8 연산자 우선순위

수학 계산식에서 먼저 계산을 수행하는 우선순위가 있듯이, C 프로그래밍에서도 여러 가지 연산자가 복합적으로 사용될 때 연산자 우선순위가 있다.

우선순위가 높을수록 먼저 계산되고, 같은 순위의 연산자가 여러 개가 사용된 경우 결합 순서에 의해 계산 순서가 결정된다.

> **우선순위**
> 우선순위는 수학적인 것과 유사하므로 암기해도 좋지만, 가급적 괄호를 쓰는 습관을 통해 우선순위를 혼동해서 발생하는 논리적 오류를 피하는 것이 더욱 효과적이다.

■ 연산자의 우선순위

기능별 분류	연산자	결합 순서	우선순위
일차식	( ), [ ], ->, .	→	1
단항 연산자	!, ~, ++, --, +, -, (자료형), *, &, sizeof	←	2
승제 연산자	*, /, %	→	3
가감 연산자	+, -	→	4
시프트 연산자	<<, >>	→	5
비교 연산자	<, <=, >, >=	→	6
등가 연산자	==, !=	→	7
비트 연산자	&	→	8
	^	→	9
	|	→	10
논리 연산자	&&	→	11
	||	→	12
조건 연산자	?, :	←	13
대입 연산자	=, +=, -=, *=, /=, %=, >>=, <<=, &=, ^=, !=	←	14
콤마 연산자	,	→	15

01 다음 빈칸을 <보기>에서 찾아 채우시오.

보기

상수
아스키코드
변수
자료형
'\0'

①		의미와 표현이 항상 같은 데이터
②		데이터를 담는 그릇
③		종료의 의미를 가진 문자
④		데이터의 종류와 크기에 대한 규정
⑤		데이터 전송용 영문자 표준 코드 체계

02 다음의 프로그램의 4행이 논리적 오류를 발생시키는 이유를 설명하고, 바르게 고쳐 쓰시오.

```
1  #include <stdio.h>
2  main( )
3  {
4      char a[5] = {'K', 'O', 'R', 'E', 'A'};
5      printf("%s", a);
6  }
```

이유

```
1
2
3
4
5
6
```

03 변수 이름을 정하는 규칙에 유의하여 다음 프로그램의 오류를 찾고, 그 이유를 쓰시오.

```
1  #include <stdio.h>
2  main( )
3  {
4      int a, a1, 2a;
5      int _a, __a, ___;
6      int if;
7  }
```

• 선언한 모든 변수의 개수: _____개

• 오류가 발생하는 변수와 그 이유:

SECTION 3 입력과 출력

이제부터 본격적으로 컴퓨터와 대화하는 방법을 살펴보자. 컴퓨터에게 자료를 입력하거나 계산 결과를 출력하게 하려면 어떻게 해야 할까? 여기에서는 표준 입출력에 대해서 학습한다.

01 printf( )

printf( )는 사용자가 원하는 값을 화면에 출력하는 라이브러리 함수이며, stdio.h는 printf( )가 미리 정의되어 있는 헤더 파일이다.

1 printf( ) 함수의 형식

printf( ) 함수의 사용 규칙에 관한 다음 프로그램을 작성하고 실행해 보자.

먼저 실행하기

따라하기
```
1  #include <stdio.h>
2  main( )
3  {
4      printf("\n");
5      printf("Hello, World~1\n");
6      printf("Hello, World~%d", 2);
7  }
```

CHAPTER 02 C 언어 프로그래밍의 기초

> **실행 결과**
>
> ```
> Hello, World~1
> Hello, World~2
> ------------------------
> ```
>
> → 위 프로그램을 실행하면 첫 번째 줄은 공백, 두 번째 줄에는 "Hello, World~1", 마지막 줄에는 "Hello, World~2"가 출력된다.

printf( )의 이름은 출력(print)과 형식(format)이 합쳐진 것으로 printf( ) 함수의 형식은 출력을 어떻게 할 것인가에 대한 정의라고 할 수 있다.

printf( ) 함수를 사용하기 위해서는 예제와 같이 1행에 stdio.h라는 헤더 파일이 포함되고, 컴파일할 때 main( ) 함수보다 먼저 처리되어야 한다.

- 4행의 \n은 큰따옴표(" ") 내부에 있음에도 불구하고 그대로 출력되지 않는다.
- 5행은 큰따옴표(" ") 내부에 포함된 데이터를 그대로 출력할 수 있다.

'\n'은 줄 바꿈(new line) 문자로서 앞의 출력 결과 뒤에 한 줄 띄우는 효과를 주는데, 이와 같은 문자를 제어 문자라고 한다. '\' 기호(백슬래시)는 '₩' 기호와 같다.

■ 제어 문자의 종류

제어 문자	의미	제어 문자	의미
\a	경고음	\t	수평 탭
\b	백스페이스	\v	수직 탭
\f	폼 피드	\\	백슬래시(\)
\n	개행(줄 바꿈)	\'	작은따옴표
\r	캐리지 리턴	\"	큰따옴표

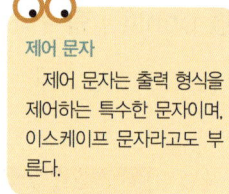

제어 문자
제어 문자는 출력 형식을 제어하는 특수한 문자이며, 이스케이프 문자라고도 부른다.

- 6행에서도 큰따옴표(" ") 내부의 '%d'는 그대로 출력되지 않는다. '%d'는 큰따옴표(" ") 다음에 있는 값(변수 또는 상수)의 출력 서식을 정해주는 역할을 하는 서식 지정자이다. '%d'는 10진 정수(decimal digit)의 약자로, 뒤에 나온 2라는 값을 10진 정수의 형태로 출력한다는 의미이다.

■ 서식 지정자의 종류

서식 지정자	출력 형태	서식 지정자	출력 형태
%c	단일 문자	%x	부호 없는 16진 정수, 소문자 사용
%d	부호 있는 10진 정수	%X	부호 없는 16진 정수, 대문자 사용
%i	부호 있는 10진 정수(%d와 같음)	%e	e 표기법에 의한 실수
%f	부호 있는 10진 실수	%E	E 표기법에 의한 실수
%s	문자열	%g	값에 따라서 %f, %e 둘 중 하나를 선택
%o	부호 없는 8진 정수	%G	값에 따라서 %f, %E 둘 중 하나를 선택
%u	부호 없는 10진 정수	%%	% 기호 출력

2 printf( ) 함수의 서식 변경

서식 지정자 앞에 특정한 숫자들을 붙이고, 서식을 변경할 수도 있다. 다음 프로그램을 작성하고 실행해 보자.

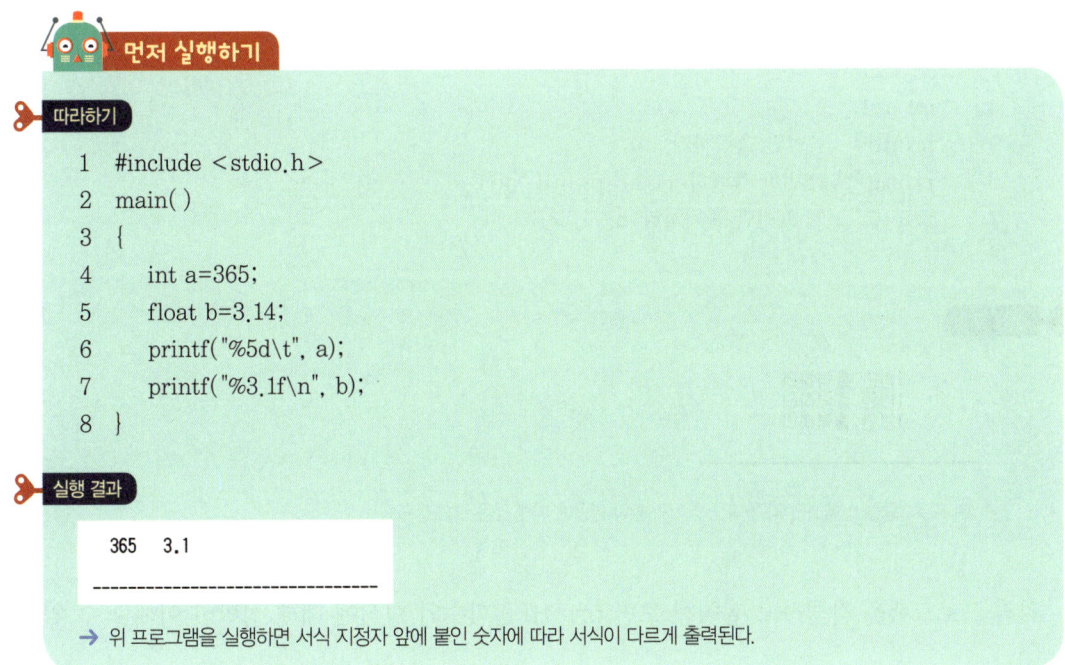

따라하기

```
1  #include <stdio.h>
2  main( )
3  {
4      int a=365;
5      float b=3.14;
6      printf("%5d\t", a);
7      printf("%3.1f\n", b);
8  }
```

실행 결과

```
  365    3.1
```

→ 위 프로그램을 실행하면 서식 지정자 앞에 붙인 숫자에 따라 서식이 다르게 출력된다.

'%d'와 '%5d'의 차이는 무엇인가? '%f'와 '%3.1f'의 차이는 또 무엇일까?

- 6행에서 변수 a의 값이 10진 정수 형태로 출력된다. '%5d'에서 정수형 서식 문자 앞에 붙는 숫자는 오른쪽 정렬을 위한 숫자이다. 즉, 5개의 칸을 만들어 놓고 오른쪽으로 정렬하여 출력

하라는 의미이다. '%5d' 다음에 한 칸을 띄우고, '\t'에 의해 Tab 키를 누른 만큼의 공백이 발생한다.
- 7행에서 변수 b의 값은 부호를 가진 10진 실수 형태로 출력된다. '%3.1f'에서 정수 자리의 3은 오른쪽 정렬을 위한 숫자이다. '소수 자리의 1은 소수 둘째 자리에서 반올림하여 첫째 자리까지만 출력하라.'는 의미이다.

3 printf( ) 함수의 활용

다음의 예제를 통해 printf( )의 쓰임을 정리할 수 있다. 다음 프로그램을 작성하고 실행해 보자.

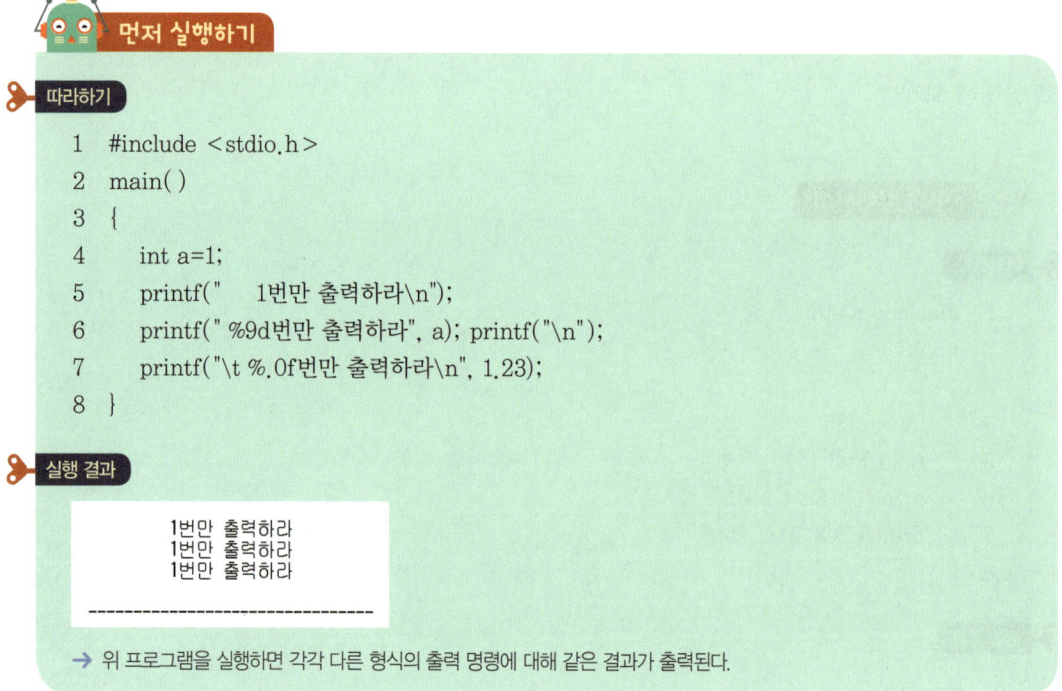

따라하기
```
1   #include <stdio.h>
2   main( )
3   {
4       int a=1;
5       printf("    1번만 출력하라\n");
6       printf(" %9d번만 출력하라", a); printf("\n");
7       printf("\t %.0f번만 출력하라\n", 1.23);
8   }
```

실행 결과
```
    1번만 출력하라
    1번만 출력하라
    1번만 출력하라
--------------------------------
```

→ 위 프로그램을 실행하면 각각 다른 형식의 출력 명령에 대해 같은 결과가 출력된다.

위의 프로그램을 작성하고 실행해 보면 printf( ) 함수의 형식에 대해 정확히 이해할 수 있을 것이다.

- 5행에서 9칸을 띄우고 10번째 칸부터 입력된 데이터를 그대로 출력한다.
- 6행에서 1칸을 띄우고 9칸만큼의 공간을 확보한 후 오른쪽 정렬 형태로 a의 값(1)을 출력한다. 그 뒤의 "번만 출력하라"는 그대로 출력된다.

- 7행에서 키를 누른 만큼 공백이 생기는데, 탭(tab)은 일반적으로 4~8칸 정도를 띄우게 된다. 그리고 한 칸을 띄우고, 소수점 없이 ('%.0f') 1.23이라는 실수형 상수를 출력하게 된다. 이때 소수 첫째 자리에서 반올림이 발생하여 1이 출력된다. 그 뒤의 "번만 출력하라"는 그대로 출력된다.

> Tab 키를 이용하여 발생시키는 빈 칸의 수는 통합 개발 환경(IDE)에 따라 다르며, 대부분 편집에 관한 환경 설정 메뉴에서 변경할 수 있다.

02 scanf( )

scanf( ) 함수는 입력 상황에서 사용자 키보드를 검사함으로써 키보드로부터 입력된 데이터를 읽어 들이는 함수이다. 읽어 들인 데이터는 변수에 저장된다.

1 scanf( ) 함수의 형식

scanf( )도 printf( )와 마찬가지로 함수의 이름과 내용(의미, 형식)이 사전에 정의되어 있는 라이브러리 함수이므로 함수가 선언되어 저장된 헤더 파일이 필요하다. 다음 프로그램을 작성하고 실행해 보자.

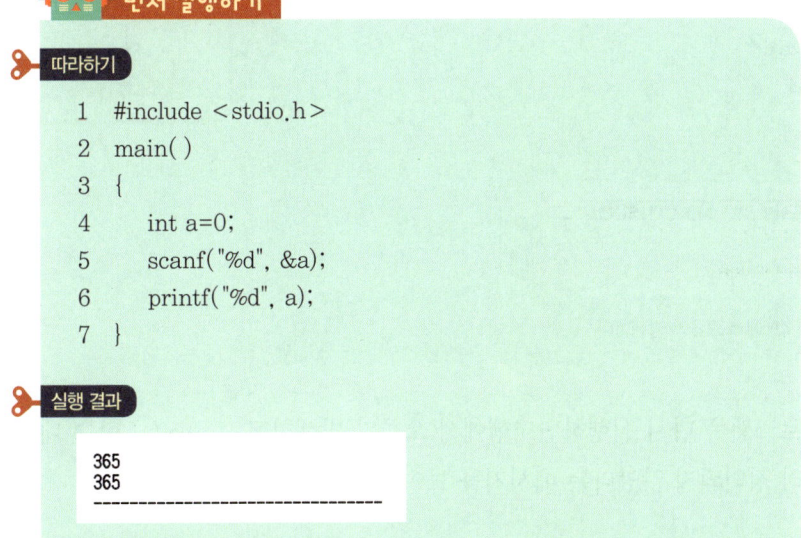

```
1   #include <stdio.h>
2   main( )
3   {
4       int a=0;
5       scanf("%d", &a);
6       printf("%d", a);
7   }
```

실행 결과
```
365
365
```

→ 위 프로그램을 실행하면 커서가 깜빡거리면서 값의 입력을 기다리며, 값을 넣으면 해당 값이 출력된다.

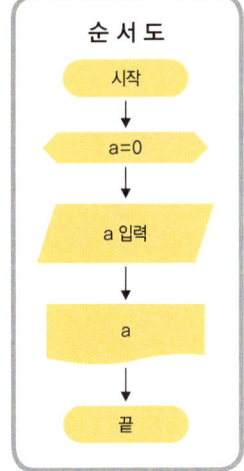

- 5행에서 365라는 값을 입력하고 [Enter↵] 키를 누르면 6행의 printf( ) 함수에 의해 값 365가 출력된다.

scanf( )에서 사용 가능한 서식 지정자는 printf( )와 동일하다. 따라서 입력 받을 값의 자료형에 해당하는 서식 지정자를 큰따옴표(" ") 내부에 포함시키면 된다.

단, 출력은 하지 않으므로 printf( )처럼 출력 데이터를 첨가하거나, 특수문자를 포함시키지 않는다.

scanf( )를 사용할 때 가장 주의할 점은 값이 입력될 변수의 이름 앞에 참조 연산자 '&'를 붙여야 한다는 것이다. '&' 연산자는 변수의 메모리 주소를 알려주는 표현으로, 만일 '&' 없이 변수 이름만 작성하면 오류가 발생한다.

> **변수 앞에 '&' 기호를 붙이는 이유**
> scanf( ) 함수는 실행 시간에 값을 입력받는다. 따라서 변수에 값을 저장해야 하는데, 컴파일에 참여하지 않은 scanf( ) 함수는 변수의 메모리 주소값을 알 수가 없으므로 논리적 오류가 발생한다.

2 scanf( ) 함수의 오류

프로그램에 헤더 파일이 없으면 오류가 발생한다. 다음 프로그램을 작성하고 실행해 보자.

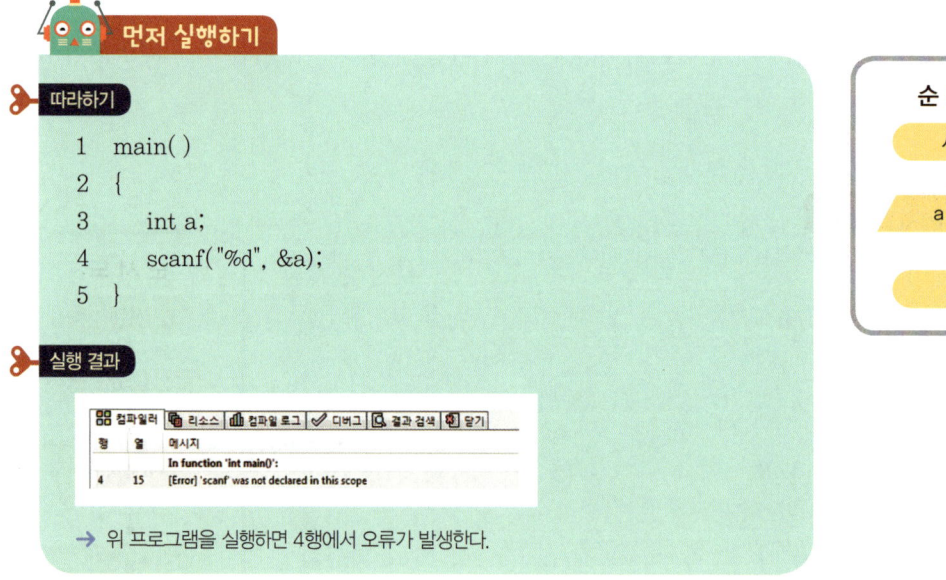

헤더 파일을 지우고 프로그램을 다시 실행하면 4행에서 오류가 발생하고, main( ) 함수 내부의 scanf( )의 의미가 미리 정의되지 않았다는 메시지를 보여준다.

3 scanf( ) 함수의 활용

scanf( ) 함수를 이용하여 실수, 문자, 그리고 문자열 등 다양한 데이터를 입력받을 수 있다. 다음 프로그램을 작성하고 실행해 보자.

먼저 실행하기

따라하기

```
1   #include <stdio.h>
2   main( )
3   {
4       float a;
5       char b;
6       char c[10];
7       scanf("%f %c %s", &a, &b, &c);
8       printf("%f %c %s", a, b, c);
9   }
```

실행 결과

```
3.141516 A 365
3.141516 A 365
--------------------
```

→ 위 프로그램을 실행하면 기본적인 사용 규칙은 동일하고 형태만 다른 결과를 출력한다.

- 4~6행에서 한 개의 실수를 저장하기 위한 변수 a, 한 개의 문자를 저장하기 위한 변수 b, 여러 개의 문자를 한 번에 저장하기 위한 배열 변수 c[ ]를 선언한다.
- 7행에서 scanf( ) 함수를 통해 각 변수에 저장할 값을 입력한다. 이때 변수의 성격에 따라 서로 다른 서식 지정자를 사용하는 점에 주의한다.
- 8행에서 printf( ) 함수를 통해 결과값을 출력한다.

01 다음 빈칸을 <보기>에서 찾아 채우시오.

> **보기**
> 'Hello, World~!'
> scanf( )
> 헤더 파일
> main( )
> 라이브러리

데이터를 화면에 출력하기 위해서는 일정한 형식과 문법을 가지는 printf( ) 함수를 이용한다. printf( ) 함수는 이름과 의미, 그리고 형식과 문법 등이 미리 정해진 함수이다. 따라서 printf( ) 함수를 이용하기 위해서는 이러한 내용이 포함된 (   )을 소스 코드에 포함시키고, 함수보다 먼저 처리되도록 프로그래밍해야 한다.

02 다음 printf( ) 함수의 결과를 쓰시오.

사용 예	예상 결과
printf("재미있는 C 언어");	재미있는 C 언어
printf("재미있는\tC 언어");	①
printf("재미있는 %c 언어", 'C');	②
printf("재미있는 %c 언어", 67);	③
printf("재미있는 %c 언어", 'A'+2);	④

03 다음의 프로그램을 실행할 때 오류가 발생하는 행을 찾고, 오류를 수정하시오.

```
1   #include <stdio.h>
2   main( )
3   {
4       int a = 0;
5       scanf("&d", a);
6       printf("%d", a);
7   }
```

오류 발생: _____행

```
1
2
3
4
5
6
7
```

서식 지정자를 잘못 쓰면?

서식 지정자(formatter)는 입력 또는 출력값을 일정한 서식에 맞게 처리하기 위해 사용한다. 텍스트 기반의 콘솔 입·출력 환경에서의 서식이란 대체로 값의 자료형에 맞도록 처리하거나, 자릿수를 고려하여 처리하기 위해 지정하는 형식이다.

만약, 서식 지정자를 잘못 쓰면 어떤 일이 생길까?

컴퓨터는 프로그램에 포함된 명령대로 처리하는 기계이므로 서식 지정자를 잘못 썼다는 것은 명령을 잘못 입력했다는 뜻이다. 따라서 프로그래머의 의도와는 다른 결과가 나올 수 있으며, 이는 일종의 논리적 오류라고 할 수 있다.

이러한 오류 중 일부는 처리 결과를 유심히 확인하지 않으면 쉽게 발견하기 어려울 수 있으므로 서식 지정자 사용에 신중을 기해야 한다.

물론 복잡하게 보일 수는 있지만, 서식 지정자를 사용함으로써 얻는 효과에 비해 우리가 지켜야 할 문법은 매우 분명하고 간단하다.

● 실행 결과를 예측하고, 실제 결과와 비교해보자.

```
1    #include <stdio.h>
2    main( )
3    {
4        int i = -10;
5        unsigned int ui = 10;
6        long long ll = 2147483648;
7        float f = 3.14;
8        printf("%d %u\n", i, i);
9        printf("%u %f\n", ui, ui);
10       printf("%lld %d\n", ll, ll);
11       printf("%f %d\n", f, f);
12   }
```

Code Up과 함께 하는 문제 해결

문제번호 1101 Hello, World! 출력하기

인사말을 출력하는 문제다.
기본 출력 명령은 printf이다.
이 출력 명령으로 Hello, World!를 출력하시오.

문제번호 1102 Hello, World!(줄 바꿈 버전) 출력하기

1101번 문제를 다음과 같이 두 줄로 출력하시오.

Hello,
World!

\n은 줄을 바꾸는 제어 문자이다. 이를 활용해 보자.

문제번호 1103 폴더명 출력하기

printf( ) 함수를 이용하여 다음 폴더명을 출력하시오.

"c:\test"

printf 함수에는 특별한 제어 문자가 몇 개 있다.
큰따옴표(" ")를 출력하려면 \" 를 사용하고, \를 출력하려면 \\ 를 사용해야 한다.

문제번호 1731 특수 서식 문자 출력하기

다음 문장을 출력하시오.

special characters
[\n,\",\\] is very important.

문제번호 1110 정수 그대로 출력하기

입력받은 정수를 그대로 출력하시오.
(scanf 명령 앞에 불필요한 안내 문구는 출력하지 않는다.)

문제번호 1111 % 출력하기

어떤 정수가 입력되면 %를 붙여 출력하시오.

문제번호 1045 정수 두 개 입력받아 자동 계산하기

정수 두 개(a, b)를 입력받아 합, 차, 곱, 몫, 나머지, 나눈 값을 자동으로 계산하시오.
(단, 입력되는 정수 a, b의 범위는 0~2147483647이고, b는 0이 아니다.)

문제번호 1118 삼각형 넓이 구하기

삼각형의 넓이를 구하는 프로그램을 작성하시오.
(삼각형의 넓이=밑변 * 높이/2)

문제번호 1027 연월일 입력받아 형태 바꿔 출력하기

연, 월, 일을 출력하는 방법은 나라와 형식마다 조금씩 다르다. 날짜를 연, 월, 일(yyyy.mm.dd)의 형태로 입력받아 일, 월, 연(dd-mm-yyyy)의 형태로 출력하는 프로그램을 작성하시오.
(단, 한 자리 일/월은 0을 붙여 두 자리로, 연도는 0을 붙여 네 자리로 출력하시오.)

문제번호 1122 초를 분/초로 변환하기

초를 입력받아 분/초의 형태로 출력하시오.

예) 60 ====> 1 0   (1분 0초를 뜻함)
    70 ====> 1 10   (1분 10초를 뜻함)

01 다음 보기에 대한 설명으로 옳지 <u>않은</u> 것은?

소스 코드
```
1  #include <stdio.h>
2  main( )
3  {
4      printf("Hello, World!");
5  }
```

실행 결과
```
Hello, World!
```

① 1행의 'stdio.h'는 printf( ) 함수를 위한 헤더 파일이다.
② main( ) 함수는 C 언어 프로그램에 반드시 포함되어 있다.
③ printf( ) 함수는 일정한 형식에 맞게 데이터를 화면에 출력한다.
④ printf( ) 함수는 이름과 의미가 사전에 정의된 라이브러리 함수이다.
⑤ 실행 결과에 나온 "Hello, World!"는 사람이 컴퓨터에게 하는 말이다.

02 다음 상수의 종류에 대한 연결이 바른 것은?

① 논리 상수: 1, 0
② 정수형 상수: 3.14, 15.365, 37.31 등
③ 문자 상수: KOREA, America, China 등
④ 실수형 상수: -6536, -75, 0, 37, 99 등
⑤ 문자열 상수: a~z, !, @, #, $, %, ^, &, *, ( ) 등

03 다음 중 변수의 이름으로 선언하여 사용할 수 <u>없는</u> 것은?

① Just   ② do   ③ it
④ like   ⑤ children

04 다음 프로그램의 실행 결과는?

```
1  #include <stdio.h>
2  main( )
3  {
4      int max=2147483647;
5      printf("%d", max+2);
6  }
```

① -2147483649   ② -2147483648
③ -2147483647   ④ 2147483648
⑤ 2147483649

05 다음 printf( ) 함수의 출력 결과가 바르지 <u>않은</u> 것은?

① printf("%d", 10/3);   → 3
② printf("%d", 10%3);   → 1
③ int a=3;
   printf("%d", a++);   → 3
④ int a=3, b=1;
   printf("%d", a|b);   → 3
⑤ int a=3;
   printf("%d", !(a&&0));   → 0

06 다음 프로그램의 실행 결과는?

```
1  #include <stdio.h>
2  main( )
3  {
4      int a, b, c;
5      scanf("%d %d %d", &a, &b, &c);
6      printf("출력 = %d", (++a<<b)>>c);
7  }
```

입력   **출력**
6 2 1   ?

① 7   ② 14   ③ 20   ④ 24   ⑤ 28

CHAPTER
03

제어문

컴퓨터는 한 번에 하나의 명령만을 수행한다. 이러한 명령들은 일정한 순서를 가지게 된다. 따라서 모든 프로그램은 순서를 가진 명령의 집합이다. 그러나 이 순서가 언제나 일정한 방향으로만 흘러갈 필요는 없다. 경우에 따라 방향이 바뀔 수도 있고, 때로는 위 단계로 돌아갈 수도 있다. 이렇게 프로그램의 실행 방향을 적절하게 바꾸는 일은 프로그램의 구조를 효율적으로 만드는 데 도움이 된다.

여기에서는 프로그램의 흐름을 바꿀 수 있는 제어문에 대해서 학습한다. 대표적인 제어문인 조건문과 반복문에 대해서 다양한 예제를 통하여 효율적으로 익힐 수 있게 안내한다.

SECTION 1 조건문

이번 달 용돈이 10만 원이라면 어떻게 쓸 것인가? 만약 100만 원도 넘는다면 어떻게 쓸 것인가? 100만 원이 안된다면 또 어떻게 쓸 것인가? 조건에 따라 내가 할 일이 달라질 수 있다. 이것을 프로그램으로 표현할 수 있다. 여기에서는 다양한 형태의 조건문에 대해서 학습한다.

01 if

if 명령은 조건을 만족하면 특정 명령을 실행하고, 조건을 만족하지 않으면 아무 명령도 실행하지 않는 것과 같이 프로그램의 흐름을 제어하는 명령이다. 다음 프로그램을 작성하고 실행해 보자.

먼저 실행하기

따라하기

```c
1   #include <stdio.h>
2   main( )
3   {
4       int money, remain, book = 15000;
5       printf("책의 가격은 15000원입니다.\n");
6       printf("당신이 가진 용돈은 얼마인가요? : ");
7       scanf("%d", &money);
8       if (money >= book)
9       {
10          remain = money - book;
11          printf("책을 구입하였습니다. 이제 남은 용돈은 %d입니다.\n", remain);
12      }
13  }
```

실행 결과 1

```
책의 가격은 15000원입니다.
당신이 가진 용돈은 얼마인가요? : 10000
--------------------------------
```

실행 결과 2

```
책의 가격은 15000원입니다.
당신이 가진 용돈은 얼마인가요? : 20000
책을 구입하였습니다. 이제 남은 용돈은 5000입니다.
--------------------------------
```

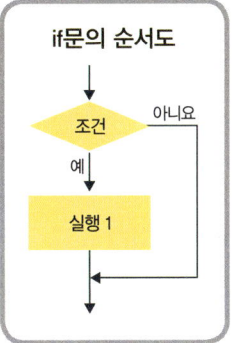

→ 위 프로그램을 실행하면 책의 가격이 15,000원이라고 알려주며, 가진 용돈이 얼마인지 묻는다. 용돈 금액을 입력하면 그 금액과 책의 가격을 비교하여 책의 구입 여부와 남은 용돈을 출력한다.

1 if문

■ if문의 형식

```
if (조건) {
    조건이 참일 경우 실행되는 명령문
}
```

설명

① 조건: 논리값 자체나 연산 결과가 논리값으로 출력되는 식으로서 모든 수식이 가능하다. 비교 연산자와 논리 연산자 등을 이용하여 복잡한 조건을 나타낼 수 있다.
② { } 블록(block): 조건이 참일 경우 실행되는 명령문의 시작과 끝을 구분한다. 명령문이 하나면 생략할 수 있으며, 명령문이 2개 이상이면 반드시 사용해야 한다.
③ 단순 if문의 경우 조건이 거짓일 때는 블록 안의 명령문을 실행하지 않고 해당 if를 종료한 후 그 다음 명령을 실행하게 된다.

• 예제의 4행에서 다음과 같이 변수를 만들고 초기화한다.

변수명	초깃값	의미
money	정하지 않음	가진 용돈
remain	정하지 않음	남은 용돈
book	15,000	책의 가격

- 5~6행에서 입력에 대한 문장을 출력한다. 책의 가격은 15000으로 고정되어 있으며, 내가 가진 용돈에 대해서 입력받을 것을 나타낸다.

> • 조건이 만족하는 경우: 참
> • 조건이 만족하지 못하는 경우: 거짓

- 7행에서 용돈을 입력하면 8행에서 조건에 따라 프로그램이 실행된다.

■ 연산자의 종류

분류	연산자
산술 연산자	+, -, *, /, %
관계 연산자	>, >=, <, <=, ==, !=
논리 연산자	&&, ‖, !

2 조건 설정

if는 조건에 따라 흐름을 제어하므로 조건 설정이 중요하다. 앞 문제에서는 '책을 살 만한 충분한 용돈이 있다면~'의 조건 표현이 중요하다. 보통 조건 설정에는 변수와 산술 연산자를 이용한 수식, 변수들의 관계를 나타내는 관계 연산자와 논리 연산자를 많이 사용한다. 이 조건을 구체적으로 표현하면 다음과 같다.

> 내가 가진 용돈 >= 책의 가격

- 9~12행은 8행의 조건이 참일 경우 실행되는 명령문이다. 실행한 내용은 책을 구입하였다는 문구 출력과 책을 사고 남은 용돈의 출력이다. 조건이 참일 경우 실행되는 문장이 두 문장이므로 9행과 12행의 블록({, })이 반드시 있어야 한다.

> 다음과 같이 한 문장으로 나타내면 블록을 생략할 수 있다.
>
>   if (money >= book)
>   printf("책을 구입하였습니다. 이제 남은 용돈은 %d입니다\n", money - book);

15,000원 이상의 금액을 입력하면 9~12행의 명령이 실행되고, 그 미만의 금액이 입력되면 아무것도 실행되지 않는다. 이것은 위에서 아래로 순차적으로 실행되는 일반적인 코드들과 비교되는 부분이다.

02 if~else

if~else는 조건이 만족하는 경우(참) if 다음 부분이 실행되고, 만족하지 않을 경우(거짓) else 이후 부분이 실행된다. 조건이 복잡한 경우에는 if문을 중첩하여 사용할 수도 있다.

1 if~else문

if~else를 사용하면 조건의 참이나 거짓에 따라 해당 명령이 실행된다. 다음 프로그램을 작성하고 실행해 보자.

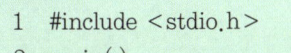 먼저 실행하기

따라하기

```
1   #include <stdio.h>
2   main( )
3   {
4       int score, pass;
5       printf("점수를 입력하세요 : ");
6       scanf("%d", &score);
7       printf("합격점을 입력하세요 : ");
8       scanf("%d", &pass);
9       if (score >= pass)
10          printf("합격\n");
11      else
12          printf("불합격\n");
13  }
```

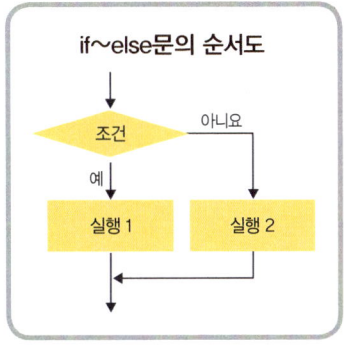

if~else문의 순서도

실행 결과 1

```
점수를 입력하세요 : 80
합격점을 입력하세요 : 60
합격
```

실행 결과 2

```
점수를 입력하세요 : 40
합격점을 입력하세요 : 50
불합격
```

→ 위 프로그램을 실행하면 점수와 합격점을 입력하게 된다. 입력한 점수와 합격점을 비교하여 합격/불합격 여부를 판단하여 결과를 출력한다.

- 4행에서 점수를 입력받을 score 변수와 합격점을 입력받을 pass 변수를 선언한다.
- 5~8행에서 입력에 대한 안내 문구를 출력하고, 각각의 변수에 값을 입력받는다. 합격점을 특정한 점수로 지정하지 않았기 때문에 유동적으로 프로그램을 사용할 수 있다.
- 9~12행에서 if를 사용하여 받은 점수와 합격점을 비교하여 합격/불합격 여부를 출력한다. if 다음 부분은 조건이 만족하는 경우(참) 실행되고, else 이후 부분은 if에서 제시한 조건이 만족하지 않을 경우(거짓) 실행된다. 따라서 if의 조건에 따라 점수가 합격점 이상이면 "합격"을 출력하고, 미만이면 "불합격"을 출력한다.

 else는 if에서 제시한 조건을 제외한 모든 경우에 해당하므로 따로 조건을 지정하지 않아도 된다.

■ if~else문의 형식

 형식

```
if (조건) {
    조건이 참일 경우 실행되는 명령문
}
    else {
    조건이 거짓일 경우 실행되는 명령문
}
```

설명
① else { }는 조건이 거짓일 경우 실행되는 명령문이다.
② 두 블록 중 반드시 한 블록은 실행된다.
③ 실행 명령이 하나면 해당 블록을 생략할 수 있다.

■ 3항 연산자

'if (조건) 명령A; else 명령B;'는 3항 연산자 '(조건) ? 명령 A: 명령 B;'와 같은 형태로 나타낼 수 있다. 예제 9~12행을 3항 연산자를 이용하여 표현하면 다음과 같다.

score >= pass ? printf("합격\n") : printf("불합격\n");

if는 조건이 거짓일 경우 아무 명령도 실행하지 않는다. 앞 문제에서 만약 내가 가진 돈이 책값보다 적어 구입할 수 없을 경우에도 메시지를 출력하고자 한다면 if 다음에 else 절을 추가하고 거짓일 때 실행될 명령문을 넣어준다.

```
if (money >= book)
    printf("책을 구입한다.");
else
    printf("책을 구입하지 못합니다.");
```

2 중첩 if문

프로그래밍 작업을 하다 보면 아주 복잡한 조건을 처리해야 하는 경우가 많다. 이때 if문을 여러 번 중첩해서 사용할 수 있다. 다음 프로그램을 작성하고 실행해 보자.

먼저 실행하기

따라하기

```
1   #include <stdio.h>
2   main( )
3   {
4       int score1, score2;
5       printf("1과목의 점수를 입력하세요 : ");
6       scanf("%d", &score1);
7       printf("2과목의 점수를 입력하세요 : ");
8       scanf("%d", &score2);
9       if (score1 >= 60)
10      {
11          if (score2 >= 60)
12              printf("합격\n");
13          else
14              printf("불합격\n");
15      }
16      else
17          printf("불합격\n");
18  }
```

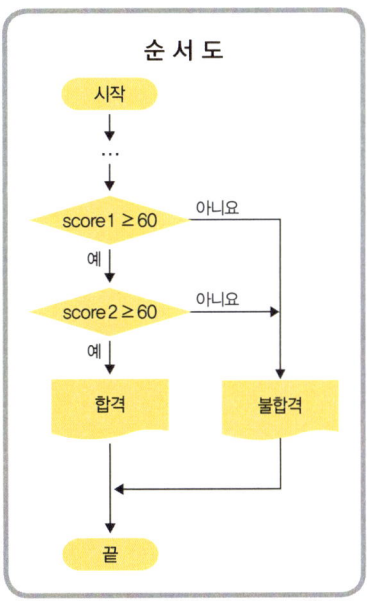

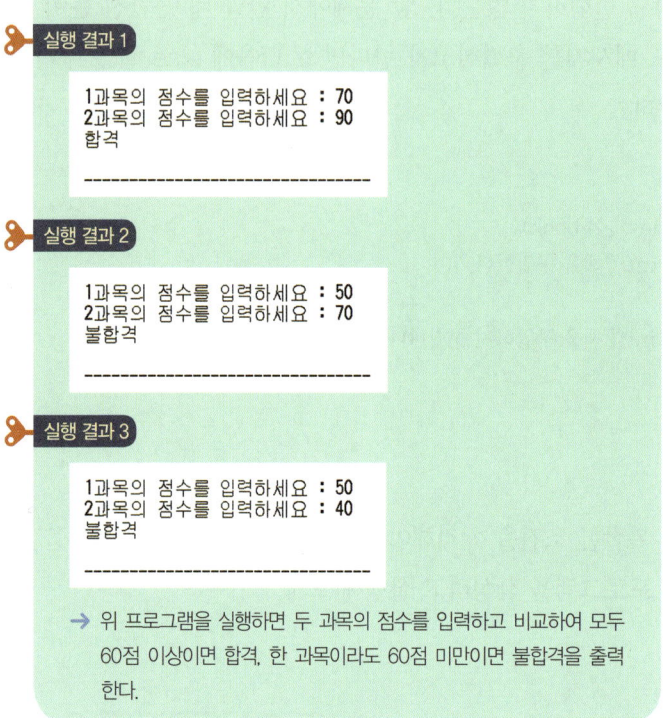

if 안의 또 다른 if는 조건 상황에 따라 필요한 만큼 만들어서 사용할 수 있으며, else 안에서도 if의 사용이 가능하다.

- 4행은 score1, score2 변수를 선언한 부분이다.
- 5~8행에서 과목 점수의 입력에 대한 문장을 출력하고, 각각의 변수에 값을 입력받는다.

■ 조건 처리 순서(9~17행)

- 9행에서 if 조건인 1과목의 점수가 60점 이상이면 11행의 if를 실행하고, 1과목의 점수가 60점 미만이면(거짓) 16행의 else를 실행하게 된다. 왜냐하면, 1과목이 60 미만이면 2과목이 60점 이상이든 아니든 상관없이 불합격이기 때문이다.
- 9행의 if 조건이 만족되면 1과목의 점수가 60점 이상이라는 의미이므로 11~14행에서 나머지 과목의 점수를 확인한다.
- 11행에서 if 조건에 따라 2과목의 점수가 60점 이상이면 두 과목 모두 60점 이상이므로 합격을 출력하고, 조건을 만족하지 못하면 2과목의 점수가 60점 미만이므로 14행이 실행되어 불합격이 출력된다.

■ '&&' 연산자의 이용

'&&' 연산은 모든 조건이 참일 경우에만 참이 되는 연산이다. 9~17행을 다음과 같이 if~else 하나와 '&&' 연산자를 이용해서 만들 수도 있다.

```
if (score1 >= 60 && score2 >= 60)
    printf("합격\n");
else
    printf("불합격\n");
```

1과목의 점수가 60점 이상이고, 2과목의 점수가 60점 이상이면 '합격'을 출력하고, 1과목의 점수가 60점 미만이거나 2과목의 점수가 60점 미만이면 '불합격'을 출력한다.

■ 논리 연산자

종류	의미
A && B	'&&' 양 옆의 두 조건 A, B가 모두 만족해야만 참이 되는 연산
A ǁ B:	'ǁ' 양 옆의 두 조건 A, B 중 하나만 만족되면 참이 되는 연산
! A	조건 A가 참이면 거짓, 거짓이면 참이 되는 연산

03 if~else if…else

if~else는 하나의 조건만 참인지 거짓인지를 구별하여 2가지 결과를 나타내지만, if~else if…else는 조건에 따른 결과가 3가지 이상 나타내는 경우에 사용한다.

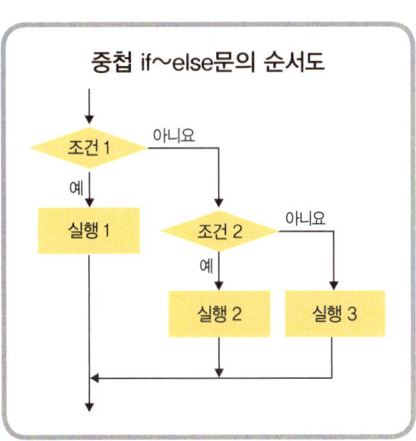

중첩 if~else문의 순서도

1 if~else if…else문

한 과목의 점수를 입력받아 여러 개의 조건을 이용하여 '수', '우', '미', '양', '가'와 같이 점수별로 결과를 출력할 수 있다. 다음 프로그램을 작성하고 실행해 보자.

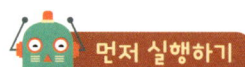 **먼저 실행하기**

따라하기

```c
1   #include <stdio.h>
2   main( )
3   {
4       int score;
5       printf("과목의 점수를 입력하세요 : ");
6       scanf("%d", &score);
7       if (score >= 90) printf("수\n");
8       else if (score >= 80) printf("우\n");
9       else if (sc ore >= 70) printf("미\n");
10      else if (score >= 60) printf("양\n");
11      else printf("가\n");
12  }
```

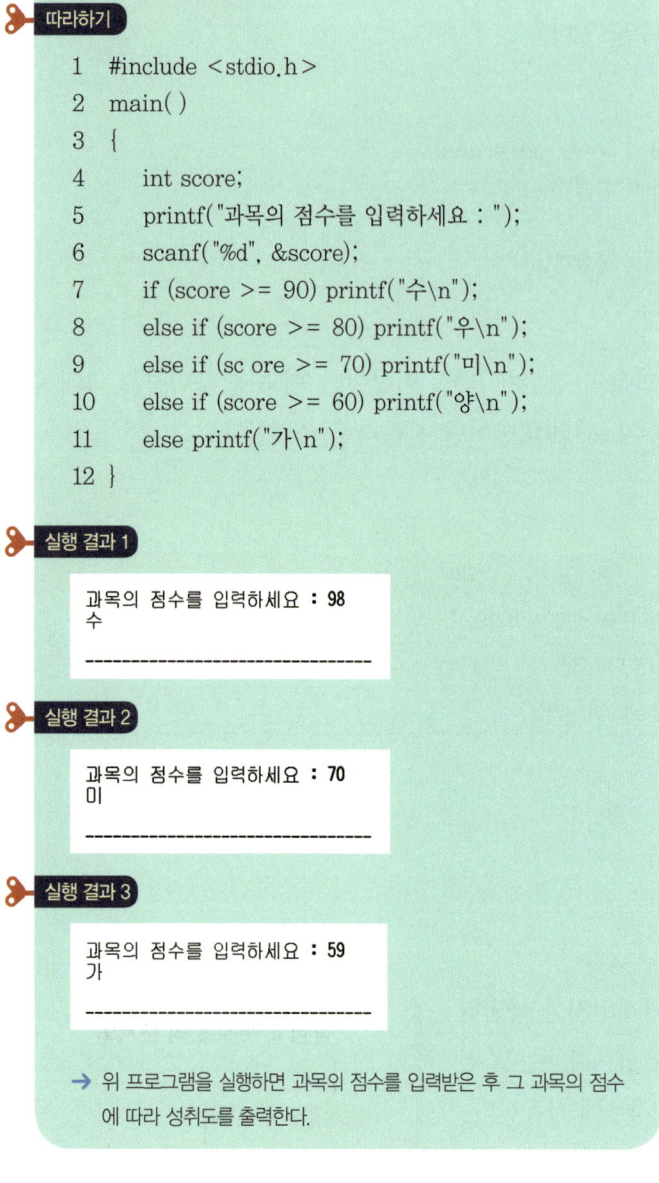

실행 결과 1

과목의 점수를 입력하세요 : 98
수

실행 결과 2

과목의 점수를 입력하세요 : 70
미

실행 결과 3

과목의 점수를 입력하세요 : 59
가

→ 위 프로그램을 실행하면 과목의 점수를 입력받은 후 그 과목의 점수에 따라 성취도를 출력한다.

점수 등급표

점수 대역	등급
90 이상	수
80 ~ 89	우
70 ~ 79	미
60 ~ 69	양
60 미만	가

- 4행은 점수를 저장할 score 변수를 선언한 부분이다.
- 5~6행에서 입력에 대한 안내 문구를 출력하고, score 변수에 점수를 입력받는다.
- 7~11행이 if~else if…else문이다. if 다음에 else if로 연결되어 있다.

■ if~else if…else문의 형식

```
if (조건 1) {
    조건1이 참일 경우 실행되는 명령문
}
else if (조건 2) {
    조건 2가 참일 경우 실행되는 명령문
}
    :    // 조건이 많으면 else if로 연결
else {
    위의 모든 조건에 맞지 않을(거짓) 경우 실행되는 명령문
}
```

> 조건에 따른 결과가 3가지 이상으로 분류될 경우 if~else if…else를 사용한다.

설명

❶ 조건은 반드시 조건 1부터 위에서 아래로 차례대로 확인한다.
❷ 조건 n에서 참이 되면 해당 조건 블록의 명령문만 실행하고 if문을 종료한다.
❸ else if절은 여러 번 사용할 수 있으므로 조건의 개수를 고려하여 사용한다.
❹ 모든 조건에 위배된다면 마지막 else 블록의 명령문을 실행한다.

■ 조건 처리 순서(7~11행)

- 7행에서 입력된 점수가 70점이라면 if 조건에 거짓이므로 8행의 else if 조건을 확인한다. 8행의 조건에도 거짓이므로 9행의 조건을 확인한다.
- 9행의 조건에서는 참이 되므로 해당 printf문을 실행하고 그 아래의 else if는 실행하지 않고 전체 if를 종료한다.

질문 있어요!

Q 혹시 else if에 조건이 부족하지 않나요? 점수 분포가 80~89점이 "우"인데 왜 조건에는 80만 표시하였나요? 8행을 다음과 같이 고쳐야 하지 않을까요?

> else if (score >= 80 && score<90) printf("B학점");

A 아닙니다. 필요 없습니다. if~else if~와 같은 구조에서 조건은 위에서 아래로 차례대로 확인합니다. 90점 이상은 이미 이전의 조건에서 확인했기 때문에 굳이 넣을 필요가 없습니다. 이 조건을 확인한다는 자체가 이미 90점 미만이라는 것입니다.

- 만약 59점이 입력되면 7, 8, 9, 10행의 조건에 모두 만족하지 않으므로 마지막 11행의 else 가 실행된다.

2 if~else if…else문과 논리 연산자의 사용

if문과 논리 연산자를 이용하면 복잡한 문제를 해결할 수 있다. 다음 프로그램을 작성하고 실행해 보자.

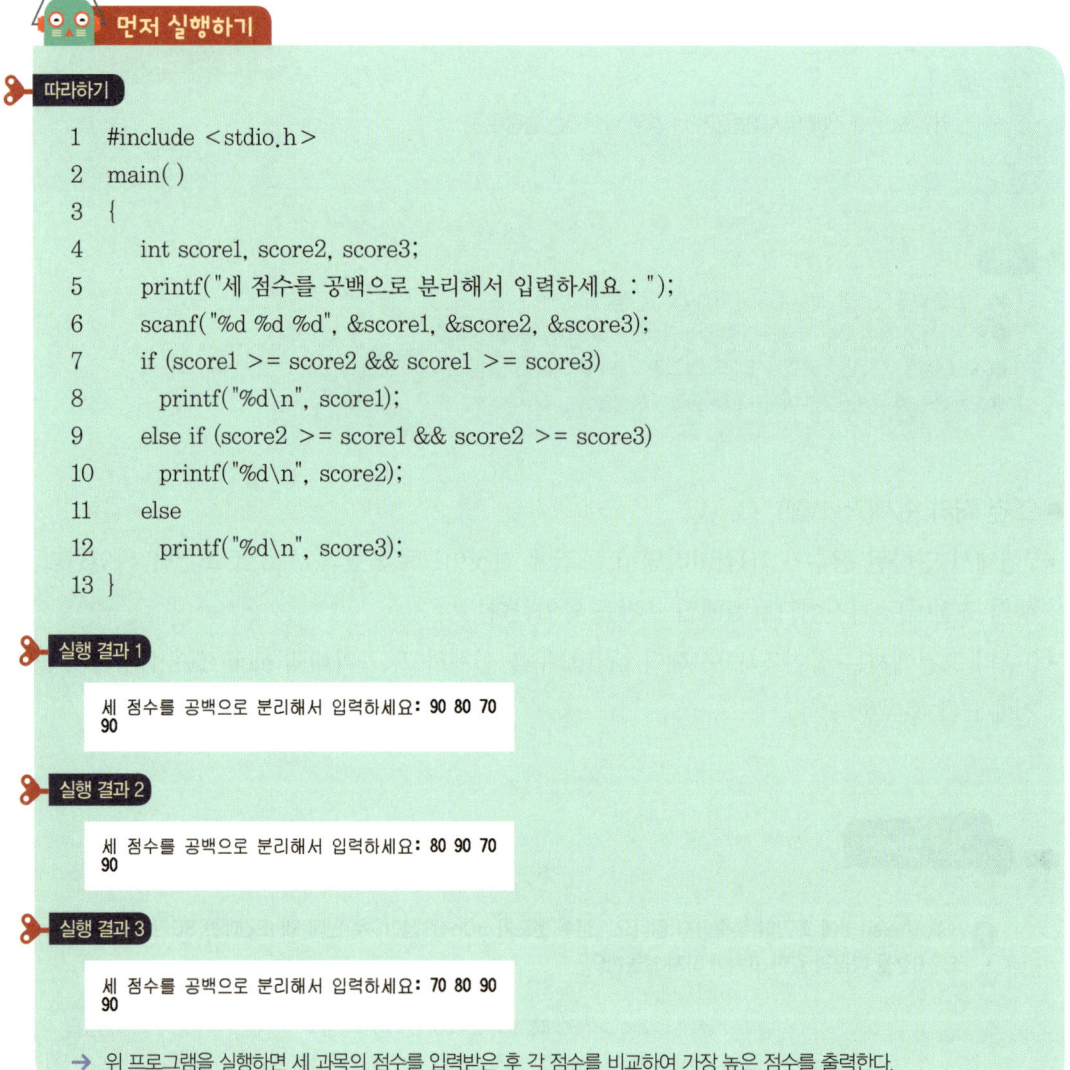

```
1   #include <stdio.h>
2   main( )
3   {
4     int score1, score2, score3;
5     printf("세 점수를 공백으로 분리해서 입력하세요 : ");
6     scanf("%d %d %d", &score1, &score2, &score3);
7     if (score1 >= score2 && score1 >= score3)
8       printf("%d\n", score1);
9     else if (score2 >= score1 && score2 >= score3)
10      printf("%d\n", score2);
11    else
12      printf("%d\n", score3);
13  }
```

실행 결과 1

세 점수를 공백으로 분리해서 입력하세요: 90 80 70
90

실행 결과 2

세 점수를 공백으로 분리해서 입력하세요: 80 90 70
90

실행 결과 3

세 점수를 공백으로 분리해서 입력하세요: 70 80 90
90

→ 위 프로그램을 실행하면 세 과목의 점수를 입력받은 후 각 점수를 비교하여 가장 높은 점수를 출력한다.

- 4행에서 세 과목의 점수를 입력받는 변수를 선언하고, 5~6행에서 점수를 입력받는다.

■ 조건 처리 순서(7~12행)
- 7행의 if 조건은 1과목의 점수가 가장 큰 경우를 의미한다. 1과목의 점수가 가장 큰 경우는 1과목의 점수가 2과목의 점수보다 같거나 크고, 1과목의 점수가 3과목의 점수보다 같거나 큰 경우를 의미한다. 이 경우가 참이면 8행의 출력문에서 1과목의 점수를 출력하면 된다.
- 만약 7행의 조건이 맞지 않다면 9행의 else if 조건으로 넘어가게 되고, 마찬가지로 1과목의 점수와 3과목의 점수를 비교하여 2과목의 점수가 같거나 크다면 10행에서 2과목의 점수를 출력한다.
- 9행의 조건에도 맞지 않다면 3과목의 점수가 가장 크다는 의미이므로 12행에서 3과목의 점수를 출력한다.

04 switch~case

switch~case는 if~else if…else와 비슷한 기능을 하는 구조로 지정된 변수의 값에 따라 다른 명령을 실행할 수 있게 한다. 가독성이 높아 다중 선택형 구조에서 사용하면 편리하다.

1 switch~case문

영문자 한 글자를 입력하면 해당 부분으로 이동하여 명령을 실행하고 빠져나온다. 다음 프로그램을 작성하고 실행해 보자.

먼저 실행하기

따라하기

```
1   #include <stdio.h>
2   main( )
3   {
4       char ch;
5       printf("영어 소문자를 입력하세요 : ");
6       scanf("%c", &ch);
7       switch (ch)
8       {
```

```
9        case 'a' : printf("모음\n"); break;
10       case 'e' : printf("모음\n"); break;
11       case 'i' : printf("모음\n"); break;
12       case 'o' : printf("모음\n"); break;
13       case 'u' : printf("모음\n"); break;
14       default : printf("자음\n");
15    }
16 }
```

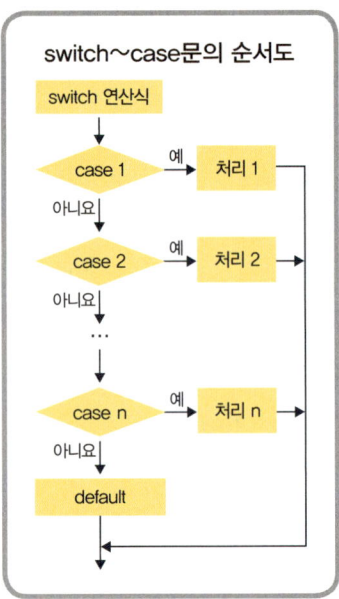

실행 결과 1

```
영어 소문자를 입력하세요 : a
모음
```

실행 결과 2

```
영어 소문자를 입력하세요 : k
자음
```

→ 위 프로그램을 실행하면 영어 소문자 한 글자를 입력받아 그 문자가 5개의 모음 중 하나이면 해당 case문으로 이동하여 '모음'을 출력하고, 모음을 제외한 문자는 '자음'을 출력한다.

- 4행에서 한 문자를 저장할 문자형 변수 ch를 선언하였다.
- 5~6행에서 입력에 대한 안내와 입력문을 통해 ch 변수에 한 문자를 입력받는다.
- 7~15행에서 switch~case를 통해 조건을 처리한다.

■ switch~case문의 형식

형식

```
switch (조건식) {
    case 값 1: 조건식이 값 1일 때 실행되는 명령문
            break;
    case 값 2: 조건식이 값 2일 때 실행되는 명령문
            break;
        ⋮
    default: 조건식의 값이 그 외 모든 경우일 때 실행되는 명령문
}
```

> **설명**
> ❶ 조건: 조건식의 결과가 정수나 문자가 될 수 있는 조건 또는 조건 변수
> ❷ case 값 n: 조건의 결과가 값 n일 때 해당 명령을 실행(값 n은 반드시 정수형 상수이어야 하며, 변수는 올 수 없음)
> ❸ break: switch문을 종료하는 명령
> ❹ default: case에 없는 그 외의 모든 경우에 실행되는 명령문

- 7행의 switch(ch)는 ch 변수값에 따라 결과를 나타내겠다는 뜻이다. 즉, ch의 값에 따라 여러 가지 경우(case)의 다른 결과를 출력한다.
- 9~13행에서 case 다음에 오는 값이 7행의 ch의 값과 같다면 해당 case의 명령이 실행되는데, 콜론(:) 이후의 명령이 실행된다. 여기에 나온 'a', 'e', 'i', 'o', 'u'가 모두 모음이므로 각 case의 명령으로는 'printf("모음\n"); break;'가 실행된다. 여기서 break는 switch~case 명령을 빠져나가는 종료 명령이다.

■ break의 역할

- break는 case를 처리하는 부분에서 위에서 아래로 실행하던 흐름을 멈추고 switch~case를 빠져나갈 때 사용된다.
- 각 case마다 break 명령이 있는 이유는 break가 없다면 그 다음 case 명령을 확인하면서 코드가 실행되기 때문이다. 이것은 결국 14행의 default까지 확인하는데, default 문장을 만나면 무조건 실행된다.
- 실제 9~13행의 break 명령을 제거하고 실행한 후, 모음 u를 입력하면 다음과 같은 결과를 볼 수 있다.

```
영어 소문자를 입력하세요 :u
모음
자음
```

이것은 13행의 case가 실행되면서 '모음'이 출력되고, switch를 종료하는 명령이 없어 연달아 14행의 default가 실행되므로 '자음'도 출력된 것이다.

2 switch~case문의 변형

break 명령의 특성을 이용하면 코드를 보다 간단하게 만들 수 있다. 다음 프로그램을 작성하고 실행해 보자.

먼저 실행하기

따라하기

```
1   #include <stdio.h>
2   main( )
3   {
4      char ch;
5      printf("영어 소문자를 입력하세요 : ");
6      scanf("%c", &ch);
7      switch (ch)
8      {
9         case 'a' :
10        case 'e' :
11        case 'i' :
12        case 'o' :
13        case 'u' : printf("모음\n"); break;
14        default  : printf("자음\n");
15     }
16  }
```

→ 위 프로그램을 실행하면 모음인 경우 하나의 명령에 의해 '모음'을 출력한다.

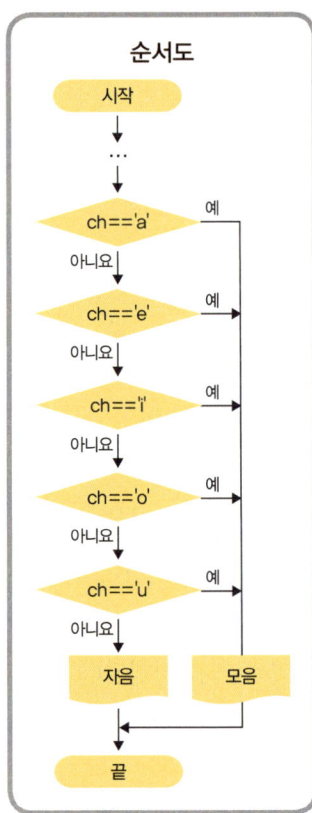

이 코드는 'a', 'e', 'i', 'o', 'u'가 같은 명령을 실행하기 때문에 가능한 코드이다.

- 14행의 default는 위의 case에 해당되는 것이 없었을 때 실행되는 기본 값인데 else문과 비슷한 개념으로 모든 경우에 해당되지 않을 때 실행되는 부분이다. default에 break가 없는 이유는 switch문의 마지막 부분이기 때문에 굳이 switch문을 종료할 필요가 없기 때문이다.

■ if와 switch의 차이점

if~else와 switch~case는 같은 조건문으로서 개념이 비슷하지만 다음과 같은 차이가 있다.

- if문은 모든 비교 연산이 가능하지만 switch문은 값에 의해서만 다른 처리가 가능하다.

- if문은 블록으로 영역을 구분하지만 switch문은 case와 break로 영역을 구분한다.
- if문은 else문으로, switch문은 default문으로 그 외 나머지 경우를 처리한다.
- if문은 모든 변수형을 사용할 수 있지만, switch는 실수형을 사용할 수 없다.

switch~case문은 실수형을 사용할 수 없고, 동일한 값인지만 검사하기 때문에 활용에 다소 제약이 있다. 하지만 가독성이 높아 코드를 이해하기가 쉬워서 많이 활용된다.

★개념 확인하기

01 이 프로그램은 용돈으로 책을 구입할 수 있는지 판단하는 프로그램이다. 프로그램이 실행되기 위해 잘못된 부분을 찾아 그 이유를 설명하고 올바르게 고쳐 보시오.

```
1   #include <stdio.h>
2   main( )
3   {
4       int money, remain, book = 15000;
5       printf("책의 가격은 15000원입니다.\n");
6       printf("당신이 가진 용돈은 얼마인가요? : ");
7       scanf("%d", &money);
8       if (money >= book)
9           remain = money - book;
10      printf("책을 구입하였습니다. 이제 남은 용돈은 %d입니다\n", remain);
11      else
12          printf("책을 구입하지 못했습니다.");
13  }
```

02 다음 프로그램의 결과는? (   )

```
#include <stdio.h>
main( )
{
    int a = 5, b = 7, c = 3, d = 0;
    if (a > b) d = a;
    else d = b;
    if (d > c) d = d;
    else d = c;
    printf("%d", d);
}
```

① 0　　　② 3　　　③ 5　　　④ 7　　　⑤ 10

03 다음 프로그램을 보고 물음에 답하시오.

```c
#include <stdio.h>
main( )
{
    int score;
    printf("과목의 점수를 입력하세요: ");
    scanf("%d", &score);
    if (score >= 90) printf("수\n");
    else if (score >= 70) printf("미\n");
    else if (score >= 80) printf("우\n");
    else if (score >= 60) printf("양\n");
    else printf("가\n");
}
```

(1) score 변수에 90점을 입력한 경우 출력되는 결과는? _____

(2) score 변수에 80을 입력한 경우 출력되는 결과는? _____

(3) (2)와 같은 결과가 나오는 이유를 설명하시오.

_____

04 다음 if~else if…else문을 switch~case문으로 변형하시오.

```c
if (a == 1) printf("1st");
else if (a == 2) printf("2nd");
else if (a == 3) printf("3rd");
else printf("%dth", a);
```

```
switch (_____)
{
    case _____ : printf("1st"); _____ ;
    case _____ : printf("2nd"); _____ ;
    case _____ : printf("3rd"); _____ ;
    _____ : _____ ;
}
```

SECTION 2 반복문

같은 의미를 가진 명령들을 10번이고 100번이고 반복해서 표현하는 것은 매우 비효율적이다. 그러나 컴퓨터는 융통성이 있어 특정 명령을 반복해서 수행할 수 있게 해준다. 여기에서는 다양한 형태의 반복문에 대해서 학습한다.

01 while과 do~while

while이나 do~while은 조건이 참인 경우 계속 반복해서 실행하는 명령이다. while은 조건이 거짓이면 한 번도 실행되지 않을 수 있으며, do~while은 do 명령을 실행한 후 판단하므로 최소 한 번은 실행된다.

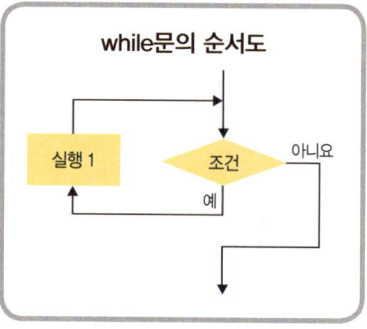

1 while문

while은 조건이 참일 동안 계속 명령을 실행하고 조건이 거짓이면 종료한다. 다음 프로그램을 작성하고 실행해 보자.

먼저 실행하기

따라하기

```
1   #include <stdio.h>
2   main( )
3   {
4       int num;
5       scanf("%d", &num);
6       while (num > 0)
7       {
```

```
8        if (num % 2 == 1)
9           printf("홀수\n");
10       else
11          printf("짝수\n");
12       scanf("%d", &num);
13    }
14 }
```

실행 결과

```
7
홀수
4
짝수
-1
------------------------------
```

→ 위 프로그램을 실행하면 숫자를 입력하여 그 숫자가 홀수인지 짝수인지 출력하고 또 다시 입력을 기다린다. 이런 식으로 입력하는 숫자의 홀수/짝수 여부를 출력하고 음수가 입력되면 종료된다.

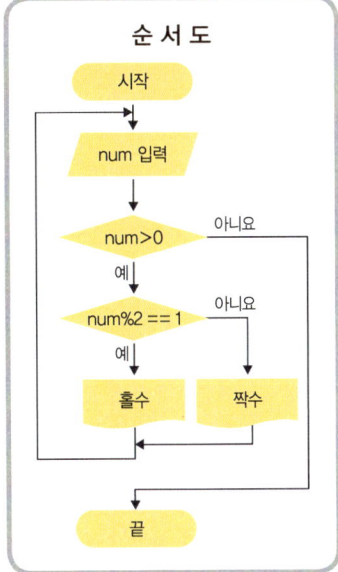

while은 '조건이 참인 동안 계속 반복'하는 명령이다. if와 마찬가지로 조건이 참이면 해당 블록을 실행하고, 거짓이면 블록을 실행하지 않고 while을 종료한다.

- 4행에서 정수형 변수 num을 선언하였고, 5행에서 변수 num에 값을 입력받는다.
- 5행에서 입력받은 변수 num의 값이 양수이면 반복 조건이 참이 되어 홀수 또는 짝수를 판단하여 6~13행의 블록을 실행하게 된다.
- 6행에서 입력한 숫자가 0 이하이면 while의 반복 조건이 거짓이 되므로, while 안의 블록을 실행하지 않은 채 프로그램이 종료된다.

■ while문의 형식

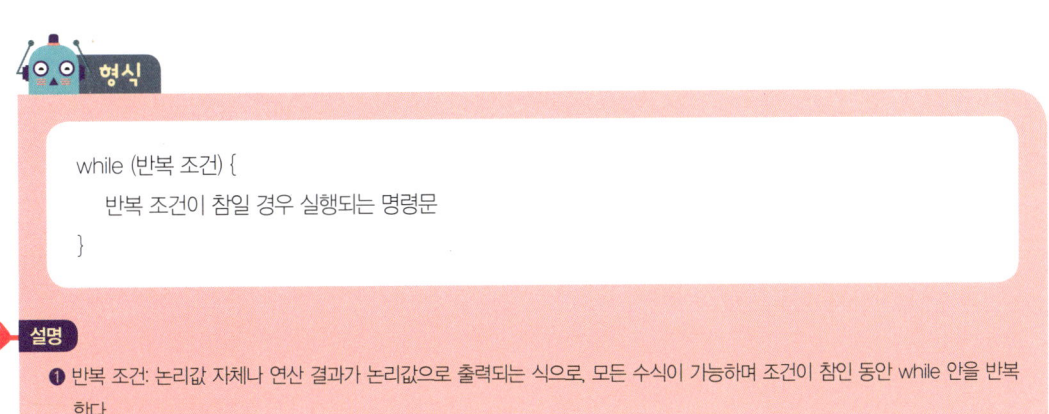

```
while (반복 조건) {
    반복 조건이 참일 경우 실행되는 명령문
}
```

설명

❶ 반복 조건: 논리값 자체나 연산 결과가 논리값으로 출력되는 식으로, 모든 수식이 가능하며 조건이 참인 동안 while 안을 반복한다.

❷ { } 블록(block): 조건이 참일 경우 실행되는 명령문으로, 하나일 경우 생략할 수 있으며 2개 이상이면 반드시 블록을 사용해야 한다.
❸ while의 경우 조건이 거짓일 경우에는 블록 안의 명령문을 실행하지 않고 해당 while을 종료한 후 그 다음 명령을 실행한다(한 번도 실행되지 않을 수도 있음).

- 8~11행은 어떤 수가 홀수인지 짝수인지 판별하는 if문이다.
- 12행에서 새로운 숫자를 입력받는다. 여기서 scanf( )를 사용한 이유는 블록의 끝이므로 새로운 숫자를 입력받아 while을 다시 반복할 것인지를 체크하기 위해서이다. 만약 0 이하의 수가 입력되면 8행의 반복 조건이 거짓이 되므로 while 안의 블록이 더 이상 실행되지 않는다.

% 연산을 이용한 홀짝 판별

입력된 수 (num)	2로 나눈 나머지(%2)	판별
1	1	홀수
2	0	짝수
3	1	홀수
4	0	짝수
⋮	⋮	⋮

2 do~while문

do~while은 반복 조건이 아래에 있어 일단 do 블록을 한 번 실행한 후 반복 조건을 확인한다. 따라서 조건이 거짓인 경우에도 최소 한 번은 실행한다. 다음 프로그램을 작성하고 실행해 보자.

먼저 실행하기

따라하기

```
1  #include <stdio.h>
2  main( )
3  {
4      int num;
5      do
6      {
7          scanf("%d", &num);
8          if (num > 0)
9              if (num % 2 == 1)
10                 printf("홀수\n");
11             else
12                 printf("짝수\n");
13     } while (num > 0) ;
14 }
```

→ 위 프로그램을 실행하면 앞의 while문과 같은 결과를 출력한다.

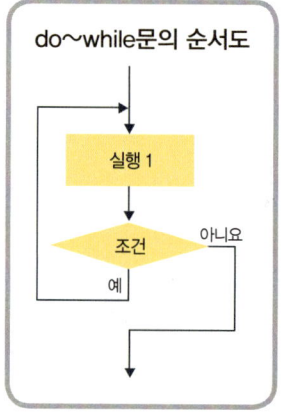

do~while문의 순서도

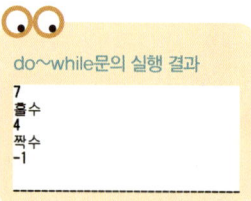

do~while문의 실행 결과
7
홀수
4
짝수
-1

- 5~13행이 do~while 구조이고, 7행에서 scanf( )는 한 번만 사용된다.
- 8~12행은 if 안에 또 다른 if가 있는 중첩 if 구조로서, num이 0보다 크면 9~12행의 if가 실행된다.

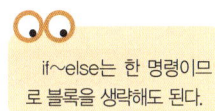
if~else는 한 명령이므로 블록을 생략해도 된다.

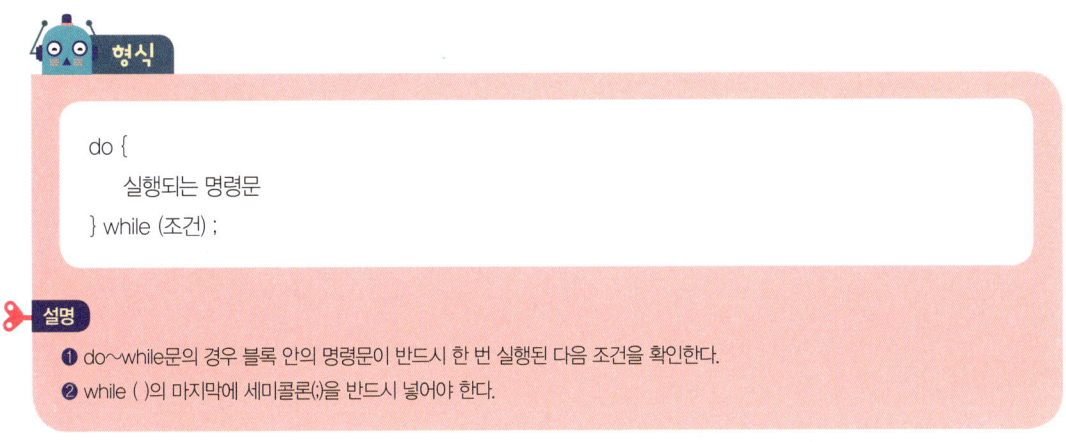

```
do {
    실행되는 명령문
} while (조건) ;
```

설명
❶ do~while문의 경우 블록 안의 명령문이 반드시 한 번 실행된 다음 조건을 확인한다.
❷ while ( )의 마지막에 세미콜론(;)을 반드시 넣어야 한다.

02 for

for문은 while문처럼 반복문으로서 원리는 같지만 표현 방법이 다르다. while은 반복 조건만 확인하지만, for는 반복 조건을 포함하여 시작값과 증감식 등 2가지 요소를 더 넣을 수 있다.

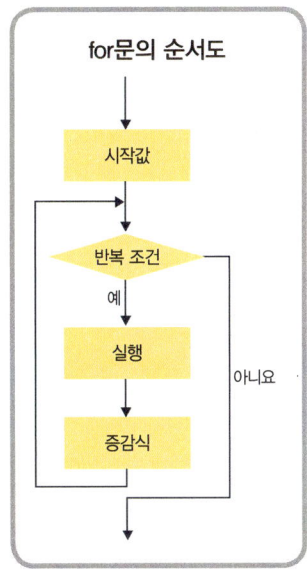

1 for문

for문을 이용하여 초깃값과 조건에 따라 숫자와 합계를 구할 수 있다. 다음 프로그램을 작성하고 실행해 보자.

먼저 실행하기

따라하기

```
1   #include <stdio.h>
2   main( )
3   {
4       int i, sum = 0;
5       for (i = 1; i <= 100; i++)
6       {
7           printf("%d ", i);
8           sum += i;
9       }
10      printf("\n1~100까지 합은 %d입니다.\n", sum);
11  }
```

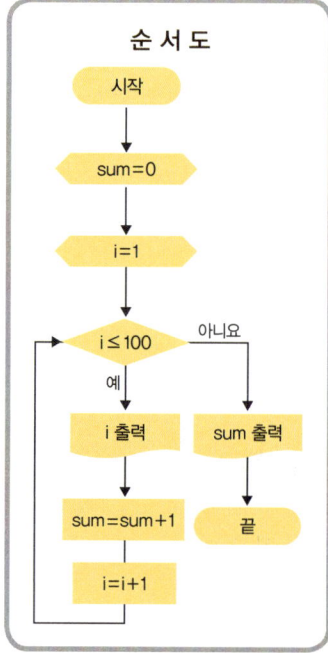

순서도

실행 결과

```
1 2 3 4 5 6 7 8 9 10 11 12 13 14 15 16 17 18 19 20 21 22 23 24 25 26 27 28 29 30
31 32 33 34 35 36 37 38 39 40 41 42 43 44 45 46 47 48 49 50 51 52 53 54 55 56 57
58 59 60 61 62 63 64 65 66 67 68 69 70 71 72 73 74 75 76 77 78 79 80 81 82 83
84 85 86 87 88 89 90 91 92 93 94 95 96 97 98 99 100
1~100까지 합은 5050입니다.
```

→ 위 프로그램을 실행하면 1부터 100까지 출력하고 그 합을 출력한다.

- 4행에서 for에 사용할 변수 i와 합을 저장할 변수 sum을 선언하고 0으로 값을 초기화한다. sum은 반드시 0으로 초기화해야 한다.
- 5행의 for문에서 i의 시작값을 1로 초기화한다.

2 for문의 형식

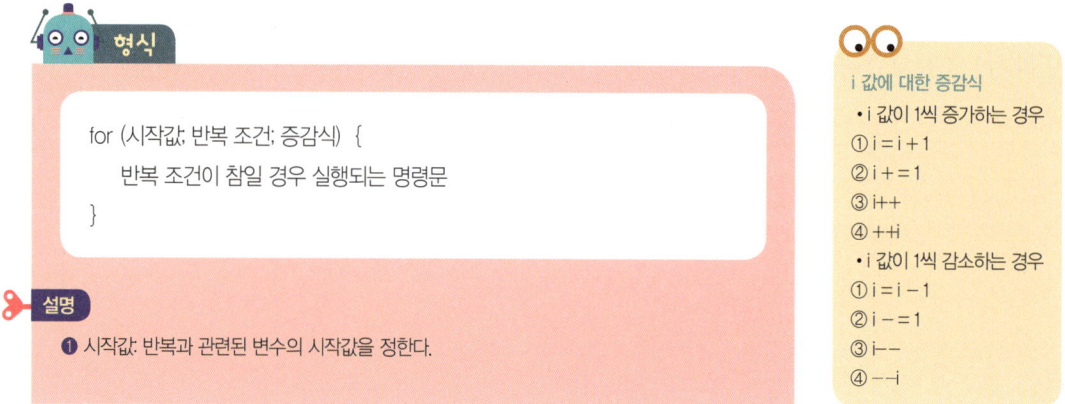

형식

```
for (시작값; 반복 조건; 증감식) {
    반복 조건이 참일 경우 실행되는 명령문
}
```

설명

❶ 시작값: 반복과 관련된 변수의 시작값을 정한다.

i 값에 대한 증감식
- i 값이 1씩 증가하는 경우
  ① i = i + 1
  ② i += 1
  ③ i++
  ④ ++i
- i 값이 1씩 감소하는 경우
  ① i = i − 1
  ② i −= 1
  ③ i−−
  ④ −−i

❷ 반복 조건: 이 조건이 참으로 만족되면 블록 안의 명령을 실행한다.
❸ 증감식: 일정한 간격으로 증감이 있을 때 증감식을 적어준다. 예를 들어, 변수 i가 1씩 증가한다면 주로 i++ 로 표현한다.
❹ { } 블록(block): 반복 조건이 참일 경우 실행되는 명령문으로, 하나일 경우 생략 가능하고 2개 이상이면 반드시 블록을 사용해야 한다.
❺ for문의 반복 조건이 거짓이 되면 비로소 for문을 탈출하게 된다.

- 5행에서 for의 첫 번째 필드는 시작값을 의미한다. 이 필드는 반드시 사용할 필요는 없으며 아무 내용을 입력하지 않아도 컴파일 오류는 발생하지 않는다.

  두 번째 필드는 반복 조건으로 while에서 사용한 반복 조건과 똑같은 의미를 지닌다. i <= 100이므로 i가 100 이하인 동안 반복문 안의 블록을 실행한다.

  세 번째 필드는 증감식으로 반복문 안의 블록이 실행되고 나서 실행되는 부분이다.

- 7행은 i 값을 출력하는 명령이다. i 값은 처음에 1에서 1씩 증가하여 100 이하인 동안 출력이 반복된다. 따라서 1부터 100까지의 숫자가 출력되는 결과를 얻을 수 있다.

- 8행은 누적합을 구하는 부분이다. 다음 표의 과정을 거쳐 누적합을 구할 수 있다.

i 값	sum = sum + I	결과값	의미
1	sum = 0 + 1	= 1	1
2	sum = 1 + 2	= 3	1+2
3	sum = 3 + 3	= 6	1+2+3
4	sum = 6 + 4	= 10	1+2+3+4
⋮	⋮	⋮	⋮
100	sum = 4950 + 100	= 5050	1+2+3+4+⋯+99+100

> sum을 0으로 초기화하는 이유
> 0으로 초기화하지 않고 선언만 하면 어떤 값(쓰레기 값)이 저장되어 있는지 알 수 없기 때문에 올바른 누적합을 구할 수 없다.

- 10행은 for문이 모두 수행된 다음 실행되는 출력문으로, 최종 1부터 100까지의 합을 출력한다.

■ for문이 실행되는 동안 실행된 명령

```
i = 1;
printf("%d", i);    // 1 출력
sum += i;// 1을 누적
i++;
printf("%d", i);    // 2 출력
sum += i;// 2를 누적
i++;
```

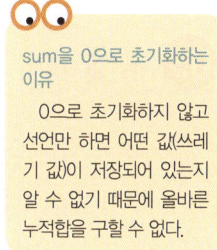

for를 사용한 구문의 실행 순서

for (① ; ② ; ③) {
　④
}

시작값(①) → 반복 조건: 참 (②) → 명령 수행 (④) → 값의 증감(③) → ② → ④ → ③ → ② → ④ → ③ → ⋯ → 반복 조건: 거짓(②) → for 종료

CHAPTER 03 제어문

```
...
i++;
printf("%d", i);      // 100 출력
sum += i;             // 100을 누적
i++;
```

3 for문의 활용

숫자와 합계를 구하는 프로그램을 변형하여 '*'을 100개 출력해 보자. 이런 반복적인 작업은 대부분 for를 이용하여 처리가 가능하다. for 안의 출력문에서 i를 출력하는 대신 '*'을 출력하면 쉽게 해결할 수 있다.

```
#include <stdio.h>
main( )
{
   int i;
   for (i = 1; i <= 100; i++)
      printf("*");
}
```

03 중첩 for

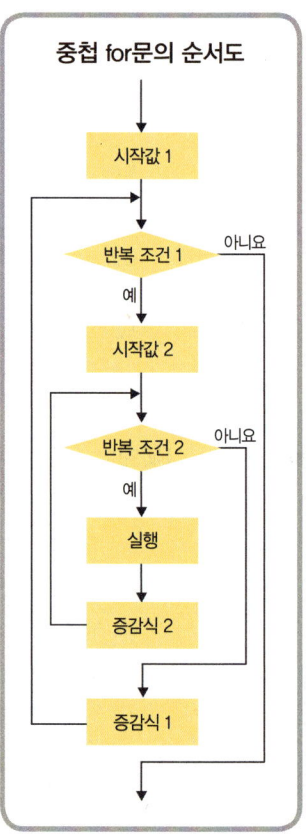

중첩 for문의 순서도

기본적으로 for 안의 블록은 반복의 대상이 되는데, 블록 안에 for가 또 들어감으로써 반복이 이중으로 일어나는 구조이다. 이러한 중첩 구조를 중첩 for문이라고 한다.

1 중첩 for문

하나의 for문 안에 또 다른 for문을 포함시켜서 하나의 단을 모두 계산한 후 다음 단으로 넘어가면서 구구단을 완성한다. 다음 프로그램을 작성하고 실행해 보자.

먼저 실행하기

따라하기

```
1   #include <stdio.h>
2   main( )
3   {
4      int i, j;
5      for (i = 1; i <= 9; i++)
6      {
7         for (j = 1; j <= 9; j++)
8            printf("%d * %d = %d\n", i, j, i * j);
9         printf("\n"); // 단과 단 사이 한 줄 더 띄우기
10     }
11  }
```

실행 결과

1~9단 출력

→ 위 프로그램을 실행하면 1단부터 9단까지의 구구단을 모두 출력한다.

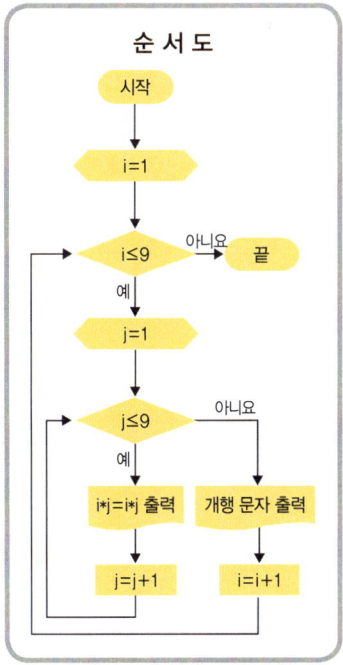

이 프로그램은 for 안에 for가 하나 더 있는 중첩 for를 사용해야 한다.
- 4행에서 변수를 선언하며, 5~10행이 반복 구조이다.

■ 중첩 for문을 사용한 구문의 실행 순서

```
for ( ① ; ② ; ⑨ )
{
  ③
  for ( ④ ; ⑤ ; ⑦ )
  {
    ⑥
  }
  ⑧
}
```

① → [② → ③ → ④ → (⑤ → ⑥ → ⑦) ... → ⑧ → ⑨] ...
※ [ ]: ② 조건이 참인 동안 계속 반복
※ ( ): ⑥ 조건이 참인 동안 계속 반복

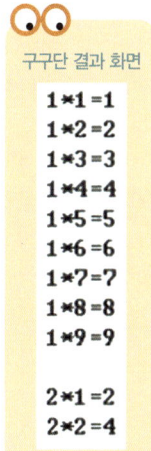

for뿐만 아니라 while, do~while도 중첩 구조를 가질 수 있다.

변수명	의미	초깃값
i	단	정하지 않음
j	단과 곱하는 수	정하지 않음

- 5행에서 처음 i 값은 1이 된다. i가 9 이하이므로 for 안의 블록을 실행한다. 여기서 두 번째 for를 실행하는데 j 값이 1부터 9가 될 때까지 1씩 증가하며 8행의 printf( )를 실행한다. 따라서 구구단 1단에 대해서 출력이 이루어진다.

  j가 9를 초과하여 안쪽 for가 종료되면 그 다음 문장인 9행이 실행되어 한 줄을 더 띄우게 된다.

- 이제 바깥 for를 한 번 반복한 상태가 된다. i 값이 1 증가되어 2가 되고, i가 9 이하이므로 또다시 9행의 안쪽 for가 실행된다. 이번에는 i가 2이기 때문에 2단이 모두 출력되고, 한 줄을 더 띄운다. 이 동작이 i가 9가 될 때까지 반복하므로 이 프로그램은 1~9단을 출력할 수 있다.

2 중첩 for문의 활용

중첩 for를 이용하면 재미있는 텍스트 도형을 만들 수 있다. 다음 프로그램을 작성하고 실행해 보자.

먼저 실행하기

따라하기

```c
1   #include <stdio.h>
2   main( )
3   {
4      int i, j;
5      for (i = 1; i <= 5; i++)
6      {
7         for (j = 1; j <= i; j++)
8            printf("*");
9         printf("\n");
10     }
11  }
```

실행 결과

```
*
**
***
****
*****
```

→ 위 프로그램을 실행하면 바깥 for문의 변수 i가 안쪽 for문의 반복 조건에 들어가면서 동적인 조건이 형성되어 삼각형을 출력한다.

- 4행에서 다음과 같이 변수 i, j를 선언하였다. i는 행을 의미하고, j는 열을 의미한다.
- 5~10행의 중첩 for문의 구조를 보면 바깥 for문의 i 값이 1에서 5까지 1씩 증가하며, 안쪽 for문의 j 값이 1부터 i 값보다 작거나 같을 동안 1씩 증가하면서 '*'을 출력한다.

■ 동작 순서

i 값	j 값이 실행되는 범위(j <= i)	'*' 출력
1	1	*
2	1, 2	**
3	1, 2, 3	***
4	1, 2, 3, 4	****
5	1, 2, 3, 4, 5	*****

- 9행에서 '\n'은 한 행의 '*'을 출력한 후 줄을 바꾸는 명령이다.

04 break와 continue

break는 반복문을 빠져나갈 때 사용하며 continue는 이후 명령을 실행하지 않고 다시 조건을 판단하는 부분으로 넘어갈 때 사용한다. 다음 프로그램을 작성하고 실행해 보자.

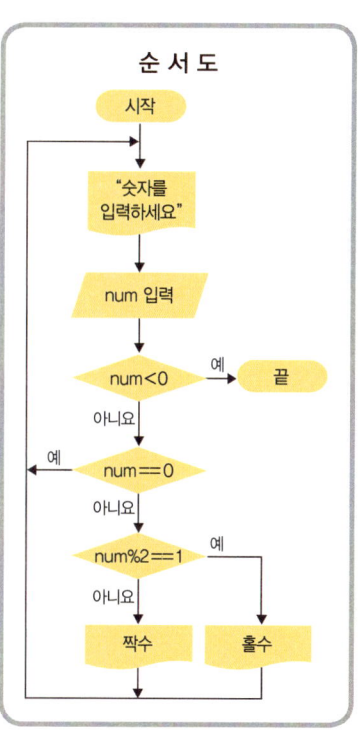

순서도

```
1   #include <stdio.h>
2   main( )
3   {
4      int num;
5      while (1)
6      {
7         printf("숫자를 입력하세요 : ");
8         scanf("%d", &num);
9         if (num < 0) break;
10        if (num == 0) continue;
11        if (num % 2 == 1)
```

```
12          printf("홀수\n");
13      else
14          printf("짝수\n");
15  }
16 }
```

실행 결과

```
숫자를 입력하세요:4
짝수
숫자를 입력하세요:0
숫자를 입력하세요:3
홀수
숫자를 입력하세요:-2

--------------------------
```

→ 위 프로그램을 실행하면 입력한 숫자가 양수일 때 홀수/짝수를 판별하여 출력하고, 0이면 다시 입력을 받고, 음수이면 종료된다.

- 4행에서 scanf에 입력받을 변수 num을 선언한다.
- 5행에서 while(1)의 '1'은 참을 의미한다. 즉, 조건 비교 없이 무조건 참이 된다. 조건이 항상 참이 되므로 이 반복문은 무한 반복하게 된다.
- 7~8행은 입력에 대한 안내와 입력을 받는 부분이다.

1 break문

- 9행에서 입력된 숫자의 값이 음수이면 break를 실행한다. 반복문을 사용할 때 반복 수행 조건이 참이지만 어떤 특정한 조건이 발생하면 반복문을 빠져 나가기 위해 사용하기도 한다.
- break 명령이 실행되면 현재 반복 중인 반복문 한 단계만 탈출한다.

2 continue문

- 10행에서 입력된 숫자의 값이 0이면 continue 명령을 실행한다. continue 명령이 실행되면 continue 이후 명령들은 실행하지 않고, 반복 조건 확인 부분으로 넘어간다. 만약 for문일 경우에는 증감식을 실행하고 반복 조건을 확인한다.
- 11~14행에서 입력된 숫자의 값이 양수일 때 홀수이면 '홀수', 짝수이면 '짝수'를 출력한다.

01 다음은 1부터 1000 사이에서 3의 배수 합을 구하는 프로그램이다. 오른쪽 사각형 안의 밑줄 친 부분을 while문을 사용하여 작성하시오.

```
#include <stdio.h>
main( )
{
   int k, sum = 0;
   for (k = 1; k <= 1000; k++)
   {
     if (k % 3 == 0)
       sum += k;
   }
   printf("합은 = %d", sum);
}
```

```
#include <stdio.h>
main( )
{
   int k, sum = 0;
   _____;
   while (_____)
   {
     if (k % 3== 0)
       sum += k;
     ____;
   }
   printf("합은 = %d", sum);
}
```

02 중첩 for문을 사용하여 다음 왼쪽의 출력 결과와 같은 모양을 출력하는 프로그램을 작성하시오.

출력 결과
*****
*****
*****
*****
*****

```
#include <stdio.h>
main( )
{
   int i, j;
   for (i = 1; _____; i++)
   {
     for (_____; _____; j++)
       _____;
     printf("\n");
   }
}
```

개념 확인하기

03 다음은 무엇에 대한 설명인지 각각 쓰시오.

① 반복문을 중단하고 빠져 나가고 싶을 때 사용하는 명령문은?   (   )

② 반복문 실행 중 계속해서 이후 다음 명령들을 실행하지 않고 다음 조건 확인 부분으로 이동하는 명령은?   (   )

04 다음 중 1부터 10까지의 합을 구하는 프로그램은? (   )

①
```
int i, sum = 0;
for(i=1; i<10; i++)
    sum += i;
printf("%d", sum);
```

②
```
int i, sum = 0;
for(i=10; i>1; i--)
    sum += i;
printf("%d", sum);
```

③
```
int i, sum = 0;
i=1;
while(i<=11)
{
    sum += i;
    i++;
}
printf("%d", sum);
```

④
```
int i, sum = 0;
i=10;
while(i>=1)
{
    i--;
    sum += i;
}
printf("%d", sum);
```

⑤
```
int i, sum = 0;
i=11;
while(i>0)
{
    i--;
    sum += i;
}
printf("%d", sum);
```

Code Up과 함께 하는 문제 해결

문제번호 1152 10보다 작은 수 출력하기

10보다 작은 정수가 입력되면 small을 출력하고, 그 이상의 수가 입력되면 big을 출력하는 프로그램을 작성하시오.

문제번호 1154 큰 수 – 작은 수

정수 두개가 입력으로 들어오면 큰 수 – 작은 수의 값을 출력하는 프로그램을 작성하시오.

문제번호 1155 7의 배수

어떤 정수가 입력되면 그 수가 7의 배수인지 확인하는 프로그램을 작성하시오.

문제번호 1157 특별한 공 던지기 1

슬기는 체육 선생님과 공 던지기로 아이스크림 내기를 하게 됐다. 공을 던져서 50~60m 사이에 들어가면 슬기가 이기고, 그 외의 곳에 공이 떨어지면 체육 선생님이 이기게 규칙을 정했다.
슬기가 던진 공의 위치가 입력으로 주어지면 50 이상 60 이하일 때 'win'을 출력, 그 외에는 'lose'를 출력하시오.

문제번호 1202 등급 판정

시험 점수가 입력되면 그에 맞는 등급을 출력하시오.

등급 기준
90점 이상: A
80점 이상: B
70점 이상: C
60점 이상: D
60점 미만: F

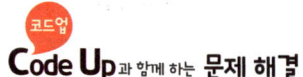

문제번호 1252 1부터 n까지 출력하기

어떤 수 n을 입력받아 1부터 n까지의 숫자를 출력하시오.

문제번호 1260 3의 배수의 합 출력하기

어떤 수 a, b가 주어진다.
a와 b의 관계는 a <= b이다.
a에서 b까지의 수 중 3의 배수의 합을 출력하시오.

문제번호 1080 언제까지 더해야 할까?

1, 2, 3…을 계속 더해나갈 때, 그 합이 입력한 정수보다 같거나 작을 때까지 계속 합하는 프로그램을 작성하시오.
(즉, 1부터 n까지 정수를 계속 합해 간다고 할 때, 어디까지 합해야 같거나 넘어서는지 알아보려는 문제이다.)

문제번호 1353 삼각형 출력하기 1

n이 입력되면 다음과 같은 삼각형을 출력하시오.

예 n이 5이면
```
*
**
***
****
*****
```

문제번호 1081 주사위를 2개 던지면?

하나는 1부터 n까지, 다른 하나는 1부터 m까지 숫자가 적힌 서로 다른 색의 주사위 2개를 던졌을 때 나올 수 있는 모든 경우를 출력하시오.

스스로 점검하기

01 다음 중 흐름을 제어하는 명령문이 아닌 것은?

① if ② while ③ break
④ scanf ⑤ for

02 다음 프로그램의 출력 결과는?

```
#include <stdio.h>
main( )
{
    int a, b, c, m;
    a = 7, b = 5, c = 10;

    if (a>b) m = a;
    else m = b;

    if (c<m) m = c;
    else m = m;

    printf("%d\n", m);
}
```

① 0 ② 5 ③ 7 ④ 10 ⑤ 15

03 다음 프로그램의 출력 결과는?

```
#include<stdio.h>
main( )
{
    int score = 75;
    switch (score / 10)
    {
        case 9 : printf("A"); break;
        case 8 : printf("B"); break;
        case 7 : printf("C"); break;
        case 6 : printf("D"); break;
        default : printf("E");
    }
}
```

① A ② B ③ C ④ D ⑤ E

04 다음 중 1부터 100까지의 합을 구하는 반복문이 아닌 것은? (단, k: 증가 변수, sum: 합을 저장하는 변수, 초깃값: 0)

①
```
k = 1;
while (k <= 100) {
    sum += k;
    k++;
}
```

②
```
k = 0;
do {
    k++;
    sum += k;
} while (k <= 100);
```

③
```
k = 1;
do {
    sum += k;
    k++;
} while (k <= 100);
```

④
```
for(k=1;k<=100;k++)
    sum += k;
```

⑤
```
for(k=100;k<=1;k--)
    sum += k;
```

04 다음 프로그램의 출력 결과로 옳은 것은?

```
#include <stdio.h>
main( )
{
    int i, sum = 0;
    for (i = 1; i <= 100; i++) {
        if (i % 2 == 0)
            sum += i;
    }
    printf("%d\n", sum);
}
```

① 1부터 100까지의 합
② 1부터 100까지의 홀수의 합
③ 1부터 100까지의 짝수의 합
④ 1부터 100까지의 수를 2로 나눈 나머지의 합
⑤ 1부터 100까지의 짝수 출력

CHAPTER 04

배열과 함수

프로그래밍을 통해 해결해야 하는 문제는 일상생활 속에서 만나는 문제다. 따라서 세상의 모습을 왜곡하지 않고 컴퓨터 내부에 저장하고, 효율적으로 처리하기 위한 방법이 필요한데 그것이 바로 배열과 함수이다. 이 단원에서는 동일한 변수 여러 개를 효율적으로 관리하기 위해서 활용할 수 있는 배열에 대해서 안내하고, 함수를 이용하여 프로그램을 작성할 수 있는 법을 다양한 예제를 통하여 소개한다.

SECTION 1 배열과 포인터

동일한 명령을 반복적으로 표현하고 처리할 수 있는 컴퓨터의 특성을 이용하는 대표적인 방법이 바로 배열이다. 배열은 다수의 데이터를 쉽고 편리하게 저장하고 사용할 수 있게 도와주며, 포인터는 배열을 조금 더 편리하게 사용할 수 있게 해준다. 여기에서는 배열을 활용하는 프로그램에 대해서 학습한다.

01 배열의 선언

배열(array)은 종류가 같은 여러 개의 데이터를 처리하기 쉽게 나열한 것을 말한다. 배열은 정수형, 문자형 등 같은 자료형에 배열 이름을 지정하여 선언할 수 있다.

1 배열의 선언-1

배열을 이용하면 배열 이름과 참조 번호(index)를 사용해 편리하게 값을 읽거나 쓸 수 있다. 다음 프로그램을 작성하고 실행해 보자.

먼저 실행하기

따라하기

```
1  #include <stdio.h>
2  main( )
3  {
4      int score[10] = {95, 100, 98, 78, 65, 55, 78, 52, 97, 98};
5      int i;
6      for(i=0; i<10; i++)
7          printf("%d ", score[i]);
8  }
```

> **실행 결과**
>
> ```
> 95  100  98  78  65  55  78  52  97  98
> ----------------------------------------
> ```
>
> → 위 프로그램을 실행하면 score라는 이름의 공간에 10개의 정수를 순서대로 저장하고, 저장되어 있는 내용을 순서대로 참조하여 출력한다.

- 4행에서 정수형 배열을 선언하고 초깃값을 입력하는 배열의 초기화를 실행한다. score[10]으로 선언하면 score라는 이름으로 10개의 변수를 사용할 수 있으며, 0부터 9까지 10개의 변수 score[0], score[1], …, score[8], score[9] 등으로 선언되며 지정한 값으로 초기화된다.

> **배열의 초기화**
> 배열을 선언하고 값을 입력하는 것을 말한다

95	100	98	78	65	55	78	52	97	98
[score0]	[score1]	[score2]	[score3]	[score4]	[score5]	[score6]	[score7]	[score8]	[score9]

- 6~7행은 참조 번호를 이용하여 배열에 저장된 값을 순서대로 출력한다.

■ **배열의 구조**

score는 배열의 이름, [ ] 속의 숫자들은 참조 번호(index)로서, 10개의 방을 가지는 경우 배열의 구조는 아래와 같다.

score[0]	score[1]	score[2]	score[3]	score[4]	score[5]	score[6]	score[7]	score[8]	score[9]

■ **배열의 선언**

> int   score[10];
> ↑   ↑
> 자료형 배열 이름[크기];

배열은 배열의 자료형, 이름, 크기를 이용하여 선언한다.

■ **배열의 초기화**

> int score[10] = {1, 2, 3, 4, 5, 6, 7, 8, 9, 10};
> ↑   ↑   ↑
> 자료형 배열 이름 {첫 번째 원소, 두 번째 원소, … , 마지막 원소};
>   [크기]

만약 배열을 사용하지 않는다면 score1, score2, …, score10과 같이 10개의 변수를 각각 선언해야 하고, 10개의 변수에 각각 저장되어있는 내용을 출력하려면 10개의 printf( ) 함수를 사용해야 한다.

2 배열의 선언-2

배열을 선언한 후 참조 번호를 변수로 하여 반복문으로 활용할 수도 있다. 다음 프로그램을 작성하고 실행해 보자.

먼저 실행하기

따라하기

```
1   #include <stdio.h>
2   main( )
3   {
4       int score[5];
5       int i, sum = 0;
6       for(i=0; i<5; i++)
7       {
8           printf("%d번 학생의 프로그래밍 성적을 입력하시오. : ", i+1);
9           scanf("%d", &score[i]);
10      }
11      for(i=0; i<5; i++)
12          sum += score[i];
13      printf("합계 : %d\n", sum);
14      printf("평균 : %.2lf\n", (double)sum/5);
15  }
```

실행 결과

```
1번 학생의 프로그래밍 성적을 입력하시오. : 86
2번 학생의 프로그래밍 성적을 입력하시오. : 98
3번 학생의 프로그래밍 성적을 입력하시오. : 76
4번 학생의 프로그래밍 성적을 입력하시오. : 100
5번 학생의 프로그래밍 성적을 입력하시오. : 94
합계 : 454
평균 : 90.80
```

→ 위 프로그램을 실행하면 5명의 성적을 차례로 입력받아 배열에 저장한 후, 저장된 값들을 순서대로 읽어서 합과 평균을 계산하고 출력한다.

• 6~10행에서 5회의 입력을 배열과 반복문을 사용하여 하나의 scanf( ) 함수로 입력받는다.

- 8행에서 사용한 printf( ) 함수에서 i가 아닌 i+1을 사용한 이유는 C 언어 배열의 참조 번호는 0부터 시작되고, 학생의 번호는 1부터 시작되기 때문이다.
- 11~12행에서 배열과 반복문을 활용하여 5명 학생들의 성적의 합을 구한다.
- 14행에서 평균이 실수형으로 계산될 수 있도록 double형으로 형 변환을 하고, 소수점 이하 둘째 자리까지 실수로 출력한다.

3 배열의 선언-3

문자열은 char형 배열, 널(null) 문자, 서식 지정자 등을 이용하여 다룰 수 있다. 다음 프로그램을 작성하고 실행해 보자.

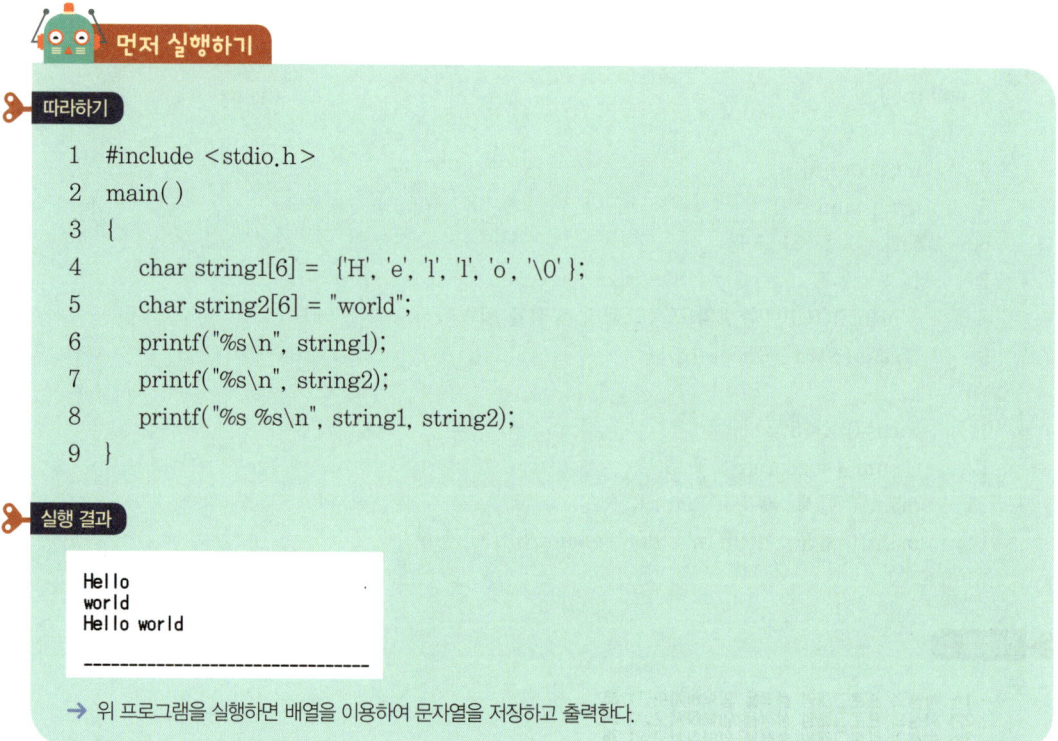

따라하기

```
1   #include <stdio.h>
2   main( )
3   {
4       char string1[6] = {'H', 'e', 'l', 'l', 'o', '\0' };
5       char string2[6] = "world";
6       printf("%s\n", string1);
7       printf("%s\n", string2);
8       printf("%s %s\n", string1, string2);
9   }
```

실행 결과

```
Hello
world
Hello world
```

→ 위 프로그램을 실행하면 배열을 이용하여 문자열을 저장하고 출력한다.

- 4행에서는 문자형 배열을 이용하여 문자열을 저장하는 방법을 보여준다. 배열로 문자열을 저장하고 처리하기 위해서는 마지막에 문자열의 마지막임을 나타내는 문자 '\0'을 반드시 넣어주어야 하는데, '\0'을 널(null) 문자라고 하며 C 언어에서 문자열의 끝을 나타내는 기호로 사용된다.
- 5행에서 큰따옴표(" ")를 이용하여 문자 배열을 초기화하며, 마지막에 자동으로 널(null) 문자를 추가한다.

- 6행에서 printf( ) 함수는 %s 형태로 출력하는데, 이때 %s는 문자의 줄(string)을 의미하고, 널(null) 문자가 나올 때까지 문자를 계속 출력한다. 널문자는 '\0', 0, NULL 등으로 표현하며 같은 의미를 가진다. 따라서 4행을 다음과 같이 두 가지 형태로 변경할 수 있다.

  ```
  char string1[6] = {'H', 'e', 'l', 'l', 'o', NULL};
  char string1[6] = {'H', 'e', 'l', 'l', 'o', 0};
  ```

- 6~8행에서 문자형 배열 string1, string2에 저장되어 있는 문자열을 서식 지정자 %s를 이용하여 출력한다. 문자 1개를 나타내는 서식 지정자 %c를 이용하여 출력하는 방법도 가능하다. 따라서 6행을 다음과 같이 작성해도 된다.

  ```
  for(i=0; string1[i]!=NULL; i++)
      printf("%c", string1[i]);
  ```

일반적으로 문자열 전체를 출력할 때는 %s를 사용하고, 문자열에 저장되어 있는 특정 문자만을 골라 출력할 경우에는 %c를 활용할 수 있다.

4 배열의 선언-4

배열을 이용하면 문자열을 전체적으로 입력받고 출력할 수 있으므로 편리하다. 다음 프로그램을 작성하고 실행해 보자.

먼저 실행하기

따라하기

```
1  #include <stdio.h>
2  main( )
3  {
4      char string[10];
5      printf("당신의 이름은 무엇입니까? : ");
6      scanf("%s", string);
7      printf("안녕하세요 %s님\n", string);
8  }
```

문자열 배열의 크기
배열에 문자열을 저장할 때에는 마지막 널(null) 문자를 저장하기 위한 공간 1Byte를 더 생각해야 한다.

scanf와 '&'
scanf( ) 함수로 서식 지정자 %s를 이용하여 문자열을 입력받을 때는 배열 이름을 쓰고 그 앞에 변수가 사용하는 주소를 의미하는 '&'를 붙이지 않는다. 배열 이름은 그 배열의 '첫 번째 원소의 주소'를 의미하기 때문이다.

실행 결과

```
당신의 이름은 무엇입니까? : KOREA
안녕하세요 KOREA님
------------------------------
```

→ 위 프로그램을 실행하면 scanf( ) 함수를 이용하여 char형 배열에 문자열을 입력받고, 서식 지정자 %s를 이용하여 출력한다.

02 배열의 활용

배열을 이용하면 같은 형태의 데이터 집합을 손쉽게 다룰 수 있으며 개수만큼 주소와 공간을 할당하므로 많은 양의 데이터를 읽거나 저장하는 작업 등을 손쉽게 할 수 있다.

1 배열의 활용-1

여러 데이터가 저장되어 있을 경우 가장 큰 값이나 작은 값 등을 구할 때 배열과 반복문을 활용하면 편리하다. 다음 프로그램을 작성하고 실행해 보자.

따라하기

```c
1  #include <stdio.h>
2  main( )
3  {
4      int score[5];
5      int i, max=0;
6      for(i=0; i<5; i++)
7      {
8          printf("%d번 학생의 프로그래밍 성적을 입력하시오. : ", i+1);
9          scanf("%d", &score[i]);
10     }
11     for(i=0; i<5; i++)
12         if(max<score[i])
13             max=score[i];
14     printf("최고 점수 : %d\n", max);
15 }
```

실행 결과

```
1번 학생의 프로그래밍 성적을 입력하시오. : 96
2번 학생의 프로그래밍 성적을 입력하시오. : 98
3번 학생의 프로그래밍 성적을 입력하시오. : 100
4번 학생의 프로그래밍 성적을 입력하시오. : 77
5번 학생의 프로그래밍 성적을 입력하시오. : 89
최고 점수 : 100
```

→ 위 프로그램을 실행하면 5명의 성적을 차례로 입력받아 배열에 저장하고, 저장된 점수들 중에서 가장 높은 점수를 출력한다.

- 11~13행에서 배열에 저장된 값들 중 최댓값을 구하는 방법으로 반복문을 이용한다. max는 처음에 0으로 초기화되어 있고 max 값보다 큰 score[i] 값이 있으면 max 값을 score[i] 값으로 바꾼다. score[ ] 배열에 저장되어 있는 값들을 순서대로 모두 비교하고 나면 max에는 score[0]부터 score[4]까지의 값들 중 가장 큰 값이 저장된다.

score[ ] 배열의 값 중 음(-)의 값이 존재한다면, 실행 결과가 예상과 다를 수 있다. 이러한 문제를 해결하기 위해서는 변수 max의 선언 위치를 10행과 11행 사이로 바꾸고, 초깃값을 score[0]의 값으로 정하는 방법이 있다.

2 배열의 활용-2

2차원 배열은 1차원 배열 안에 다시 1차원 배열을 넣은 것과 비슷하다. 2차원 배열은 표 형태로 값을 처리하기 위해 주로 사용된다. 다음 프로그램을 작성하고 실행해 보자.

먼저 실행하기

따라하기

```
1   #include <stdio.h>
2   main( )
3   {
4     int A[3][2] = { {100, 100}, {90, 86}, {89, 98}};
5     int i, j;
6     for(i=0; i<3; i++)
7     {
8       for(j=0; j<2; j++)
9         printf("%d ", A[i][j]);
10      printf("\n");
11    }
12  }
```

> **실행 결과**
>
> ```
> 100 100
>  90  86
>  89  98
> ```
> ------------------------------
>
> → 위 프로그램을 실행하면 처음에 2차원으로 배열을 선언한 후 배열의 내용이 주어진 값으로 초기화되고, 배열의 모든 내용을 출력한다.

- 4행에서 2차원 배열을 선언하고 주어진 값으로 배열을 채운다.
- 6~11행에서 2차원 배열의 내용을 2중 반복 구조를 이용하여 행과 열을 맞추어 출력한다. i는 행, j는 열을 의미한다.

■ 2차원 배열의 초기화

 형식

```
자료형 배열 이름[행 크기][열 크기] = {
 { 첫 번째 행의 첫 번째 원소, ……, 첫 번째 행의 마지막 원소},
 { 두 번째 행의 첫 번째 원소, ……, 두 번째 행의 마지막 원소},
};
```

■ 2차원 배열의 초기화 방법

int A[3][2] = {100, 100, 90, 86, 89, 98}; 또는 {{100, 100}, {90, 86}, {89, 98}};

[3행 2열의 2차원 배열의 참조 번호]		[초기화 후의 배열 내용]	
A[0][0]	A[0][1]	100	100
A[1][0]	A[1][1]	90	86
A[2][0]	A[2][1]	89	98

3 배열의 활용-3

배열과 반복문, 수식 등을 이용하면 표 형태로 구성되어 있는 자료의 계산 작업을 손쉽게 할 수 있다. 다음 프로그램을 작성하고 실행해 보자.

 먼저 실행하기

따라하기

```
1   #include <stdio.h>
2   main( )
3   {
4     int A[4][2], s, i, j;
5     for(i=0; i<4; i++)
6     {
7       printf("%d번 학생의 수학, 프로그래밍 성적을 입력하시오. : ", i+1);
8       for(j=0; j<2; j++)
9         scanf("%d", &A[i][j]);
10    }
11    for(i=0; i<4; i++)
12    {
13      s=0;
14      printf("%d번 학생 점수 : ", i+1);
15      for(j=0; j<2; j++)
16        s += A[i][j];
17      printf("%d\n", s);
18    }
19  }
```

실행 결과

```
1번 학생의 수학, 프로그래밍 성적을 입력하시오. : 85 100
2번 학생의 수학, 프로그래밍 성적을 입력하시오. : 76 84
3번 학생의 수학, 프로그래밍 성적을 입력하시오. : 96 88
4번 학생의 수학, 프로그래밍 성적을 입력하시오. : 100 98
1번 학생 점수 : 185
2번 학생 점수 : 160
3번 학생 점수 : 184
4번 학생 점수 : 198
```

→ 위 프로그램을 실행하면 4행 2열의 2차원 배열을 선언하여 4명의 학생들의 수학 점수, 프로그래밍 점수를 입력받아서 각 점수와 학생들의 총점을 출력한다.

- 5~10행에서 2중 for문을 이용하여 2차원 배열의 각 원소의 자료를 입력한다.
- 11~18행에서 2중 for문을 이용하여 학생들의 총점을 구한다.

- 15행에서 사용된 s는 각 학생들의 합계를 구하기 위한 변수로 13행의 s=0;이 실행될 때마다 0으로 초기화한다.

03 포인터와 포인터 변수

포인터(pointer)는 데이터가 저장된 메모리상의 주소를 말하며, 배열 이름이나 첨자를 대신할 때 사용한다. 포인터 변수는 포인터를 저장할 수 있는 변수이며, 포인터 변수를 이용하면 다른 변수의 값에 접근할 수 있다. 포인터 변수의 자료형은 포인터 변수가 가리키는 변수의 자료형과 같아야 한다.

1 포인터 변수의 활용-1

프로그램에서는 변수에 값을 쓰거나 읽기 위해 포인터 변수를 이용하는데 포인터를 이용한다. 다음 프로그램을 작성하고 실행해 보자.

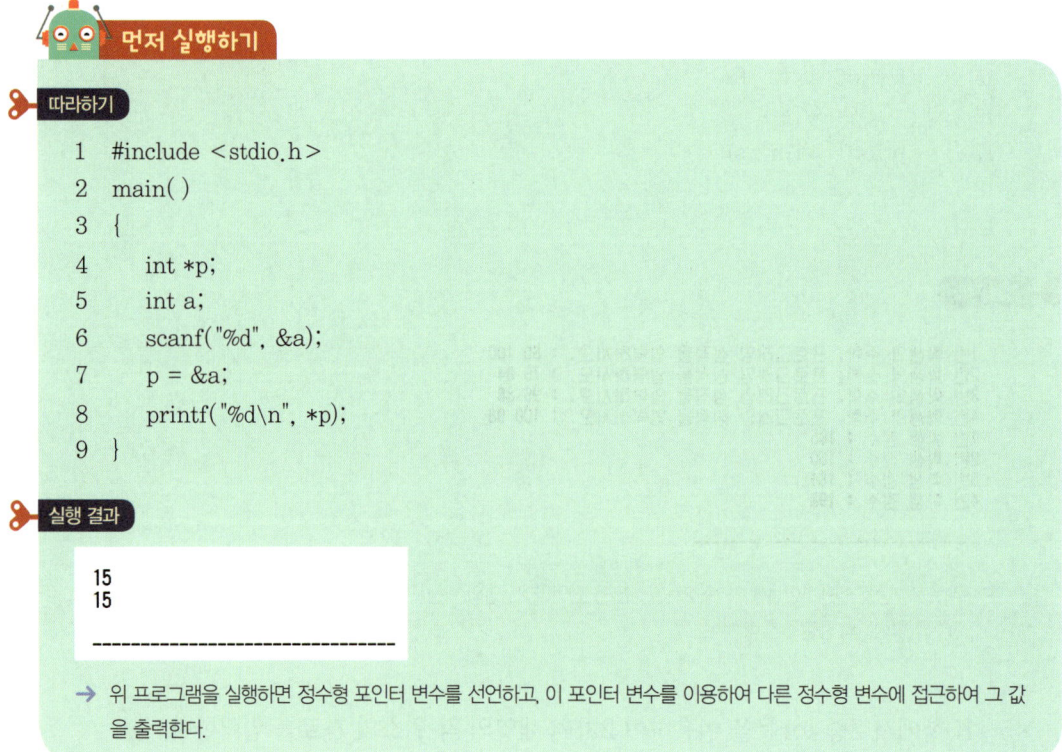

```
1  #include <stdio.h>
2  main( )
3  {
4      int *p;
5      int a;
6      scanf("%d", &a);
7      p = &a;
8      printf("%d\n", *p);
9  }
```

실행 결과
```
15
15
```

→ 위 프로그램을 실행하면 정수형 포인터 변수를 선언하고, 이 포인터 변수를 이용하여 다른 정수형 변수에 접근하여 그 값을 출력한다.

- 4행은 정수형 포인터 변수를 선언하는 부분이다.
- 7행에서 변수 a의 주소인 &a를 포인터 변수 p에 저장한다. 이렇게 하면 정수형 포인터 p는 변수 a의 주소를 가지게 된다.
- 8행에서 *p를 출력하는데, *p는 포인터 변수가 가리키는 주소에 저장된 값을 의미하므로 a에 저장된 값인 15가 출력된다.

■ 포인터 변수 선언의 문법 요소

> • 포인터 변수의 선언
>
> 자료형 *변수명;
>
> 예 int형 포인터 p : int *p;
> float형 포인터 p : float *p;
> double형 포인터 p : double *p;
> 정수형 배열의 포인터 p : int (*p)[크기];

2 포인터 변수의 활용-2

배열의 원소에 접근하려면 배열 이름과 참조 번호를 이용해야 하지만 포인터를 이용하면 배열 이름을 사용하지 않고도 배열에 접근하여 데이터를 읽거나 쓸 수 있다. 다음 프로그램을 작성하고 실행해 보자.

```
1   #include <stdio.h>
2   main( )
3   {
4       int *p, i;
5       int a[5] = {100, 78, 95, 66, 96};
6       p=a;
7       for(i=0; i<5; i++)
8          printf("%d ", a[i]);
9       printf("\n");
10      for(i=0; i<5; i++)
11         printf("%d ", *(p+i));
```

```
12    printf("\n");
13 }
```

실행 결과

```
100 78 95 66 96
100 78 95 66 96
--------------------------------
```

→ 위 프로그램을 실행하면 정수형 포인터 p를 이용하여 a[ ] 배열의 모든 원소에 접근하여 배열에 저장된 값을 출력한다.

- 6행에서 배열의 첫 번째 요소가 사용하는 주소를 포인터 변수에 저장한다. 배열의 이름은 그 자체가 배열이 사용하는 첫 번째 요소의 주소 값이므로 '&' 연산자를 사용하지 않고도 직접 포인터 변수에 할당할 수 있다.
- 7~8행은 배열 이름과 첨자를 이용하여 배열에 저장된 값을 출력한다.
- 10~11행은 포인터를 이용하여 배열에 접근하는 과정으로 출력 결과는 같다.

다음과 같이 배열의 이름을 포인터처럼 사용해도 같은 결과가 출력된다.

```
for(i=0; i<5; i++)
   printf("%d", a[i]);
printf("\n");
for(i=0; i<5; i++)
   printf("%d", *(a+i));
```

배열의 이름은 포인터와 동일한 형태로 이용할 수 있으며, 포인터를 이용하여 배열과 동일한 형태로 사용할 수 있다. 즉, 배열의 이름은 일종의 포인터로 볼 수 있다.

포인터! 왜 사용하는 거죠?

모든 변수는 메모리, 즉 주기억장치 내의 특정 공간의 집합을 뜻한다. 이러한 변수의 사용을 위해서는 변수가 저장될 공간의 주소를 알아야 한다. 메모리가 일정한 크기의 셀로 구분되어 있고, 고유의 주소가 할당되어 있기 때문이다.

▼ 메모리 공간의 할당

셀 주소(address)	셀	변수
00000…000		
00000…001	0 0 0 0 0 0 0 0	
00000…010	0 0 0 0 0 0 0 0	int a = 3;
00000…011	0 0 0 0 0 0 0 0	
00000…100	0 0 0 0 0 0 1 1	
…		

셀의 고정 크기는 시스템마다 차이가 있으나, C 언어와 UNIX 시스템의 개발 이후에 대체로 1Byte 체제를 따르고 있다. 따라서 변수는 프로그래머의 요청에 의해 이러한 셀 공간을 1개 또는 여러 개 결합하여 할당한 셀 집합이라고 할 수 있다.

포인터(pointer)란 변수의 이름 또는 배열의 첨자 대신에 사용할 수 있는 셀 주소이고, 포인터 변수는 이러한 주소를 저장하고 있는 변수이다. 따라서 포인터 변수는 변수나 배열의 이름을 이용하여 메모리 공간에 접근하기가 까다로운 경우에 효과적으로 활용이 가능하다.

▼ 포인터를 사용하는 이유

- 배열과 문자열의 처리를 유연하게 할 수 있음
- 주소에 의한 함수 호출과 구조체 및 동적 메모리 기법의 활용이 가능함
- 포인터를 사용하지 않으면 표현이 불가능한 경우가 존재함

포인터를 사용하면 소스 코드의 가독성이 떨어지고, 논리적 오류가 발생할 가능성이 있다는 단점이 있다. 그래서 모든 언어가 포인터를 사용할 수 있는 것은 아니다. 그러나 포인터의 개념과 목적을 이해한다면 여러 상황에서 매우 효율적인 프로그래밍이 가능하다.

01 다음 프로그램은 10개의 자료를 입력받아 출력하는 프로그램이다. ①, ②에 공통으로 들어갈 알맞은 내용을 쓰시오.

```
#include <stdio.h>

main( )
{
   int A[10], i;
   for(i=0; (    ①    ); i++)
     scanf("%d", &A[i]);
   for(i=0; (    ②    ); i++)
     printf("%d", A[i]);
}
```

02 2차원 배열 A를 ㉮와 같이 선언하고, 초기화하려고 한다. ㉯의 빈칸에 알맞은 값을 쓰시오.

㉮

A	2	4	6
	8	10	12

㉯

int A[ ][ ] = {   };

03 다음 프로그램의 실행 결과를 쓰시오.

```c
#include <stdio.h>
main( )
{
    char A[10]="Hello!!";
    printf("%s%c", A, A[6]);
}
```

04 다음 프로그램의 실행 결과를 쓰시오.

```c
#include <stdio.h>
main( )
{
    int *p;
    int a=10, b=20;
    p=&a;
    p=&b;
    printf("%d", a+b+(*p));
}
```

SECTION 2 함수

함수는 배열처럼 어떤 집합을 만들고 이를 대표하는 이름을 정한 후에 그 이름을 이용하여 집합 내부의 원소를 처리한다는 점에서 비슷하다. 배열에서의 원소가 자료라면, 함수에서의 원소는 명령이라는 점만 다를 뿐이다. 여기에서는 함수를 작성하고 활용하는 방법을 학습한다.

01 함수의 정의 및 호출

함수(function)를 이용하여 프로그램을 작성하면 여러 가지 장점이 있다. 다음 프로그램을 작성하고 실행해 보자.

먼저 실행하기

따라하기

```
1   #include <stdio.h>
2   int f(int a, int b)
3   {
4      if(a>b) return a;
5      else return b;
6   }
7
8   main( )
9   {
10     int a, b;
11     scanf("%d %d", &a, &b);
12     printf("%d\n", f(a, b));
13  }
```

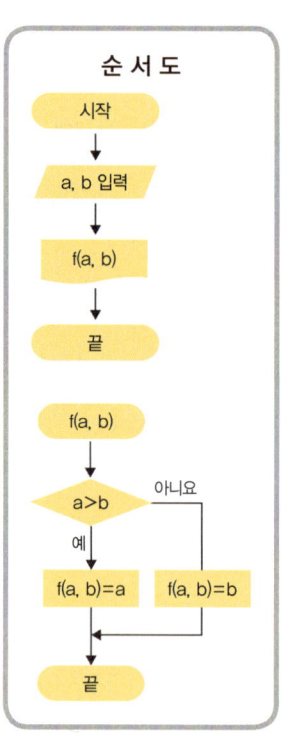

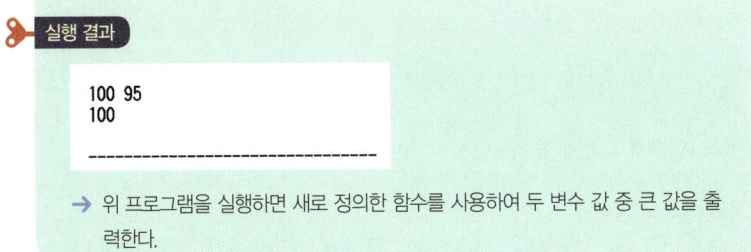

> **실행 결과**
> ```
> 100  95
> 100
> ```
> ------------------------------
> → 위 프로그램을 실행하면 새로 정의한 함수를 사용하여 두 변수 값 중 큰 값을 출력한다.

- 2~6행은 f( ) 함수를 정의한 부분이다. 함수는 반드시 사용하기 전에 정의해야 하므로 프로그램의 위쪽에 먼저 작성한다.
- 12행에서 f(a, b) 부분은 함수를 실행시키는 부분으로 "함수를 호출한다."라고 말한다. 함수가 호출되면 괄호 속의 값 a, b가 함수에게 전달되어 프로그램의 실행 단계가 함수로 넘어간다.

호출된 f( )에서는 main( ) 함수에서와 마찬가지로 위에서 아래로 순차적으로 실행되며 return 문을 만나면 함수를 호출했던 원래 부분으로 복귀한다. return문이 없으면 함수의 마지막 명령까지 모두 실행한 후 복귀한다.

return 명령을 통해 함수 실행의 결과 값을 되돌려 줄 수 있는데, 돌려주는 값의 자료형에 따라 int형, double형 등으로 작성하고 void형일 경우에는 아무런 값도 반환하지 않는 것을 나타낸다.

f( ) 함수에 100과 95가 입력되면 두 수 중에 더 큰 수인 100이 출력된다.

1 함수의 정의

함수는 어떤 기능을 수행하는 작은 단위의 프로그램이다. 일반적으로 스프레드시트 등의 프로그램에서 활용하는 함수와 유사하기 때문에 다양한 용도로 활용할 수 있다. 표준 라이브러리로 제공되는 함수들도 있지만, 사용자가 직접 새로운 함수를 만들어 사용할 수도 있다.

2 함수의 기능

함수는 어떤 값을 입력받아 결과를 출력하거나 동작을 수행하는 등의 기능이 있다. C 언어에는 함수를 통해 출력되는 값의 자료형에 따라 int형 함수, double형 함수, char형 함수, void형 함수 등 다양한 형의 함수가 존재한다.

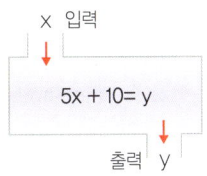

■ 함수의 문법 요소

- 함수의 원형(prototype) 선언

  함수의 형(반환값 형) 함수의 이름 (인수형 1, 인수형 2, ······);

  예) int f(int, int); 또는 int f(int a, int b);

■ 함수의 장점

- 프로그램을 어떤 일들을 수행하는 여러 개의 함수로 작성할 수 있다.
- 함수별로 오류를 처리할 수 있으므로 디버깅이 용이하다.
- 같은 내용이 반복되는 경우를 한 번에 작성할 수 있으므로 편리하다.
- 함수 단위로 작업할 수 있으므로 큰 프로그램을 만들기 쉽다.
- 함수를 재귀적으로 정의하면 복잡할 것 같은 프로그램도 간단히 작성할 수 있다.

02 함수의 활용

함수를 사용하면 반복되는 과정을 간단하게 해결할 수 있다. 또한 배열, 포인터 등을 함께 이용하면 복잡한 프로그램도 손쉽게 작성할 수 있다.

1 함수의 활용-1

지정한 개수만큼 점수를 입력한 후 함수와 조건문을 이용하여 최댓값을 구할 수 있다. 다음 프로그램을 작성하고 실행해 보자.

따라하기

```
1  #include <stdio.h>
2  int f(int a, int b)
3  {
4    if(a>b) return a;
5    else return b;
```

```
 6  }
 7  main( )
 8  {
 9     int a, b, c;
10     scanf("%d %d %d", &a, &b, &c);
11     printf("%d\n", f(a, f(b, c)));
12  }
```

실행 결과

```
75 100 96
100
```

→ 위 프로그램을 실행하면 두 수를 비교하여 큰 수를 구하는 동작을 반복하여 세 수 중 가장 큰 수를 출력한다.

- 2~6행의 내용은 f( ) 함수에 대한 정의 부분으로 전달 받은 두 정수 중에서 큰 값을 돌려주는 내용이다.
- 11행에서 f(a, f(b, c))와 같이 함수를 호출하는 경우 실행 과정을 살펴보면 다음과 같다.

1단계	f(a, f(b, c)) → 함수의 초기 상태
2단계	f(75, f(100, 96)) → 변수값 대입
3단계	f(75, 100) → f(100, 96)의 결과인 100이 반환
4단계	100 → f(75, 100)의 결과인 100이 반환

결국 f(a, f(b, c)) 호출의 결과는 a, b, c 중 가장 큰 값이 된다.

2 함수의 활용-2

점수를 비교하는 작업 등과 같이 한 작업을 여러 번 반복 실행할 경우 배열과 함수로 구성하면 프로그램을 작성하기가 쉬워진다. 다음 프로그램을 작성하고 실행해 보자.

먼저 실행하기

따라하기

```
1  #include <stdio.h>
2  int f(int a, int b)
3  {
4     if(a<b) return b;
```

```
5      else return a;
6   }
7   main( )
8   {
9      int score[10]={18, 77, 68, 54, 99, 15, 56, 97, 64, 48};
10     int i, max=0;
11     for(i=0; i<10; i++)
12        max=f(max, score[i]);
13     printf("%d\n", max);
14  }
```

실행 결과

```
99
------------------------------
```

→ 위 프로그램을 실행하면 10개의 정수형 데이터를 가진 배열 요소 중에서 가장 큰 값을 출력한다.

배열의 초깃값이 18, 77, 68, 54, 99, 15, 56, 97, 64, 48이므로 실행 결과 99가 출력된다. 이 경우 f( ) 함수를 반복문으로 10번 호출하여 처리한다.

- 2~6행은 두 정수값 중에서 큰 값을 돌려주는 f( ) 함수의 정의이다.
- 11~12행은 가장 큰 값을 구하기 위해 현재까지 구한 가장 큰 값을 max와 score[ ]의 값들과 비교하여 max보다 큰 값을 max 값에 저장하면서 갱신한다. 11~12행을 통해 max 값이 갱신되는 과정은 다음과 같다.

1단계	max = 0, max < 18 (결과 참, max가 18로 갱신)
2단계	max = 18, max < 77 (결과 참, max가 77로 갱신)
3단계	max = 77, max < 68 (결과 거짓, max 갱신 안 됨)
4단계	max = 77, max < 54 (결과 거짓, max 갱신 안 됨)
5단계	max = 77, max < 99 (결과 참, max가 99로 갱신)
6단계	max = 99, max < 15 (결과 거짓, max 갱신 안 됨)
7단계	max = 99, max < 56 (결과 거짓, max 갱신 안 됨)
8단계	max = 99, max < 97 (결과 거짓, max 갱신 안 됨)
9단계	max = 99, max < 64 (결과 거짓, max 갱신 안 됨)
10단계	max = 99, max < 48 (결과 거짓, max 갱신 안 됨)

3 함수의 활용-3

함수와 포인터를 이용하여 두 값을 교환할 수 있다. 다음 프로그램을 작성하고 실행해 보자.

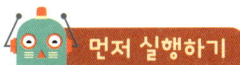 먼저 실행하기

따라하기

```
1   #include <stdio.h>
2   void f(int *a, int *b)
3   {
4      int t;
5      t = *a;
6      *a = *b;
7      *b = t;
8   }
9   main( )
10  {
11     int a, b;
12     scanf("%d %d", &a, &b);
13     f(&a, &b);
14     printf("%d %d\n", a, b);
15  }
```

실행 결과

```
100 36
36 100
```

→ 위 프로그램을 실행하면 함수를 이용해 두 변수에 저장되어 있는 값을 서로 바꾸어 출력한다.

- 3~8행은 두 변수 a, b의 주소에 저장되어 있는 값을 t를 이용하여 교환한다. 이 때 a, b는 정수형 포인터이므로 그 값을 참조할 때는 *a, *b와 같은 형태로 사용한다.
- 13행은 함수를 호출하는 부분으로, 함수에서 사용하는 값이 정수형 포인터 값이므로 변수의 주소인 &a, &b를 전달한다.

만약 call by value로 함수를 호출하면 100과 36을 입력했을 때 100과 36이 그대로 출력된다. 그 이유는 a, b의 값만 전달되어 값이 바뀌기 때문에 실제 변수 a, b에는 반영되지 않기 때문이다.

■ 함수의 값 전달 방식

call by value	함수를 호출할 때 변수에 저장되어 있는 값 자체를 전달하는 방식
call by reference	변수가 사용하는 주소값을 전달하는 방식

4 함수의 활용-4

함수와 배열, 포인터 등을 이용하여 값을 비교하여 정렬시킬 수 있다. 다음 프로그램을 작성하고 실행해 보자.

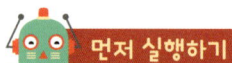

따라하기

```
1   #include <stdio.h>
2   void f(int *a, int *b)
3   {
4      int t;
5      t = *a;
6      *a = *b;
7      *b = t;
8   }
9   main( )
10  {
11     int A[5]={66, 84, 79, 93, 48};
12     int i, j;
13     for(i=0; i<4; i++)
14        for(j=i+1; j<5; j++)
15           if(A[i]>A[j])
16              f(&A[i], &A[j]);
17     for(i=0; i<5; i++)
18        printf("%d", A[i]);
19  }
```

실행 결과

```
48 66 79 84 93
```

→ 위 프로그램은 배열에 저장되어 있는 5개 원소들의 값을 순차적으로 비교하여 배열에 오름차순으로 정렬한 결과를 출력한다. 두 변수에 저장되어 있는 값을 call by reference로 교환하는 함수 f( )가 포함되어 있다.

- 입력값이 66, 84, 79, 93, 48일 경우 출력 결과는 48, 66, 79, 84, 93이 된다.
- 13~16행은 반복을 이용하여 0번째 값부터 4번째 값까지의 순서로 각각 다시 1번째 값부터 5번째 값까지 비교해 반복적으로 교환한다. 단계별로 값이 교환되는 과정은 다음과 같다.

초기 상태(i=0)	66 84 79 93 48
1단계(i=1)	48 84 79 93 66
2단계(i=2)	48 66 84 93 79
3단계(i=3)	48 66 79 93 84
4단계(i=4)	48 66 79 84 93

03 재귀 호출

함수가 자기 자신을 다시 호출하는 것을 재귀 호출(recursive call)이라고 하며, 재귀 호출에 사용되는 함수를 재귀 함수라고 한다. 재귀 함수를 사용하면 반복적이거나 연결성을 가지는 결과를 출력할 수 있으며 변수를 최대한 줄여서 프로그램의 오류를 줄일 수 있다.

1 재귀 호출과 재귀 함수

재귀 호출은 반복문으로 표현할 수 있는 모든 문제를 해결할 수 있으며, 반복문으로 해결하기 어려운 문제도 간단히 해결할 수 있다. 다음 프로그램을 작성하고 실행해 보자.

```
1  #include <studio.h>
2  int f(int n)
3  {
4     int fact=1;
5     if(n==1)
6        fact=1;
7     else
8        fact=f(n-1)*n;
9     return fact;
```

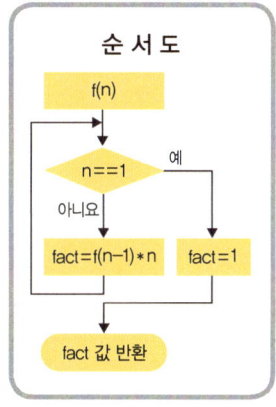

```
10  }
11  main( )
12  {
13      int n;
14      scanf("%d", &n);
15      printf("%d\n", f(n));
16  }
```

실행 결과

```
10
3628800
```

→ 위 프로그램을 실행하면 n!을 재귀 함수를 만들어 출력한다. 10!은 1부터 10까지의 곱인 3628800을 출력한다.

- 2~10행에서 재귀 함수의 동작을 10으로 입력했을 때 답을 구하는 과정을 분석해 보면 다음과 같다.

```
f(10)
= f(9) * 10
= ( f(8) * 9 ) * 10
= ( ( f(7) * 8 ) * 9 ) * 10
= ( ( ( f(6) * 7 ) * 8 ) * 9 ) * 10
= ( ( ( ( f(5) * 6 ) * 7 ) * 8 ) * 9 ) * 10
= ( ( ( ( ( f(4) * 5 ) * 6 ) * 7 ) * 8 ) * 9 ) * 10
= ( ( ( ( ( ( f(3) * 4 ) * 5 ) * 6 ) * 7 ) * 8 ) * 9 ) * 10
= ( ( ( ( ( ( ( f(2) * 3 ) * 4 ) * 5 ) * 6 ) * 7 ) * 8 ) * 9 ) * 10
= ( ( ( ( ( ( ( ( 1 * 2 ) * 3 ) * 4 ) * 5 ) * 6 ) * 7 ) * 8 ) * 9 ) * 10
= 3628800
```

2 재귀 호출의 활용-1

재귀 함수를 이용하여 수의 계산이 아닌 특정 패턴의 반복적 출력을 수행할 수 있다. 다음 프로그램을 작성하고 실행해 보자.

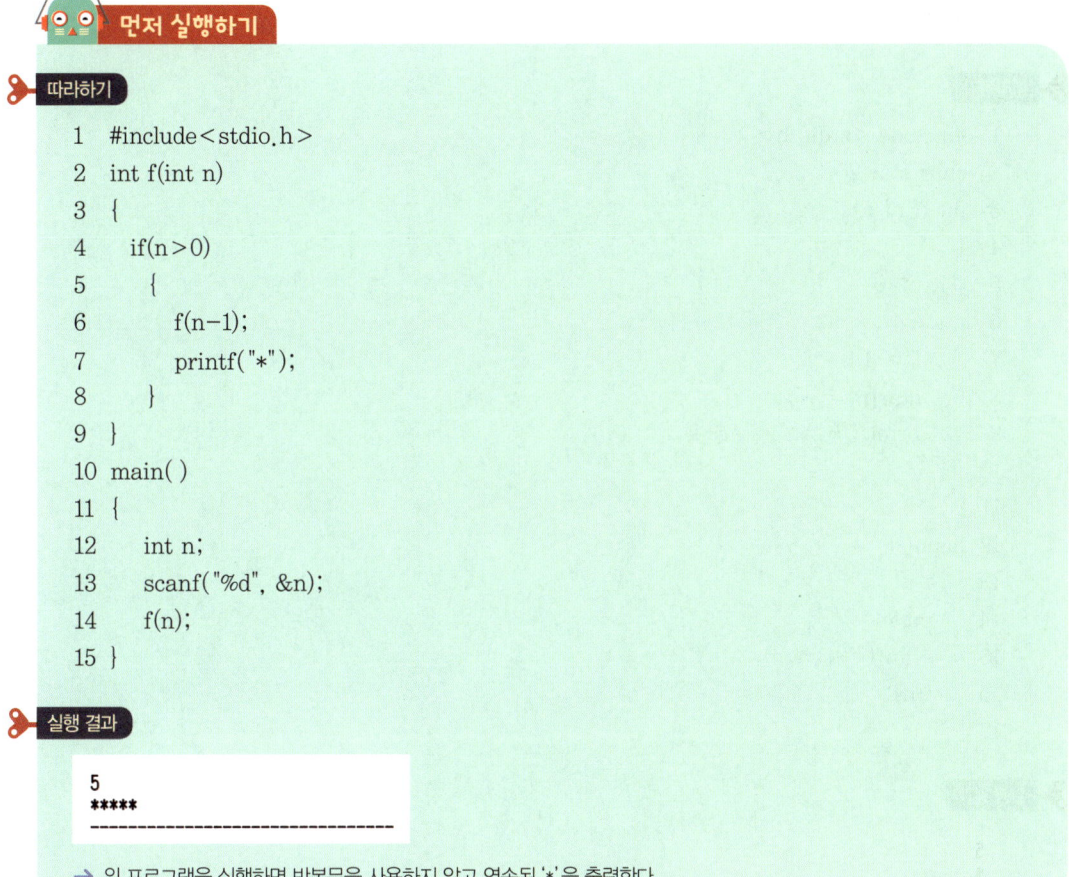

따라하기

```
1   #include<stdio.h>
2   int f(int n)
3   {
4      if(n>0)
5      {
6         f(n-1);
7         printf("*");
8      }
9   }
10  main( )
11  {
12     int n;
13     scanf("%d", &n);
14     f(n);
15  }
```

실행 결과

```
5
*****
```

→ 위 프로그램을 실행하면 반복문을 사용하지 않고 연속된 '*'을 출력한다.

- 4~8행에서 n이 0보다 크면 f(n-1)을 호출하고, f(n-1)의 호출이 끝나면 하나의 '*'을 출력한다. 다시 f(n-2)를 호출하고 f(n-2)의 호출이 끝나면 하나의 '*'을 출력한다.

이와 같은 과정이 재귀적으로 계속 반복되는데, f(0)이 호출되면 아무것도 실행하지 않고 복귀한다. 따라서 f(n)을 호출하면 '*'를 n개 출력한 결과를 얻을 수 있다.

3 재귀 호출의 활용-2

서식 지정자를 이용하여 패턴을 반복하면서 원하는 모양을 만들 수 있다. 다음 프로그램을 작성하고 실행해 보자.

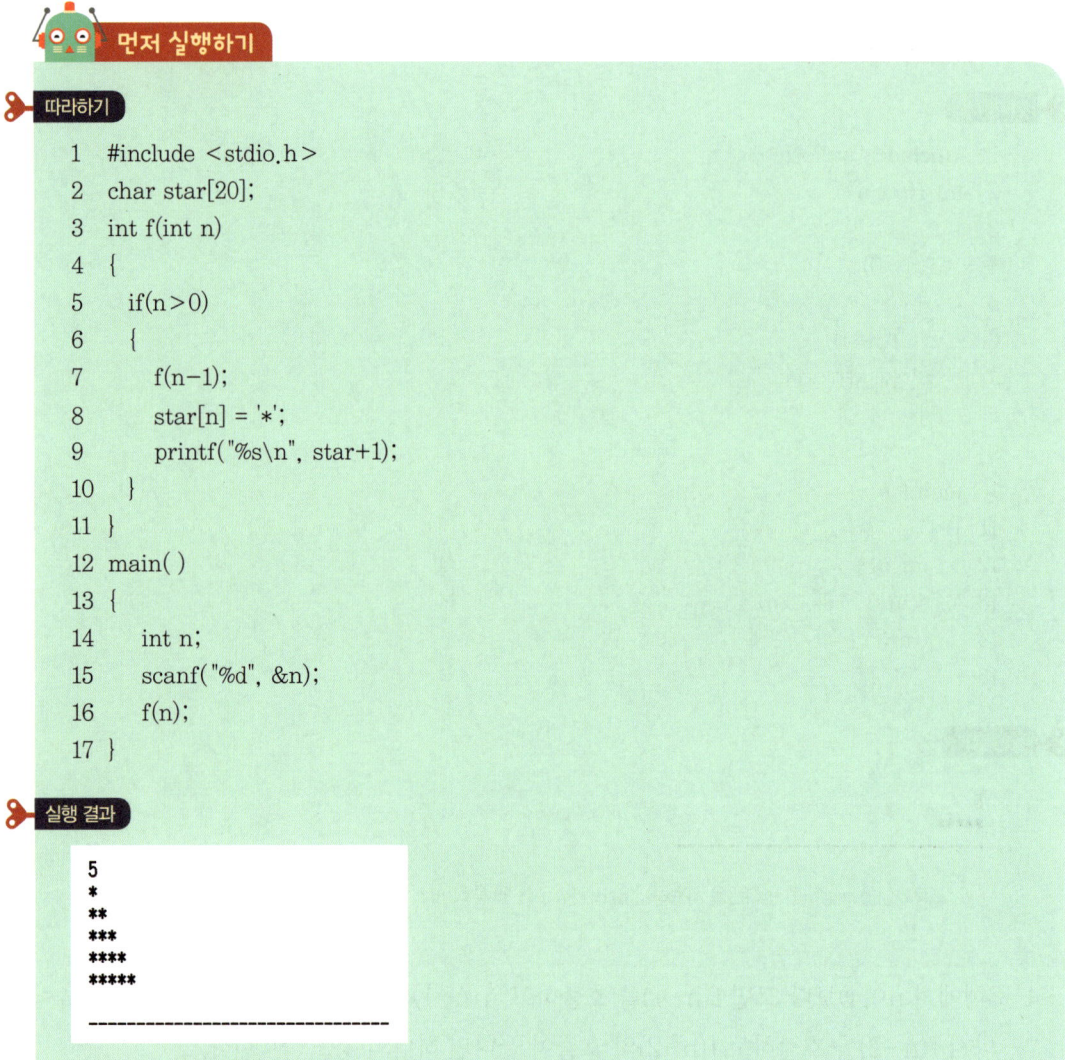

따라하기

```
1   #include <stdio.h>
2   char star[20];
3   int f(int n)
4   {
5      if(n>0)
6      {
7         f(n-1);
8         star[n] = '*';
9         printf("%s\n", star+1);
10     }
11  }
12  main( )
13  {
14     int n;
15     scanf("%d", &n);
16     f(n);
17  }
```

실행 결과

```
5
*
**
***
****
*****
```

→ 위 프로그램을 실행하면 반복문을 사용하지 않고 별 삼각형을 출력한다.

- 5행에서 n이 음수일 경우에 대해서는 아무것도 그리지 않고 재귀 호출을 종료한다.
- 7행에서 f(n)을 그리기 위해서 f(n-1)을 재귀 호출한다. 즉 이미 f(n-1)이 그려져 있다고 가정한다.
- 8행은 '*' 모양 n개를 그리기 위해서 문자열의 n번째 공간에 '*'를 저장한다.
- 9행은 서식 지정자 '%s'를 이용하여 star[1]번 방의 내용부터 문자열 형태로 출력한다.

■ n 값의 변화에 따른 star 배열의 변화

n	star 0	1	2	3	4	5	6	7	8	9
n=1	0	'*'	0	0	0	0	0	0	0	0
n=2	0	'*'	'*'	0	0	0	0	0	0	0
n=3	0	'*'	'*'	'*'	0	0	0	0	0	0
n=4	0	'*'	'*'	'*'	'*'	0	0	0	0	0
n=5	0	'*'	'*'	'*'	'*'	'*'	0	0	0	0

따라서 star를 각 n의 값일 때 '%s'로 출력하면 원하는 모양을 만들 수 있다.

재귀 함수 f(n)의 구조는 다음과 같다.

```
void f(n)
{
    f(n-1);
    printf("*** …… **"); // n개의 별 모양 출력
}
```

f(5)를 호출하면 f(4)를 재귀 호출하므로 다음과 같이 f(4)의 결과가 이미 그려져 있다고 가정한 후, 별 '****'를 그린다.

```
*
**
***
****
```

■ 재귀 함수를 이용한 문제 해결 과정(설계 과정)

① 함수를 명확하게 정의한다.

   예 f(n) = "1부터 n까지의 합"

② f(n)을 구하기 위해 f(k)의 모든 값을 알고 있다고 가정하고 f(n)을 구한다.

   예 f(n) = f(n−1) + n

> f(n) = 1 + 2 + ⋯ + n−1 + n
> f(n−1) = 1 + 2 + ⋯ + n−1
>
> 따라서 f(n−1) 값을 직접 구하지 않고 이미 알고 있다고 가정한다. 그러면 f(n−1)의 값에 n을 더하여 f(n)이 되므로 문제를 해결할 수 있다.

③ 재귀 함수의 종료 조건을 명확히 설정한다.

   예 f(1) = 1

> 재귀 호출에 의해 f(n) → f(n−1) → f(n−2) → ⋯ 순으로 호출한다.
> 만약 f(1) = 1과 같이 직접적으로 종료 조건(반복 횟수 제한)을 설정하지 않으면 무한 재귀에 빠져서 문제를 해결할 수 없다.

01 다음 프로그램의 실행 결과를 쓰시오.

```c
#include <stdio.h>
int f(int n)
{
  int i, sum = 0;
  for(i=1; i<=n; i++)
    sum+=i;
  return sum;
}
main( )
{
   printf("%d", f(f(4)));
}
```

02 int f(int a, int b)는 두 수 중 더 작은 수를 구하기 위한 함수이다. 다음 함수 f( )를 완성하시오(단, 두 값이 같다면 '-1'을 반환한다).

```c
int f(int a, int b)
{

}
```

03 다음 프로그램의 실행 결과를 쓰시오.

```
#include <stdio.h>
main( )
{
    int *a;
    int b=10;
    a=&b;
    printf("%d\n", *a);
}
```

04 다음은 재귀 함수를 이용하여 1부터 n까지의 합을 구하고자 한다. 빈칸을 채우시오.

```
#include <stdio.h>
int f(int n)
{




}
main( )
{
    int n = 20;
    printf("%d\n", f(n));
}
```

Code Up과 함께 하는 문제 해결

문제번호 1402 거꾸로 출력하기 3

데이터의 개수가 n개 들어오고, 이 n개의 데이터를 거꾸로 출력하는 프로그램을 작성하시오.

문제번호 1407 문자열 출력하기 1

길이(글자 수)가 100 이하인 문자열을 입력받아 공백을 제거하고 출력하시오.

문제번호 1403 배열 두 번 출력하기

k개의 숫자를 입력받고 그 숫자들을 두 번 출력하시오.

예) 입력
2
5 7

출력
5
7
5
7

문제번호 1505 2차원 배열 채우기 3(달팽이 배열)

n이 입력되면 크기가 n인 다음과 같은 2차원 배열을 출력하시오.

예) 입력
3

출력
1 2 3
8 9 4
7 6 5

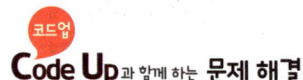

문제번호 1570 void형 함수

이 문제는 Hello?를 출력하는 함수를 구현하는 문제다. 다음 조건을 참고해서 함수 본체만 작성하시오.

- 함수명: f
- 매개 변수(parameter): 없음
- 반환 형(return type): 없음
- 함수 내용: Hello?를 출력하는 함수 구현

문제번호 1571 절댓값 함수 1

이 문제는 절댓값 함수를 구현하는 문제다. 다음 조건을 참고해서 함수 본체만 작성하시오.

- 함수명: myabs
- 매개 변수(parameter): 정수형(int) 1개
- 반환 형(return type): 정수형(int)
- 함수 내용: 절댓값을 구하는 함수 구현

문제번호 1572 최댓값 함수

이 문제는 최댓값 함수를 구현하는 문제다. 다음 조건을 참고해서 함수 본체만 작성하시오.

- 함수명: mymax
- 매개 변수(parameter): 정수형(int) 2개
- 반환 형(return type): 정수형(int)
- 함수 내용: 두 정수 중 큰 값을 구하는 함수 구현

문제번호 1575 원의 넓이

이 문제는 원의 넓이를 구하는 함수를 구현하는 것이다. 다음 조건을 참고해서 함수 본체만 작성하시오.

- 함수명: circle
- 매개 변수(parameter): 반지름(r)을 나타내는 정수형(int) 변수 1개
- 반환 형(return type): 실수형(float)
- 함수 내용: 원의 넓이를 구하는 함수 구현(원의 넓이=3.14×r×r)

01
다음은 배열 a[ ]의 원소 중 최솟값을 출력하는 프로그램이다. 빈칸에 알맞은 코드를 넣으시오.

```
#include <stdio.h>
#define SIZE 5
int f(int n, int a[ ])
{
   if(n == 1) return a[0];
   return f(n-1, a) < (    ) ? f(n-1, a) : a[n-1];
}
main(void)
{
    int a[SIZE] = {15, 37, 26, 0, 99};
    printf("%d", f(SIZE, a));
}
```

① a[n−1] ② a[n] ③ a[n+1]
④ f(n, a) ⑤ f(n+1, a)

02
다음 프로그램의 실행 결과는?

```
#include <stdio.h>
void f(int n)
{
   int i;
   if(n == 1) printf("*");
   else
   {
     f( n-1 );
     for(i = 0; i < n; i++) printf("*");
   }
   printf("\n");
}
main()
{
  f(5);
}
```

① *　　　② *　　　③ *
　*　　　　**　　　　**
　*　　　　***　　　***
　*　　　　**　　　　****
　*　　　　*　　　　*****
④ *****　⑤ *****
　****　　*****
　***　　　*****
　**　　　　*****
　*　　　　　*****

[3~4] 다음 프로그램을 보고 물음에 답하시오.

```
#include <stdio.h>
int f(int a, int b)
{
  if(a>b) return a;
  else return b;
}
main( )
{
   int score[10]={-18,-77,-68,-54,-99,-15,-56,-97,-64,-48};
   int i, max=0, temp=0;
   for(i=0; i<10; i++)
   {
      temp+=i;
      max=f(max, score[i]);
   }
   printf("%d\n", temp);  // ㉠
   printf("%d\n", max);   // ㉡
}
```

03
㉠에서 출력한 결과는 얼마인가?

① 0 ② −18 ③ −48 ④ −596 ⑤ 45

04
㉡에서 출력한 결과는 얼마인가?

① 0 ② −15 ③ −97 ④ −9 ⑤ 99

지금까지 C 언어를 이용하여 프로그래밍 방법을 학습한 것을 바탕으로 주어진 문제의 해결에 도전해 보자. 문제를 해결하기 위해 작성한 프로그램이 올바르게 동작하는지 온라인 저지를 이용하여 테스트할 수 있다. 자, 그럼 시작해보자!

PART

2

코드업과 함께 하는
문제 해결

01 보안 카드 접수증 (코드업 문제 번호: 1109)

철수는 대기업의 중요한 업무를 처리하는 부서에 근무하게 되었다. 이 기업은 정보 유출을 막기 위해 근무 장소에 들어갈 때 보안 카드로 신분을 확인한다.

첫 출근을 한 철수는 보안 카드를 등록하기 위해 보안 카드 자동 등록기에 다음과 같은 정보를 입력해야 한다.

이름, 나이, 부서 코드, 보안키

위 정보가 모두 입력되면 기계에서 보안 카드 접수증을 출력해 주는데, 다음과 같이 이름, 나이, 부서 코드, 보안키를 순서대로 줄을 바꿔 출력해야 한다.

```
mark
20
A
3.154
```

이 조건을 만족하는 프로그램을 작성하시오.

★ **입력 조건**

① 첫째 줄에 이름을 입력한다(영문자 20 문자 이내).
② 다음 줄에 나이를 입력한다(정수).
③ 다음 줄에 부서 코드 A, B, C 중 하나를 입력한다(영문자).
④ 다음 줄에 보안키를 입력한다(실수).

★ **출력 조건**

출력 형식에 맞게 출력한다.

★ **입출력 예시**

예시 번호	입력	출력	설명
1	mark 20 A 3.154	mark 20 A 3.154	순서대로 출력한다.

★ **실행 결과**

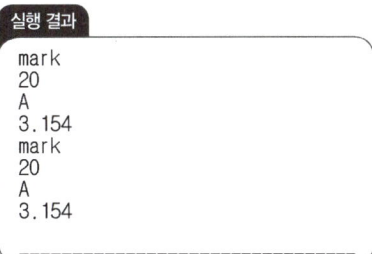

★ **문제 해결**

문제 해결을 위한 순서도와 소스 코드를 작성한 후 실행해 보자.

02 정수 계산기 (코드업 문제 번호: 1126)

 **문제 제시**

철수는 정수 두 개를 입력하면 두 수 사이의 기본 연산이 자동으로 이루어지는 프로그램을 제작하고 싶다.

기본 연산이란 더하기, 빼기, 곱하기, 나누기, 나머지 연산을 말한다.

두 정수의 기본 연산을 출력하는 정수 계산기를 제작하시오.

★ **입력 조건**

두 정수 a, b를 공백으로 분리하여 입력한다.

★ **출력 조건**

다음 형식으로 출력한다. a, b, c, d, e, f, g는 실제 계산에 사용되는 수를 의미한다.

```
a + b = c
a − b = d
a * b = e
a / b = f
a % b = g
```

★ **입출력 예시**

예시 번호	입력	출력	설명
1	5 2	5 + 2 = 7 5 − 2 = 3 5 * 2 = 10 5 / 2 = 2 5 % 2 = 1	두 정수에 대한 계산 결과를 출력한다.

입·출력

★ **실행 결과**

실행 결과 1
```
10 7
10 + 7 = 17
10 - 7 = 3
10 * 7 = 70
10 / 7 = 1
10 % 7 = 3
_____
```

실행 결과 2
```
100 8
100 + 8 = 108
100 - 8 = 92
100 * 8 = 800
100 / 8 = 12
100 % 8 = 4
_____
```

★ **문제 해결**

문제 해결을 위한 순서도와 소스 코드를 작성한 후 실행해 보자.

순서도	소스 코드

02 정수 계산기

03 성적 계산하기 (코드업 문제 번호: 1127)

 문제 제시

철수는 매번 시험을 치고 나면 자신의 성적을 기록해 놓고 기말고사가 끝나면 중간고사, 기말고사, 수행 평가의 점수를 반영 비율에 맞게 합산하는 등 매우 꼼꼼하게 성적을 관리한다.

해당 과목의 반영 비율을 알고 있고 각각의 점수를 알고 있다면 점수는 다음과 같이 계산할 수 있다.

	중간고사	기말고사	수행 평가
반영 비율	30%	30%	40%
받은 점수	86	90	85

$$0.3 \times 86 + 0.3 \times 90 + 0.4 \times 85 = 86.8$$

이런 방법으로 전 과목의 점수를 계산해야 한다. 일일이 계산하기 어려우므로 철수는 이 과정을 프로그래밍하기로 하였다. 반영 비율과 점수를 알고 있을 때 각 과목의 점수를 계산하는 프로그램을 작성하시오.

★ **입력 조건**

① 반영 비율과 받은 점수를 입력한다.
② 입력 순서는 중간고사 반영 비율, 중간고사 점수, 기말고사 반영 비율, 기말고사 점수, 수행 평가 반영 비율, 수행 평가 점수 순이다.
③ 반영 비율은 실수형, 각 점수는 정수형으로 입력한다.

★ **출력 조건**

결과를 실수로 출력하되 소수 첫째 자리까지 출력한다.

★ 입출력 예시

예시 번호	입력	출력	설명
1	0.3 86 0.3 90 0.4 85	86.8	점수를 계산한다.
2	0.4 80 0.4 95 0.2 45	79.0	

★ 실행 결과

실행 결과 1
```
0.3 50
0.4 80
0.3 92
74.6
_____
```

실행 결과 2
```
0.4 92
0.4 87
0.2 54
82.4
_____
```

★ 문제 해결

문제 해결을 위한 순서도와 소스 코드를 작성한 후 실행해 보자.

순서도	소스 코드

03 성적 계산하기

04 사주보기 (코드업 문제 번호: 1162)

어느 시골마을에 한 사주 카페가 있었다. 이 카페의 점쟁이는 사람들을 유혹하는 엄청난 화술을 가지고 있어서, 이 카페는 늘 이 점쟁이에게 사주를 보려는 사람들로 북적였다. 하지만 이 점쟁이는 전문적으로 사주에 대해 배운 적이 없는 가짜 점쟁이였다.

이 가짜 점쟁이가 사주를 보는 방법은 다음과 같다.

[조건]
❶ 출생 연도 − 월 + 일의 마지막 자리 숫자가 0이면 '대박' 사주
❷ 출생 연도 − 월 + 일의 마지막 자리 숫자가 0이 아니면 '그럭저럭' 사주

이 점쟁이가 사주를 보는 방법으로 결과를 출력하는 프로그램을 작성하시오.

★ **입력 조건**

연도, 월, 일을 입력한다.

★ **출력 조건**

프로그램의 조건에 따라 '대박' 또는 '그럭저럭'을 출력한다.

★ **입출력 예시**

예시 번호	입력	출력	설명
1	1902 2 10	대박	(1902−2+10)의 마지막 자리 숫자는 0
2	1996 3 21	그럭저럭	(1996−3+21)의 마지막 자리 숫자는 4
3	1998 5 5	그럭저럭	(1998−5+5)의 마지막 자리 숫자는 8

★ **실행 결과**

실행 결과 1
```
1999  2  19
그럭저럭
_____
```

실행 결과 2
```
2000  10  10
대박
_____
```

★ **문제 해결**

문제 해결을 위한 순서도와 소스 코드를 작성한 후 실행해 보자.

순서도	소스 코드

05 3개의 터널 통과하기 (코드업 문제 번호: 1230)

지원이는 높이가 170cm인 최신식 SUV 차를 구입하였다. 지원이는 이 차를 타고 3개의 터널을 차례대로 지나갈 것이다. 그런데 터널들의 높이가 각각 다르고, 간혹 아주 낮은 터널도 있어서 지원이의 SUV 차로 지나가면 충돌이 일어난다.

3개의 터널 높이를 차례대로 입력하여 SUV 차가 터널을 무사히 지나갈 수 있다면 'PASS', 충돌이 일어난다면 'CRASH'를 출력하고, 가장 먼저 충돌하는 터널 높이도 출력하는 프로그램을 작성하시오.

★ **입력 조건**

첫 번째 터널 높이, 두 번째 터널 높이, 세 번째 터널 높이를 차례대로 입력한다.

★ **출력 조건**

터널을 무사히 통과하면 'PASS'를 출력하고, 충돌이 일어나면 'CRASH 터널 높이'를 출력한다 (차의 높이인 170cm도 충돌하는 것으로 본다.).

조건문

★ 입출력 예시

예시 번호	입력	출력	설명
1	171 173 180	PASS	세 터널을 무사히 통과함
2	161 180 110	CRASH 161	첫 번째 터널에서 충돌이 일어남
3	176 150 120	CRASH 150	두 번째 터널에서 충돌이 일어남
4	171 180 170	CRASH 170	세 번째 터널에서 충돌이 일어남

★ 실행 결과

실행 결과 1
```
199 298 300
PASS
```

실행 결과 2
```
180 160 150
CRASH 160
```

★ 문제 해결

문제 해결을 위한 순서도와 소스 코드를 작성한 후 실행해 보자.

순서도	소스 코드

05 3개의 터널 통과하기

06 이 달은 며칠까지 있을까? (코드업 문제 번호: 1214)

철수와 영희는 한 사람이 특정 월(month)을 지목하면 나머지 사람이 그 달의 마지막 날이 며칠인지 알아맞히는 게임을 하였다. 두 사람 모두 처음엔 서툴렀지만 게임을 계속하다 보니 금방 익숙해졌다. 그래서 게임 규칙을 조금 어렵게 바꿔 연도와 월을 이야기하면 그 달의 마지막 날이 며칠인지 알아맞히기로 하였다.

이 규칙이 어려운 이유는 2월에 윤달이 있기 때문이다. 2월이 29일인 연도를 윤년이라고 하는데, 윤년의 조건은 다음과 같다.

조건 1: 400의 배수인 해는 모두 윤년이다.
조건 2: 4의 배수인 해들 중 100의 배수가 아닌 해들은 모두 윤년이다.

연도와 월을 알고 있을 때 그 달의 마지막 날을 구하는 프로그램을 작성하시오

〈참고〉 월별 마지막 날

1월	2월	3월	4월	5월	6월	7월	8월	9월	10월	11월	12월
31	28/29	31	30	31	30	31	31	30	31	30	31

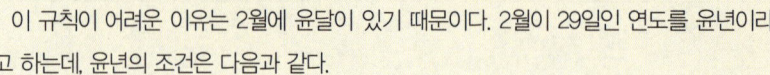

★ **입력 조건**

연도와 월을 입력한다.

★ **출력 조건**

그 달의 마지막 날이 며칠인지 알리는 문구를 출력한다. 단, 윤년인 경우도 계산하여 출력한다.

조건문

★ 입출력 예시

예시 번호	입력	출력	설명
1	2014 10	31	2014년 10월은 31일까지 있음
2	2015 11	30	2015년 11월은 30일까지 있음
3	2009 2	28	2009년 2월은 28일까지 있음
4	2008 2	29	2008년 2월은 윤년이므로 29일까지 있음

★ 실행 결과

실행 결과 1
```
2014  10
31
```

실행 결과 2
```
2015  2
28
```

★ 문제 해결

문제 해결을 위한 순서도와 소스 코드를 작성한 후 실행해 보자.

순서도	소스 코드

06 이 달은 며칠까지 있을까? **203**

07 30분 전 (코드업 문제 번호: 1173)

초등학교 2학년 주현이는 시간을 계산하는 프로그래밍 방법을 수업 시간에 배우고 있다. 선생님은 시간을 계산하는 방법을 학생들에게 가르치면서 문제를 냈다.

"10시 20분의 30분 전은 몇 시 몇 분일까요?"

몇몇 학생들은 바로 정답을 얘기했지만 바로 대답하지 못하는 학생들이 훨씬 많았다. 그래서 선생님은 어떤 시간의 30분 전의 시간을 정확히 계산하는 프로그램을 다음 수업시간까지 공부해 오라고 했다. 프로그래밍을 잘하는 주현이가 이 문제를 풀고자 한다.

시간과 분이 주어지면 30분 전의 시간을 계산해주는 프로그램을 작성하시오(시간은 24시간제를 사용하므로, 0시 0분~23시 59분까지 사용할 수 있음).

★ 입력 조건

시간과 분을 공백으로 분리하여 차례대로 입력한다.

★ 출력 조건

입력된 시간의 30분 전의 시간과 분을 출력한다.

★ 입출력 예시

예시 번호	입력	출력	설명
1	12 35	12 5	12시 35분의 30분 전은 12시 5분
2	12 10	11 40	12시 10분의 30분 전은 11시 40분
3	0 20	23 50	0시 20분의 30분전은 23시 50분

조건문

★ **실행 결과**

실행 결과 1
```
6 35
6 5
_____
```

실행 결과 2
```
0 10
23 40
_____
```

실행 결과 3
```
12 20
11 50
_____
```

★ **문제 해결**

문제 해결을 위한 순서도와 소스 코드를 작성한 후 실행해 보자.

순서도	소스 코드

07 30분 전

08 구간의 수 출력하기 (코드업 문제 번호: 1253)

프로그래밍 공부를 열심히 하고 있는 주현이는 반복문인 for 명령을 배우고 나니 자신의 실력이 부쩍 향상된 것 같았다. 그동안 1부터 100까지 출력하려면 일일이 printf 명령을 이용하여 출력했기 때문이다.

주현이는 프로그램을 일반화하기 위해 두 수를 입력받아 두 수 사이의 모든 정수를 출력하려고 한다. 그런데 두 수를 입력할 때 첫 번째 입력하는 수가 더 크면 결과가 나오지 않는다는 사실을 알게 되었다. 이 문제를 해결하기 위해 주현이는 고민에 빠졌다.

어떤 두 수 a, b가 입력되었을 때, 두 수 사이의 모든 정수를 오름차순으로 출력하는 프로그램을 작성하시오(예를 들어 a=5, b=10이면 5 6 7 8 9 10 이 출력되고, a=10, b=5인 경우에도 5 6 7 8 9 10이 출력되어야 함).

★ **입력 조건**

두 정수 a, b를 입력한다. a, b 중 어떤 수가 큰 지 알 수 없다.

★ **출력 조건**

a부터 b까지 정수를 공백으로 분리해 출력한다.

★ **입출력 예시**

예시 번호	입력	출력	설명
1	1 5	1 2 3 4 5	1 ~ 5
2	12 7	7 8 9 10 11 12	7 ~ 12
3	10 10	10	10 ~ 10

반복문

★ **실행 결과**

실행 결과 1
```
1 10
1 2 3 4 5 6 7 8 9 10
_____
```

실행 결과 2
```
24 14
14 15 16 17 18 19 20 21 22 23 24
_____
```

★ **문제 해결**

문제 해결을 위한 순서도와 소스 코드를 작성한 후 실행해 보자.

순서도	소스 코드

08 구간의 수 출력하기

09 가장 큰 운동장 (코드업 문제 번호: 1289)

주현이네 학교에서 축구대회가 열릴 예정이다. 그런데 본교 학생 수가 많아서 되도록 큰 운동장이 필요하다. 학교 근처에는 축구를 할 수 있는 운동장이 3개 있는데, 각 운동장의 가로와 세로의 길이는 홈페이지를 통해 알 수 있다.

3개의 운동장 중 가장 넓은 운동장의 넓이를 구하는 프로그램을 작성하시오.

★ **입력 조건**

가로와 세로의 정수 길이를 3세트 입력받는다(단, 길이는 1000 이하의 양의 정수값).

★ **출력 조건**

넓이가 가장 넓은 운동장의 넓이를 출력한다.

★ **입출력 예시**

예시 번호	입력	출력	설명
1	10 10 9 12 13 8	108	두 번째 9 * 12=108이 가장 넓다.
2	1 1 2 2 2 2	4	2 * 2=4가 가장 넓으며 4인 것이 2개 있다.

★ 실행 결과

실행 결과 1
```
10 10
9 12
13 8
108
_____
```

실행 결과 2
```
1 1
2 2
2 2
4
_____
```

★ 문제 해결

문제 해결을 위한 순서도와 소스 코드를 작성한 후 실행해 보자.

순서도	소스 코드

09 가장 큰 운동장

10 대금 만들기 (코드업 문제 번호: 1290)

문제 제시

최고의 대금을 만들 수 있는 대나무가 발견되었다. 이 대나무를 최고의 악기로 만들기 위해서는 대나무를 자를 때, 다음과 같은 조건을 만족해야 한다.

대나무의 원래 길이를 n이라고 할 때, 이 대나무를 어떤 길이로 잘랐을 때 이 길이가 n의 약수이면 이 대나무는 좋은 소리를 내는 악기가 될 수 있다(단, 반드시 한 번 이상은 잘라야 대금을 만들 수 있음).

대나무의 원래 길이가 주어질 때, 좋은 소리를 내는 서로 다른 대나무 조각의 수를 구하는 프로그램을 작성하시오.

★ 입력 조건

대나무의 길이를 하나의 정수로 입력한다.

★ 출력 조건

좋은 대금의 종류의 수를 출력한다.

★ 입출력 예시

예시 번호	입력	출력	설명
1	10	3	1, 2, 5의 좋은 대금이 가능
2	9	2	1, 3의 좋은 대금이 가능

반복문

★ **실행 결과**

실행 결과 1
```
10
3
_____
```

실행 결과 2
```
9
2
_____
```

★ **문제 해결**

문제 해결을 위한 순서도와 소스 코드를 작성한 후 실행해 보자.

순서도	소스 코드

01 바이러스 백신 (코드업 문제 번호: 1291)

최근 무서운 감기 바이러스들이 유행처럼 번지고 있다. 최근 유행인 바이러스는 모두 3가지 종류로 각 바이러스들은 모두 1000 이하의 자연수로 표현된다.

여러분은 3가지 바이러스 감염을 예방할 수 있는 백신을 개발해야 한다. 백신도 1000 이하의 자연수로 표현되며, 만약 바이러스의 값이 백신의 값으로 나누어떨어지면 백신으로 바이러스 감염을 예방할 수 있다.

백신의 개발비는 백신의 숫자가 작을수록 비싸다. 즉 백신 3과 백신 2가 있다면 백신 3의 가격이 더 저렴하므로 개발하는 데 이득이다.

3가지 바이러스 감염을 예방할 수 있는 가장 싼 백신을 개발하는 프로그램을 작성하시오.

★ **입력 조건**

세 정수값이 오름차순으로 입력된다(각 값들은 바이러스의 번호를 의미).

★ **출력 조건**

가장 값싼 백신의 번호를 출력한다(번호가 클수록 백신의 가격이 쌈).

★ **입출력 예시**

예시 번호	입력	출력	설명
1	10 20 30	10	10은 세 가지 바이러스 감염을 모두 예방할 수 있으며 가장 큰 값이다.
2	3 5 7	1	1로만 세 가지 바이러스 감염을 모두 예방할 수 있다.

★ **실행 결과**

실행 결과 1
```
10 20 30
10
_____
```

실행 결과 2
```
3 5 7
1
_____
```

★ **문제 해결**

문제 해결을 위한 순서도와 소스 코드를 작성한 후 실행해 보자.

순서도	소스 코드

12 범인을 잡아라 1 (코드업 문제 번호: 1292)

한적한 시골마을에 도둑이 들었다. 이 도둑은 마을의 재산을 훔쳐가다 마을 사람들에게 들켜 도망쳤다. 그런데 급하게 도망치느라 도둑의 신발이 마을에 남게 되었다.

마을 사람들은 도둑의 신발에서 DNA를 추출하여 분석했다. 그 결과 도둑 DNA의 특징은 DNA의 모든 숫자의 합을 7로 나눈 나머지가 4라는 사실을 알아냈다.

다음 날 경찰이 도둑으로 의심되는 사람을 검거하여 그들의 DNA 샘플을 가져왔다. 3명의 DNA 샘플을 분석하여 이 자가 도둑인지 아닌지를 판단하여 만약 도둑이라면 '용의자(suspect)', 아니면 '일반인(citizen)'을 출력하는 프로그램을 작성하시오.

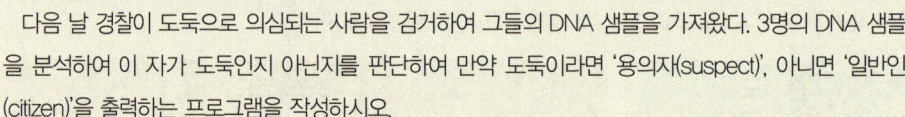

★ 입력 조건

길이가 10자리로 구성된 10진수를 입력한다.

★ 출력 조건

프로그램의 조건에 따라 '용의자(suspect)' 또는 '일반인(citizen)'을 출력한다.

★ 입출력 예시

예시 번호	입력	출력	설명
1	1234567890	citizen	모든 자릿수의 합은 45, 45를 7로 나눈 나머지는 3
2	1234567891	suspect	모든 자릿수의 합은 46, 46을 7로 나눈 나머지는 4이므로 용의자

★ 실행 결과

실행 결과 1
```
1234567890
citizen
_____
```

실행 결과 2
```
1234567891
suspect
_____
```

★ 문제 해결

문제 해결을 위한 순서도와 소스 코드를 작성한 후 실행해 보자.

순서도	소스 코드

13 시저의 암호 (코드업 문제 번호: 1675)

문제 제시

암호학에서 시저 암호(Caesar cipher)는 가장 오래된 암호 중 하나이면서 가장 대표적인 대치(substitution) 암호로서, 원문 문자를 다른 문자로 일대일 대응시켜 암호문을 만들어 낸다.

시저 암호는 알파벳을 3글자씩 밀려서 쓰면서 문장을 만드는 방식이다. 실제 시저는 그의 부하인 브루투스에게 암살되기 전에 키케로에게 다음과 같은 암호문을 보냈다고 한다.

qhyhu wuxvw euxwxv(암호문)
never trust brutus(원문: 브루투스를 절대 믿지 마라)

암호문을 원문으로 바꾸는 원리는 간단하다. 암호문에 쓰인 알파벳보다 3만큼 작은 알파벳으로 치환하면 된다.

암호	a	b	c	d	e	f	g	h	i	j	k	l	m	n	o	p	q	r	s	t	u	v	w	x	y	z
	↓	↓	↓	↓	↓	↓	↓	↓	↓	↓	↓	↓	↓	↓	↓	↓	↓	↓	↓	↓	↓	↓	↓	↓	↓	↓
원문	x	y	z	a	b	c	d	e	f	g	h	i	j	k	l	m	n	o	p	q	r	s	t	u	v	w

시저의 암호문이 입력되면 원문으로 복원하는 프로그램을 작성하시오.

★ **입력 조건**

① 시저의 암호문을 입력한다.
② 반드시 영어 소문자만 입력하고, 공백 이외의 다른 문자는 입력하지 않는다.

★ **출력 조건**

암호문을 원문으로 복원하여 출력한다.

★ 입출력 예시

예시 번호	입력	출력
1	qhyhu wuxvw euxwxv	never trust brutus
2	abcdefghijklmnopqrstuvwxyz	xyzabcdefghijklmnopqrstuvw
3	brx fdq zulwh d ohwwhu	you can write a letter

★ 실행 결과

실행 결과 1
```
qhyhu wuxvw euxwxv
never trust brutus
_____
```

실행 결과 2
```
abcdefghijklmnopqrstuvwxyz
xyzabcdefghijklmnopqrstuvw
_____
```

★ 문제 해결

문제 해결을 위한 순서도와 소스 코드를 작성한 후 실행해 보자.

순서도	소스 코드

13 시저의 암호

14 1등과 꼴등 (코드업 문제 번호: 1293)

보람중학교에서는 얼마 전 지필평가가 끝났다. 프로그래밍을 가르치시는 선생님은 지필평가 전 학생들에게 이렇게 약속하였다.

"이번 지필평가에서 1등에게는 선물을 주고, 꼴등은 벌로 청소를 시키겠다."

학생들은 지필평가 후 프로그래밍 과목의 1등과 꼴등의 점수가 궁금했다. 하지만 아직 성적 처리가 덜 끝나 아무도 등수를 알지 못하며, 알고 있는 것은 각 학생들의 점수뿐이다.

n명의 점수를 입력하면 1등과 꼴등의 점수를 출력하는 프로그램을 작성하시오.

★ 입력 조건

① 첫 번째 줄에 입력 점수의 개수 n을 입력하고, 그 다음 줄에 n개의 점수가 공백으로 구분되어 입력된다.
② 각 점수의 범위는 0점에서 100점이다.

★ 출력 조건

n명의 점수 중 1등과 꼴등의 점수를 공백을 두고 출력한다.

반복문

★ 입출력 예시

예시 번호	입력	출력	설명
1	5 90 59 29 80 21	90 21	5명의 점수 중 1등은 90, 꼴등은 21이다.
2	3 100 100 100	100 100	3명의 점수 중 1등은 100, 꼴등은 100이다.

★ 실행 결과

실행 결과 1
```
5
90 59 29 80 21
90 21
```

실행 결과 2
```
3
100 100 100
100 100
```

★ 문제 해결

문제 해결을 위한 순서도와 소스 코드를 작성한 후 실행해 보자.

순서도	소스 코드

14 1등과 꼴등

15 종이 자르기 (코드업 문제 번호: 1677)

철수는 인쇄소에서 근무하고 있다. 인쇄소의 주된 업무는 종이에 문자와 그림을 인쇄하는 것이다. 종이의 종류는 다양하고, 고객마다 요구하는 종이의 크기도 다양하다.

인쇄소에는 종이를 크기에 따라 자동으로 잘라주는 최신식 인쇄기가 있다. 그런데 어느 날 기계가 고장이 난 상태에서 인쇄를 요구하는 고객이 찾아왔고, 마침 그 고객이 요구하는 크기의 종이도 없어 큰 종이를 수동으로 잘라야 하는 상황이 되었다.

철수는 종이를 고객이 요구하는 크기대로 잘라보려고 했으나, 절취선이 없어 쉽지 않았다.

고객이 요구하는 가로, 세로 길이가 주어지면 아주 큰 종이에 다음과 같은 절취선을 그리는 프로그램을 작성하시오.

★ **입력 조건**

가로 길이와 세로 길이를 입력한다.

★ **출력 조건**

가로는 '-'로 출력, 세로는 '|'로 출력, 가로와 세로가 겹치는 부분은 '+'로 출력한다.

반복문

★ 입출력 예시

예시 번호	입력	출력	설명
1	6 3	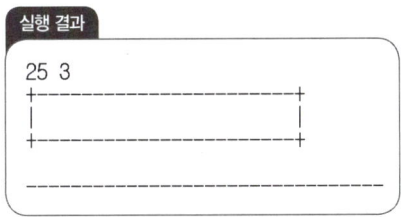	6 * 3 크기의 종이
2	2 2	++ ++	2 * 2 크기의 종이

★ 실행 결과

```
실행 결과
25 3
+-------------------------+
|                         |
+-------------------------+
```

★ 문제 해결

문제 해결을 위한 순서도와 소스 코드를 작성한 후 실행해 보자.

순서도	소스 코드

15 종이 자르기

16 세모 바퀴 만들기 (코드업 문제 번호: 1679)

 문제 제시

세모나라에서는 자전거 바퀴가 모두 세모이다. 자전거 바퀴의 재료가 되는 길이가 n인 철심의 두 부분을 접어서 세모 모양으로 용접하면 하나의 바퀴를 만들 수 있다.

사장은 길이가 n인 철심으로 가능한 한 서로 다른 길이를 가지는 세모 바퀴를 많이 만들고 싶어 한다. 길이 n이 입력되면 만들 수 있는 삼각형 바퀴의 크기를 출력하는 프로그램을 작성하시오(단, 세모 바퀴를 만들 수 없다면 −1을 출력).

★ 입력 조건

철심의 길이 n이 입력된다.

★ 출력 조건

세 변의 길이가 다른 세모 바퀴를 만들 수 있는 경우를 모두 출력한다. 만약 세모 바퀴를 만들 수 없으면 −1을 출력한다(단, 모든 길이는 자연수이며 철심의 일부를 자를 수 없음).

★ 입출력 예시

예시 번호	입력	출력	설명
1	9	1 4 4 2 3 4 3 3 3	(1, 4, 4), (2, 3, 4), (3, 3, 3)의 3가지 경우만 만들 수 있다. (1, 4, 4), (4, 1, 4)는 같은 모양으로 생각한다.
2	4	−1	4인 철심으로는 자연수 길이의 세모 바퀴를 만들 수 없다.

★ **실행 결과**

실행 결과 1
9 1 4 4 2 3 4 3 3 3 _____

실행 결과 2
4 -1 _____

★ **문제 해결**

문제 해결을 위한 순서도와 소스 코드를 작성한 후 실행해 보자.

17 암호 처리하기 (코드업 문제 번호: 1408)

인터넷 서비스들은 대부분 아이디와 패스워드를 이용한다. 이때 사용되는 패스워드는 여러 가지 방법으로 암호화되어 저장된다.

[어떤 인터넷 서비스의 2가지 암호화 방법]
- 입력받은 문자의 아스키코드 값 + 2
- (입력받은 문자의 아스키코드 값 * 7) % 80 + 48

사용자의 패스워드를 2가지 방법으로 암호화한 결과를 출력하는 프로그램을 작성하시오.

★ 입력 조건

첫 번째 줄에 20자 이내로 구성된 암호를 입력한다(단, 입력되는 암호에 공백은 미포함).

★ 출력 조건

① 첫 번째 줄에는 첫 번째 방식으로 암호화한 결과를 출력한다.
② 두 번째 줄에는 두 번째 방식으로 암호화한 결과를 출력한다.

★ 입출력 예시

예시 번호	입력	출력
1	TEST	VGUV L3EL
2	Hello_world^^;	Jgnnqayqtn'f '= HsTTilQi~TIBB=

★ **실행 결과**

실행 결과 1
```
TEST
VGUV
L3EL
```

실행 결과 2
```
Hello_world^^;
Jgnnqayqtnf``=
HsTTiIQi~TIBB=
```

★ **문제 해결**

문제 해결을 위한 순서도와 소스 코드를 작성한 후 실행해 보자.

순서도	소스 코드

18 말하는 앵무새 (코드업 문제 번호: 1413)

어떤 말이든 거꾸로 말하는 앵무새가 있다. 이 앵무새의 특성을 이용하여 사람들이 알아들을 수 있는 말을 하게 하려면 사람이 먼저 거꾸로 말해야 한다.

하지만 거꾸로 말하기란 생각보다 어렵다. 예를 들어 "Hello"라는 말을 거꾸로 하면 "olleH"가 되는데, 이렇게 거꾸로 말을 하는 것은 매우 불편하다.

이 불편함을 처리할 수 있는 프로그램을 작성하시오.

★ 입력 조건

① 첫 번째 줄에 한 문장을 입력한다.
② 문장에는 공백과 같이 띄어쓰기도 입력할 수 있다.
③ 모든 문자는 알파벳 대문자, 소문자, 공백 문자로만 이루어진다.

★ 출력 조건

입력받은 문장을 뒤집어서 출력한다.

★ 입출력 예시

예시 번호	입력	출력
1	Hello	olleH
2	Speaking Parrot	torraP gnikaepS

★ 실행 결과

실행 결과 1
```
Hello
olleH
```

실행 결과 2
```
Speaking Parrot
torraP gnikaepS
```

★ 문제 해결

문제 해결을 위한 순서도와 소스 코드를 작성한 후 실행해 보자.

순서도	소스 코드

19 C 언어를 찾아라 (코드업 문제 번호: 1414)

문제 제시

길이가 100 이하인 문자열로 구성된 암호문이 발견되었다. 이 암호문은 오래전에 작성된 것으로 보인다. 이 문자열에서 'C'라는 문자와 'CC'라는 문자가 몇 개 있는지 조사하고자 한다.

길이가 100 이하인 문자열을 입력받아, 'C'라는 문자와 'CC'라는 문자가 각각 몇 개 존재하는지 알아내는 프로그램을 작성하시오(단, C와 CC는 대소문자를 구분하지 않는다. 즉, 'cC'는 'CC'와 같음).

★ 입력 조건

① 첫 번째 줄에 길이가 100 이하인 문자열이 입력된다. 문자는 모두 대문자 또는 소문자로 이루어진다.
② 대소문자의 구분이 없으므로 'C'는 2가지 경우, 'CC'는 모두 서로 다른 4가지 경우가 각각 존재할 수 있다.

★ 출력 조건

① 첫 번째 줄에는 문자열에서 찾은 'C'의 개수를 출력한다.
② 두 번째 줄에는 문자열에서 찾은 'CC'의 개수를 출력한다.

★ 입출력 예시

예시 번호	입력	출력	설명
1	Clanguage	1 0	'C'는 1개, 'CC'는 없으므로 1, 0을 출력한다.
2	cCCc	4 3	'C'는 4개, 'CC'는 'cC', 'CC', 'Cc'와 같이 3개가 존재하므로 4, 3을 출력한다.

★ 실행 결과

실행 결과 1
```
C language
1
0
_____
```

실행 결과 2
```
cCCc
4
3
_____
```

★ 문제 해결

문제 해결을 위한 순서도와 소스 코드를 작성한 후 실행해 보자.

순서도	소스 코드

20 가장 큰 수 (코드업 문제 번호: 1415)

자연수는 홀수와 짝수로 나눌 수 있다. 10개의 자연수가 주어질 때, 짝수들 중 가장 큰 수와 홀수들 중 가장 큰 수를 구하여 출력하는 프로그램을 작성하시오(단 모든 수가 홀수 혹은 짝수라면 가장 큰 수만 출력).

입력 조건

10개의 자연수를 차례대로 입력한다(단, 10개의 자연수는 모두 1000 이하).

출력 조건

가장 큰 홀수 하나와 짝수 하나를 출력한다. 단, 홀수 혹은 짝수만 존재할 경우에는 가장 큰 수를 출력한다.

입출력 예시

예시 번호	입력	출력	설명
1	97 77 63 54 15 7 9 99 88 50	99 88	홀수, 짝수 각각 가장 큰 값을 출력하거나 조건에 따라서 최댓값을 출력한다.
2	2 4 6 8 10 12 14 16 18 22	22	

★ **실행 결과**

실행 결과 1	실행 결과 2
97 77 63 54 15 7 9 99 88 50 99 88	2 4 6 8 10 12 14 16 18 22 22

★ **문제 해결**

문제 해결을 위한 순서도와 소스 코드를 작성한 후 실행해 보자.

순서도	소스 코드

21 범인을 잡아라 2 (코드업 문제 번호: 1417)

문제 제시

한적한 시골마을에 또 도둑이 들었다. 경찰은 도둑으로 보이는 용의자 10명을 검거하였다.
CCTV를 정밀 분석한 결과 도둑은 검거한 10명 중 키가 3번째로 크다는 사실을 알아냈다. 10명의 키를 조사하여 도둑을 검거하는 프로그램을 작성하시오(단, 입력되는 모든 키는 서로 다름).

★ 입력 조건

10명의 키를 차례대로 입력한다.

★ 출력 조건

3번째로 큰 사람의 키를 출력한다.

★ 입출력 예시

예시 번호	입력	출력	설명
1	150 145 155 165 175 170 185 180 177 190	180	1:190, 2:185, 3:180이다.
2	105 106 107 108 109 104 103 102 101 100	107	1:109, 2:108, 3:107이다.

★ 실행 결과

실행 결과 1

150 145 155 165 175 170 185 180 177 190 180
_____

실행 결과 2

105 106 107 108 109 104 103 102 101 100 107
_____

★ 문제 해결

문제 해결을 위한 순서도와 소스 코드를 작성한 후 실행해 보자.

순서도	소스 코드

22 윤년 판단하기 (코드업 문제 번호: 1166)

우리가 일반적으로 사용하는 달력에서 2월은 28일까지 존재한다. 하지만 2016년 2월은 29일까지 있다. 이와 같이 2월이 29일까지 있는 해를 윤년이라고 한다. 윤년은 다음과 같은 조건을 만족한다.

> **조건 1**: 400의 배수인 해는 모두 윤년이다.
> **조건 2**: 4의 배수인 해들 중 100의 배수가 아닌 해들은 모두 윤년이다.

연도를 입력받아서 윤년이면 'yes', 아니면 'no'를 출력하는 프로그램을 작성하시오. 단, 윤년인지 아닌지를 판단하는 함수를 작성하여 프로그램을 완성하시오.

★ **입력 조건**

연도를 입력한다(연도는 3000 이하의 자연수).

★ **출력 조건**

입력된 해가 윤년이면 'yes', 아니면 'no'를 출력한다.

★ **입출력 예시**

예시 번호	입력	출력	설명
1	2017	yes	조건을 만족하면 "yes"를 출력한다.
2	2020	no	

★ **실행 결과**

실행 결과 1
```
2000
yes
_____
```

실행 결과 2
```
2017
no
_____
```

★ **문제 해결**

문제 해결을 위한 순서도와 소스 코드를 작성한 후 실행해 보자.

23 윷놀이 (코드업 문제 번호: 1207)

윷놀이는 4개의 윷을 이용한 게임이다.

| 도 | 개 | 걸 | 윷 | 모 |
| (1개가 뒤집어진 상태) | (2개가 뒤집어진 상태) | (3개가 뒤집어진 상태) | (4개가 뒤집어진 상태) | (하나도 뒤집어지지 않은 상태) |

4개의 윷 각각의 상태가 입력되면 도, 개, 걸, 윷, 모를 출력하는 프로그램을 작성하시오. 단, 4개의 윷의 상태를 입력받아서 그 결과를 출력하는 함수를 작성하여 프로그램을 완성하시오.

★ 입력 조건

① 윷의 4가지 상태를 공백을 사이에 두고 입력한다.
② 윷의 상태가 0이면 뒤집어지지 않은 상태, 1이면 뒤집어진 상태를 말한다.

★ 출력 조건

윷의 상태를 보고 도, 개, 걸, 윷, 모를 출력한다.

★ 입출력 예시

예시 번호	입력	출력	설명
1	0 0 1 0	도	1개만 뒤집어진 상태
2	0 1 0 1	개	2개가 뒤집어진 상태
3	1 1 0 1	걸	3개가 뒤집어진 상태
4	1 1 1 1	윷	4개가 뒤집어진 상태
5	0 0 0 0	모	하나도 뒤집어지지 않은 상태

★ **실행 결과**

실행 결과 1
```
1 0 1 1
걸
```

실행 결과 2
```
1 1 1 1
윷
```

★ **문제 해결**

문제 해결을 위한 순서도와 소스 코드를 작성한 후 실행해 보자.

순서도	소스 코드

24 뒤집어 더하기 (코드업 문제 번호: 1617)

문제 제시

앞으로 읽으나 뒤로 읽으나 똑같은 문장을 회문이라고 한다. 예를 들어 '기러기'는 거꾸로 읽어도 '기러기'이다.

이를 이용한 '뒤집어 더하기 암호'라는 것이 있다. 뒤집어 더하기 암호는 입력받은 숫자를 뒤집어서 더했을 때, 그 수가 회문이 되면 정상적인 암호이고 회문이 아니라면 비정상적인 암호로 처리한다.

예를 들어 195는 뒤집은 수 591과 더하면 786이 되므로 비정상적인 암호이다. 이와는 달리 5214는 뒤집은 수 4125와 더하여 9339가 되어 정상적인 암호임을 알 수 있다.

한 숫자를 입력받아서 정상적인 암호인지 아닌지를 판단하는 프로그램을 작성하시오.

★ **입력 조건**

① 첫 번째 줄에 10000 이하의 정수를 입력한다.
② 모든 값은 0보다 큰 값들로 구성된다.

★ **출력 조건**

정상적인 암호이면 'YES', 비정상적인 암호이면 'NO'를 출력한다.

★ **입출력 예시**

예시 번호	입력	출력	설명
1	195	NO	195+591=786, 회문 아님
2	5214	YES	5214+4125=9339, 회문

★ 실행 결과

실행 결과 1
```
195
NO
```

실행 결과 2
```
5214
YES
```

★ 문제 해결

문제 해결을 위한 순서도와 소스 코드를 작성한 후 실행해 보자.

순서도	소스 코드

25 순위 구하기 (코드업 문제 번호: 1676)

전교생의 프로그래밍 과목 점수가 있다. 선생님은 각 학생들이 몇 등인지 궁금하여 조사하려고 한다.

전교생의 프로그래밍 점수가 주어지면, 각 학생의 순위를 구하는 프로그램을 작성하시오(단, 점수가 같은 학생이 여러 명이어도 순위는 모두 같음).

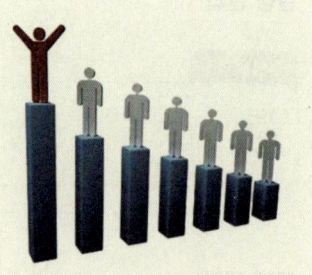

★ **입력 조건**

① 첫 번째 줄에 전교생의 수 n을 입력한다(단, n은 100 이하의 자연수).
② 두 번째 줄에 각 학생들의 점수를 공백으로 구분하여 입력한다.

★ **출력 조건**

① 입력받은 순서대로 각 학생의 순위를 순서대로 한 줄에 하나씩 출력한다.
② 동점자도 순위 처리되어야 하며 입력받은 번호순으로 출력한다.

★ **입출력 예시**

예시 번호	입력	출력	설명
1	3 100 80 90	1 3 2	1위: 100, 2위: 90, 3위: 80
2	3 90 90 70	1 1 3	1위: 90, 3위: 70

★ 실행 결과

실행 결과 1
```
3
100 80 90
1
3
2
_____
```

실행 결과 2
```
3
90 90 70
1
1
3
_____
```

★ 문제 해결

문제 해결을 위한 순서도와 소스 코드를 작성한 후 실행해 보자.

순서도	소스 코드

26 광석 제련하기 (코드업 문제 번호: 1678)

광석을 제련하는 공장이 있다. 이 공장에서는 5*5 광석을 채집한 후 3*3 크기로 자를 수 있는 공구를 이용하여, 3*3 크기만큼만 채취하여 판매한다.
5*5 광석의 각 위치의 가치가 주어질 때, 가장 가치가 높은 3*3 부분의 가치를 구하는 프로그램을 작성하시오.

★ 입력 조건

5행 5열의 광석 데이터를 공백을 사이에 두고 입력한다(25개의 정수를 입력하며, 각 값은 100 이하의 자연수).

★ 출력 조건

최대 가치를 가지는 3*3 영역(9개 부분)의 가치의 합을 출력한다.

★ 입출력 예시

예시 번호	입력	출력	설명
1	1 1 1 1 1 1 1 2 2 2 1 1 2 2 2 1 1 2 2 2 1 1 1 1 1	18	2로만 채워져 있는 3*3 영역을 채취하면, 최대 가치는 2*9=18이 된다.
2	1 1 1 1 1 1 1 1 1 1 1 1 1 1 1 1 1 1 1 1 1 1 1 1 1	9	어느 부분의 3*3 영역을 채취하더라도, 그 가치는 9가 최대이다.

★ 실행 결과

실행 결과 1
```
1 1 1 1 1
1 1 2 2 2
1 1 2 2 2
1 1 2 2 2
1 1 1 1 1
18
```

실행 결과 2
```
1 1 1 1 1
1 1 1 1 1
1 1 1 1 1
1 1 1 1 1
1 1 1 1 1
9
```

★ 문제 해결

문제 해결을 위한 순서도와 소스 코드를 작성한 후 실행해 보자.

순서도	소스 코드

27 줄 세우기 (코드업 문제 번호: 1618)

간식 시간에는 한꺼번에 사람이 몰리므로 줄을 세워야 한다. 그런데 많은 사람을 줄 세우려면 연습이 필요하다. 일단 3명으로 연습을 하며, 줄을 세우는 기준은 몸무게가 가벼운 사람부터 무거운 사람 순이다.

3명의 몸무게가 순서대로 주어질 때, 몸무게가 가벼운 사람부터 무거운 사람 순으로 출력하는 프로그램을 작성하시오.

★ 입력 조건

세 정수값을 입력한다(각 사람의 몸무게 값은 200 이하의 자연수).

★ 출력 조건

몸무게가 가벼운 사람부터 무거운 사람의 순으로 출력한다.

★ 입출력 예시

예시 번호	입력	출력	설명
1	30 20 34	20 30 34	가벼운 사람부터 무거운 사람 순으로 출력한다.
2	3 15 7	3 7 15	

함수

★ **실행 결과**

실행 결과 1
```
30 20 34
20 30 34
_____
```

실행 결과 2
```
3 15 7
3 7 15
_____
```

★ **문제 해결**

문제 해결을 위한 순서도와 소스 코드를 작성한 후 실행해 보자.

순서도	소스 코드

모범 답안(해설)

개념 확인하기 1. 프로그래밍의 개념   37p

01 ④ 프로그램   02 ㉮ 프로그래밍
03 ㉯ 프로그래밍 언어, ㉮ 컴퓨터

개념 확인하기 2. 프로그래밍 언어의 종류와 특징   44p

01 어셈블리어   02 ㉯ 객체 지향 프로그래밍
03 ㉯ 웹 개발용 언어

개념 확인하기 3. 프로그래밍의 절차와 알고리즘   54p~55p

01 ④ 알고리즘, ㉮ 알콰리즈미, ㉯ 단계적인 절차
02 ㉯ 순서도
03 (1)

S	0	1	4	9	16	25	36	49	64	81	100
N	1	3	5	7	9	11	13	15	17	19	21

(2) 출력되는 값 : 21
04 ① 다, ② 가, ③ 나
05 ④ 문제 분석 및 설계, ㉯ 프로그램 구현, ㉮ 프로그램 시험

개념 확인하기 4. 프로그래밍 개발 환경   66p

01 ④ 에디터, ㉮ 디버거   02 통합 개발 환경(IDE)

개념 확인하기 5. 컴퓨팅 사고력과 문제 해결   78p

01 ④ 컴퓨팅 사고력, ㉮ 컴퓨터 과학, ㉯ 컴퓨팅 시스템
02 ㉮ 추상화   03 ㉮ 관계 기반 알고리즘 설계

스스로 점검하기 01. 프로그래밍의 개요   79p

01 ④   02 ②   03 ②   04 ④   05 ④   06 ⑤   07 ④
08 ⑤   09 ③

개념 확인하기 1. C 언어의 시작   88p

01 ㉯, ㉰, ㉮, ㉱   02 main( ){ }
03 main( ) 함수
04 오류 발생: 3행

```
1  #include <stdio.h>
2  main( )
3  {
4      printf("Hello, World!");
5  }
```

개념 확인하기 2. C 언어의 기초   108p

01 ① 상수   ② 변수   ③ '\0'   ④ 자료형   ⑤ 아스키코드
02 이유: 종료 문자('\0')가 없으므로 문자열 형식(%s)으로 "KOREA"를 출력할 때 의미 없는 문자까지 함께 출력된다.

```
1  #include <stdio.h>
2  main( )
3  {
4      char a[6]={'K','O','R','E','A','\0'};
5      printf("%s", a);
6  }
```

03 선언한 모든 변수의 개수: 7개
   오류가 발생하는 변수와 그 이유
   • 2a(4행): 변수 이름은 숫자로 시작할 수 없다.
   • if(6행): 변수 이름으로 예약어를 사용할 수 없다.

개념 확인하기 3. 입력과 출력   116p

01 헤더 파일
02 ① 재미있는　C 언어
    ② 재미있는 C 언어
    ③ 재미있는 C 언어
    ④ 재미있는 C 언어
03 오류 발생: 5행

```
1  #include <stdio.h>
2  main( )
3  {
4      int a=0;
5      scanf("%d", &a);
6      printf("%d", a);
7  }
```

스스로 점검하기 02. C 언어 프로그래밍의 기초   120p

01 ⑤   02 ①   03 ②   04 ③   05 ⑤   06 ②

개념 확인하기 1. 조건문   138p~139p

01 if문의 조건이 참일 때 실행되는 명령이 두 개 이상이므로 블록으로 묶어 주어야 한다.

```
1  #include <stdio.h>
2
3  main( )
4  {
5      int money, remain, book = 15000;
6
7      printf ("책의 가격은 15000원입니다. n");
8      printf ("당신이 가진 용돈은 얼마인가요? :");
9      scanf ("%d", &money);
10
11     if (money >= book)
12     {
13       remain = money - book;
14       printf ("책을 구입하였습니다. 이제 남은
                용돈은 %d입니다 n", remain);
15     }
16     else
17       printf ("책을 구입하지 못했습니다.");
18  }
```

02 ④

03 (1) 수 (2) 미
(3) if문인 경우 순서대로 조건식을 확인한다. score가 70 이상인 경우에 조건식이 참이 되므로 '미'를 출력한다.

04
```
switch (a)

case 1 : printf ("1st") ; break;
case 2 : printf ("2nd") ; break;
case 3 : printf ("3rd") ; break;
default : printf ("%dth", a);
```

개념 확인하기 2. 반복문   151p~152p

01
```
k = 1;
while (k <= 1000)
{
   if (k % 3 == 0)
     sum += k;
   k++;
}
```

02
```
#include <stdio.h>
main( )
{
    int i, j;
    for (i = 1; i <= 5; i++)
    {
      for (j = 1; j <= 5; j++)
        printf ("*");
      printf ("\n");
    }
}
```

03 ① break ② continue **04** ⑤

스스로 점검하기 03. 제어문   155p

01 ④ **02** ④ **03** ③ **04** ② **05** ③

개념 확인하기 1. 배열과 포인터   170p~171p

01 i < 10 또는 i <= 9
02 int A[2][3] = {{ 2, 4, 6} , {8, 10, 12}};
또는 int A[2][3] = {2, 4, 6, 8, 10, 12};
03 Hello!!!   **04** 50

개념 확인하기 2. 함수   185p~186p

01 55
02
```
if (a > b)
   return b;
else if (a < b)
   return a;
else
   return -1;
```

03 10
04
```
if (n == 1)
   return 1;
else
   return f (n-1) + n;
```

스스로 점검하기 04. 배열과 함수   189p

01 ① **02** ③ **03** ⑤ **04** ②

모범 답안(해설)

01 보안 카드 접수증

개인 정보를 입력받아 출력 양식의 형태로 출력하는 프로그램이다.

```
00   #include <stdio.h>
01   main( )
02   {
03     char name[21];
04     int age;
05     char code;
06     double secure;
07     scanf("%s", name);
08     scanf("%d\n", &age);
09     scanf("%c", &code);
10     scanf("%lf", &secure);
11
12     printf("%s\n", name);
13     printf("%d\n", age);
14     printf("%c\n", code);
15     printf("%g\n", secure);
16   }
```

1 프로그램 설계

❶ 변수 자료형과 서식 지정자 설계
 ① 첫째 줄에 이름을 입력받는다(문자열, 20글자 이내).→ char [21], %s
 ② 다음 줄에 나이를 입력받는다(정수형). → int, %d
 ③ 다음 줄에 부서 코드 하나를 입력받는다(문자형, 1글자, 알파벳). → char, %c
 ④ 다음 줄에 보안키를 입력받는다(실수형). → double, %lf 또는 float, %f

2 프로그램 설명

❶ 03~06행에서 필요 변수를 다음과 같이 선언한다.

변수명	초깃값	의미
name	정하지 않음	이름을 저장할 배열 변수
age	정하지 않음	나이를 저장할 정수 변수
code	정하지 않음	코드를 저장할 문자 변수
secure	정하지 않음	보안코드를 저장할 실수형 변수

❷ 03행의 char name[21]은 입력에서 최대 20글자가 입력되기 때문에 최소 20칸의 문자 공간이 필요하다. 그리고 문자열의 마지막에는 문자열의 끝을 나타내는 NULL 문자가 저장된다. 따라서 크기를 21로 선언하였다.

❸ 07~10행은 입력을 받는 부분이다. 입력을 받을 때 서식 지정자와 변수의 자료형을 정확하게 맞추어야 한다.

자료형	선언 명령	서식 지정자
문자열형	char [ ]	%s
정수형	int	%d
문자형	char	%c
실수형	double	%lf

❹ 08행의 입력 형식에 '\n'이 있는 것을 볼 수 있다. 만약 이 부분을 쓰지 않는다면 나이를 입력하는 과정에서 숫자를 치고 [Enter] 키를 눌렀을 때 입력 버퍼에 숫자와 줄 바꿈의 문자 '\n'이 입력된다. 숫자는 08행의 scanf에 의해 정상 입력되지만 '\n'이 09행의 문자 %c 입력 부분에 들어가게 되어 원하지 않는 결과를 초래하게 된다. 이런 현상을 막기 위해 scanf 입력 시 '\n'을 추가하면 '\n'은 입력 구분자로 처리되어 다른 입력 부분에 영향을 주지 않는다.

❺ 12~15행은 양식대로 출력하는 명령이다. 16행의 서식 지정자 %g는 실수형을 출력할 때 소수점 이하 불필요한 0을 출력하지 않는 명령이다.

02 정수 계산기

두 수를 입력받아 5가지 연산의 형태로 출력하는 프로그램이다.

```
00   #include <stdio.h>
01   main( )
02   {
03     int a, b;
04     scanf("%d %d", &a, &b);
05     printf("%d + %d = %d\n", a, b, a + b);
06     printf("%d - %d = %d\n", a, b, a - b);
07     printf("%d * %d = %d\n", a, b, a * b);
08     printf("%d / %d = %d\n", a, b, a / b);
09     printf("%d %% %d = %d\n", a, b, a % b);
10   }
```

1 프로그램 설계

❶ 입력 변수 설정

두 개의 정수를 입력받아야 하므로 int형 변수 두 개가 필요하다.

❷ 출력 양식 설정

출력 양식은 다음과 같다.

```
a + b = c
a - b = d
a * b = e
a / b = f
a % b = g
```

여기서 알파벳에 해당되는 위치에 실제 정수를 출력해야 하므로 다음과 같이 양식을 정해야 한다. printf 명령 후 자동으로 줄 바꿈이 일어나지 않으므로 반드시 '\n'을 넣어 줄 바꿈을 해준다.

```
%d + %d = %d\n
%d - %d = %d\n
%d * %d = %d\n
%d / %d = %d\n
%d %% %d = %d\n
```

• 입·출력-194p~195p

마지막 줄에 %를 출력하기 위해 %%로 표시하였는데, %는 printf에서 서식 지정자의 의미로 사용되는 특별한 문자로 취급되므로 %라는 문자를 출력하려면 %를 두 번 사용해야 한다.

2 프로그램 설명

❶ 03행에서 필요 변수를 다음과 같이 선언한다.

변수명	초깃값	의미
a	정하지 않음	첫 번째 정수를 저장하는 변수
b	정하지 않음	두 번째 정수를 저장하는 변수

❷ 04행은 두 변수에 입력을 받는 부분이다. 정수를 입력받기 때문에 scanf에서는 %d를 서식 지정자로 사용하였다.

❸ 05~09행에서 문제에서 요구하는 출력 양식대로 출력하였다. printf에서도 마찬가지로 정수형이므로 %d 서식 지정자를 이용하였다. 서식 지정자 %d가 3개 나오므로 변수들도 위치에 맞게 써주어야 한다.

```
printf("%d + %d = %d\n", a, b, a + b);
```

❹ 09행에서 %를 출력하기 위해 %%를 두 번 사용하였다. 서식 지정자는 다음 표와 같다.

서식 지정자	출력 형태
%c	단일 문자
%d	부호 있는 10진 정수
%i	부호 있는 10진 정수(%d와 같음)
%f	부호 있는 10진 실수
%s	문자열
%o	부호 없는 8진 정수
%u	부호 없는 10진 정수
%x	부호 없는 16진 정수, 소문자 사용
%X	부호 없는 16진 정수, 대문자 사용
%e	e 표기법에 의한 실수
%E	E 표기법에 의한 실수
%g	값에 따라서 %f, %e 둘 중 하나를 선택
%G	값에 따라서 %f, %E 둘 중 하나를 선택
%%	% 기호 출력

모범 답안(해설)

03 성적 계산하기

반영 비율과 각 고사의 점수를 알고 있을 때 합산 점수를 계산하는 프로그램이다.

```
00  #include <stdio.h>
01  main( )
02  {
03    double a, b, c;
04    int d, e, f;
05    double score;
06    scanf("%lf %d", &a, &d);
07    scanf("%lf %d", &b, &e);
08    scanf("%lf %d", &c, &f);
09    score = a * d + b * e + c * f;
10    printf("%.1lf\n", score);
11  }
```

1 프로그램 설계

❶ 변수 정하기

 이 프로그램에서 필요한 변수를 만들어야 한다. 프로그래밍을 어떻게 하느냐에 따라 필요한 변수의 개수와 자료형은 달라질 수 있다. 이 프로그램에 필요한 변수는 몇 개인지, 그리고 각각의 변수는 어떤 자료형을 가져야 하는지 생각해 본다.

 입력 조건에서 제시한 입력 항목들이 6가지이므로 입력에 대한 변수가 6개 필요하다. 그 변수들의 자료형은 반영 비율은 실수형, 점수는 정수형이다. 즉, 실수형 변수 3개, 정수형 변수 3개가 입력에 사용된다.

 또한 각각의 반영 비율과 점수를 곱해서 모두 더한 값을 저장하는 변수가 하나 있어야 하는데, 이 변수는 결과가 실수형으로 나와야 하므로 실수형 변수여야 한다.

 따라서 이 문제에서 필요한 변수는 총 7개이다. 타입에 맞게 변수를 선언하고 적당하게 변수명을 정한다.

❷ 서식 지정자 정하기

 scanf에는 서식 지정자가 사용된다. 입력받는 순서를 고려하여 서식 지정자를 변수와 순서에 맞게 넣어 주어야 한다.

 '반영 비율 → 고사 점수 → 반영 비율 → 고사 점수 → 반영 비율 → 고사 점수' 순서로 입력을 받으므로 '%lf → %d → %lf → %d → %lf → %d' 순서로 서식 지정자를 사용해야 한다.

 마지막에 결과를 출력할 때 소수점 이하 첫째 자리까지 출력하려면 %.1lf를 사용한다.

❸ 점수 계산하기

계산식을 잘 보고 해당 변수명으로 바꿔 써주면 된다.

2 프로그램 설명

❶ 03~05행에서 필요한 변수를 다음과 같이 선언한다.

변수명	초깃값	의미
a	정하지 않음	중간고사 반영 비율
b	정하지 않음	기말고사 반영 비율
c	정하지 않음	수행 평가 반영 비율
d	정하지 않음	중간고사 점수
e	정하지 않음	기말고사 점수
f	정하지 않음	수행 평가 점수
score	정하지 않음	계산된 합산 점수

❷ 06~08행이 실제 입력을 받는 부분이다. 입력 순서 변수와 서식 지정자를 코딩한다. 초보자는 코딩할 때 오타가 많이 나므로 컴파일 시 오류가 발생할 가능성이 많다. 잘못된 부분을 찾아 스스로 고쳐보자.

❸ 만약 변수명을 잘못 입력하거나, scanf에서 사용될 변수명에 &를 붙이지 않으면 오류가 발생하므로 주의한다. 그리고 변수 자료형과 서식 지정자가 맞지 않아도 오류가 나므로 주의한다.

❹ 09행에서 점수를 계산하는 식을 적용한다.

❺ 10행에서 계산 결과를 출력한다. 소수점 이하 첫째 자리까지 출력하기 위해 %.1f 서식 지정자를 이용한다. 만약 %f만 사용하면 불필요한 0이 붙어서 출력된다.

04 사주보기

연도, 월, 일이 입력되었을 때 특정 공식을 이용하여 사주를 본 결과를 출력하는 프로그램이다.

```
00  #include <stdio.h>
01  main( )
02  {
03    int year, month, day, res;
04    scanf("%d %d %d", &year, &month, &day);
05    res = (year-month+day)%10;
06    if(res==0)
07      printf("대박\n");
08    else
09      printf("그럭저럭\n");
10  }
```

1 프로그램 설계

❶ 마지막 숫자 알아내기

프로그래밍에서 숫자를 분리하는 방법은 많이 사용된다. 나눗셈의 원리를 이용하면 쉽게 숫자를 분리할 수 있다. 다음 예시를 통해 숫자를 분리하는 방법을 살펴보자.

$$1923 \div 10 = 192 \cdots 3$$
$$1725 \div 10 = 172 \cdots 5$$
$$2010 \div 10 = 201 \cdots 0$$

위 예를 통해 '÷10'을 한 나머지가 마지막 자릿수임을 알 수 있다. 이 부분은 %(나머지) 연산자를 사용하면 쉽게 구할 수 있는 부분이다. 즉, 다음과 같다.

$$1923 \% 10 = 3$$
$$1725 \% 10 = 5$$
$$2010 \% 10 = 0$$

❷ 특정 자리 숫자 추출하기

어떤 숫자에서 10의 자리 숫자만 추출하려면 어떻게 해야 될까? 앞에 사용했던 식은 마지막 자릿수를 추출하는 방법이다. 마찬가지로 나눗셈의 원리를 이용하면 다음과 같이 구할 수 있다. C 언어에서 정수 나눗셈의 결과 나머지는 버려짐에 주목해야 한다. 숫자들을 10으로 나누어 보자.

$$1923 / 10 = 192$$

4자리였던 숫자가 오른쪽으로 한 자리씩 자리 이동한 결과를 얻을 수 있다. 그리고 여기에 %10을 적용하면 똑같이 마지막 자리 숫자를 얻을 수 있다.

$$1923 \% 10 = 2$$

여기서 얻은 숫자가 10의 자리 숫자이다. 식을 하나로 정리하면 다음과 같다.

$$1923 / 10 \% 10 = 2$$

이 방식으로 10의 자리 숫자를 추출할 수 있다. 이 방법을 확장하면 n자리 숫자를 추출하려면 어떻게 하면 될지 눈에 보인다. /10을 필요한 만큼 한 다음 %10을 하면 될 것이다.

2 프로그램 설명

❶ 03행에서 필요 변수를 다음과 같이 선언한다.

변수명	초깃값	의미
year	정하지 않음	연도를 입력받는 변수
month	정하지 않음	월을 입력받는 변수
day	정하지 않음	일을 입력받는 변수
res	정하지 않음	사주 공식을 적용할 변수

❷ 04행에서 연도, 월, 일을 입력받는다.

❸ 05행에서 사주공식인 '연도 − 월 + 일'을 적용하여 res 변수에 저장한다.

❹ 06행은 프로그램 설계 부분에 설명한 내용을 적용하였다. 숫자 %10을 하면 마지막 자리 숫자를 알아낼 수 있으므로 그 숫자가 0이면 07행에서 '대박'을 출력하고, 그렇지 않으면(else) 09행에서 '그럭저럭'을 출력한다.

05 3개의 터널 통과하기

3개의 터널을 무사히 지나갈 수 있는지 또는 충돌이 일어나는지 확인하는 프로그램이다.

```
00  #include <stdio.h>
01  main( )
02  {
03      int a, b, c;
04      scanf("%d %d %d", &a, &b, &c);
05      if(a<=170)
06          printf("CRASH %d", a);
07      else if(b<=170)
08          printf("CRASH %d", b);
09      else if(c<=170)
10          printf("CRASH %d", c);
11      else
12          printf("PASS");
13  }
```

1 프로그램 설계

기본적인 충돌 조건은 터널 높이가 자동차 높이 이하일 때이므로 다음과 같다.

> 터널 높이 <= 170

터널이 3개이므로 각각의 터널을 순서대로 확인하면서 충돌 여부를 체크하자. 이 프로그램은 다음과 같은 순서로 프로그램을 설계하는 것이 좋다.

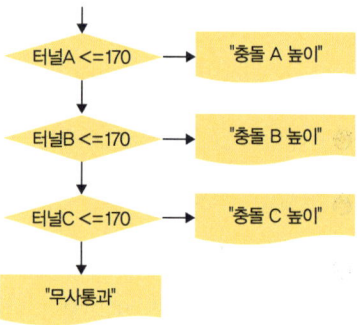

• 조건문-200p~201p

2 프로그램 설명

❶ 03행에서 필요 변수를 다음과 같이 선언한다.

변수명	초깃값	의미
a	정하지 않음	첫 번째 터널의 높이
b	정하지 않음	두 번째 터널의 높이
c	정하지 않음	세 번째 터널의 높이

❷ 04행에서 세 터널 a, b, c의 높이를 입력받는다.

❸ 05~12행은 복합 if문을 이용하여 조건을 확인하였다. 복합 if문의 특성상 여러 조건들을 위서 아래로 내려가면서 차례대로 확인하게 되고, 만약 특정 조건을 만족하면 바로 해당 명령을 실행하고 다른 조건들은 확인하지 않는다.

❹ 11~12행에서는 위의 모든 조건에 해당되지 않으면 'PASS'를 출력한다.

IDEA+ 중첩 if문을 사용하여 문제를 해결한 경우

```
00    #include <stdio.h>
01    main( )
02    {
03       int a, b, c;
04       scanf("%d %d %d", &a, &b, &c);
05       if ( a <= 170 )
06          printf("CRASH %d", a);
07       else
08       {
09          if ( b <= 170 )
10             printf("CRASH %d", b);
11          else
12          {
13             if ( c <= 170 )
14                printf("CRASH %d", c);
15             else
16                printf("PASS");
17          }
18       }
19    }
```

모범 답안(해설) **257**

모범 답안(해설)

06 이 달은 며칠까지 있을까?

어떤 달의 마지막 날을 알려주는 프로그램으로, 윤년 조건을 적용하면 실제로 날짜 관련 프로그램을 작성할 수 있다.

```
00   #include <stdio.h>
01   main( )
02   {
03     int a, b;
04     scanf("%d %d", &a, &b);
05
06     if(b==1 || b==3 || b==5 || b==7 || b==8 || b==10 || b==12)
07       printf("31");
08     else if(b==4 || b==6 || b==9 || b==11)
09       printf("30");
10     else
11     {
12       if(a%4==0 && a%100!=0 || a%400==0)
13         printf("29");
14       else
15         printf("28");
16     }
17   }
```

1 프로그램 설계

❶ 30일인 월과 31일인 월 분류하기

월의 마지막 날이 30일인 월은 4월, 6월, 9월, 11월이고 31일인 월은 1월, 3월, 5월, 7월, 8월, 10월, 12월이다. ||(OR) 논리 연산자를 이용하면 이 부분을 효과적으로 표현할 수 있다.

> if(1월 || 3월 || 5월 || 7월 || 8월 || 10월 || 12월) // "31일" 출력
> else if(4월 || 6월 || 9월 || 11월) // "30일" 출력

❷ 윤년 판별

윤년은 2월만 해당된다. 따라서 ❶에서 소개한 조건을 제외하면(else) 2월을 의미한다. else절 안에서 2월을 판별하는 조건을 적용한다.

2 프로그램 설명

❶ 03행에서 필요한 변수를 다음과 같이 선언한다.

변수명	초깃값	의미
a	정하지 않음	연도를 입력받는 변수
b	정하지 않음	월을 입력받는 변수

❷ 06~07행은 마지막 날이 31일인 월의 처리이다. 08~09행은 마지막 날이 30일인 월의 처리이다. 10~16행이 윤년 공식을 적용한 2월의 처리이다.

IDEA⁺ switch~case 문을 사용한 프로그램

```
00   #include <stdio.h>
01   main( )
02   {
03     int a, b;
04     scanf("%d %d", &a, &b);
05
06     switch(b)
07     {
08        case 1: case 3: case 5: case 7: case 8: case 10: case 12:
09           printf("31"); break;
10        case 4: case 6: case 9: case 11:
11           printf("30"); break;
12        default:
13           if(a%4==0 && a%100!=0 || a%400==0)
14              printf("29");
15           else
16              printf("28");
17     }
18   }
```

07 30분 전

시간과 분을 입력받아 30분 전의 시간과 분을 출력하는 프로그램이다.

```
00  #include <stdio.h>
01  main( )
02  {
03    int hour, min;
04    scanf("%d %d", &hour, &min);
05    if(min>=30)
06      printf("%d %d\n", hour, min-30);
07    else
08    {
09      if(hour==0)
10        printf("%d %d\n", 23, min+30);
11      else
12        printf("%d %d\n", hour-1, min+30);
13    }
14  }
```

1 프로그램 설계

❶ 30분 이상일 때

– 시간, 분–30 출력

> if(분>=30) printf("%d %d\n", 시간, 분–30);

❷ 30분 미만일 때

– 시간이 0일 경우 23, 분+30 출력

> if(시간==0) printf("%d %d\n", 23, 분+30);

– 시간이 0이 아닐 때: 시간–1, 분+30 출력

> if(시간!=0) printf("%d %d\n", 시간–1, 분+30);

• 조건문-204p~205p

2 프로그램 설명

❶ 03행에서 필요한 변수를 다음과 같이 선언한다.

변수명	초깃값	의미
hour	정하지 않음	시간을 입력받는 변수
min	정하지 않음	분을 입력받는 변수

❷ 04행에서 시간, 분을 입력받는다.

❸ 05~13행은 중첩 if문을 사용하였다. 8행의 if문에서 입력받은 분이 30분 이상이면, 시간에는 변동이 없으므로 시간은 그대로 출력하고 입력받은 분에서 30분을 빼서 출력한다. 만약 분이 30분 미만이면 else 부분으로 넘어간다.

❹ 07~13행은 분이 30분 미만일 때 처리되는 부분이다.
- 시간이 0시일 때는 분에서 30분을 빼면 '-1'시가 되므로 0~23시의 범위를 벗어난다. 따라서 입력된 시간이 0시이면 30분 전 시간은 무조건 23시가 되므로 10행과 같이 출력한다.
- 분의 출력은 입력받은 분에서 30을 더한 분이 되는데, 입력한 분이 30분 미만이므로 '입력한 분-30분'을 하면 음수가 되어 0~60분의 범위를 벗어나기 때문이다. 따라서 '30분-입력한 분'을 수행한 다음 60에서 다시 빼주어야 한다.

$$60분 - (30분 - 입력한 분)$$

위 식을 정리하면 다음과 같다.

$$60분 - 30분 + 입력한 분 = 30분 + 입력한 분$$

❺ 11~12행은 시간이 0이 아닌 경우이므로, 시간에서 1을 뺀 값을 시간으로 출력하면 되고, '30분+ 입력한 분'을 분으로 출력하면 된다.

08 구간의 수 출력하기

두 수를 입력받아 두 수 사이의 숫자를 오름차순으로 출력하는 프로그램이다.

```
00  #include <stdio.h>
01  main( )
02  {
03     int a, b, temp, i;
04     scanf("%d %d", &a, &b);
05     if(a>b)
06     {
07        temp = a;
08        a = b;
09        b = temp;
10     }
11     for(i=a; i<=b; i++)
12        printf("%d ", i);
13     printf("\n");
14  }
```

1 프로그램 설계

입력된 두 수의 순서에 상관없이 낮은 수에서 큰 수를 출력하는 문제이다. 이 문제는 여러 가지 방법으로 프로그래밍할 수 있다. 어떤 방법이 효율적일지 생각해보자.

❶ a가 b보다 작은 경우와 a가 b 이상인 경우를 각각 작성하는 방법

```
if ( a < b )
{
  for( i = a; i <= b; i++ )
  printf("%d ", i);
}
else
{
  for( i = b; i <= a; i++ )
  printf("%d ", i);
}
```

❷ 첫 번째 숫자가 큰 경우에 두 변수의 값을 바꾸는 방법

```
if (a > b) {
   temp = a;     // 두 변수 값을 바꾸는 스왑 알고리즘
   a = b;
   b = temp;
}
for( i = a; i <= b; i++ )
   printf("%d ", i);
```

❸ for문의 시작 변수와 마지막 변수를 지정하여 작성하는 방법

```
if (a < b)
{
   start = a;
   end = b;
}
else
{
   start = b;
   end = a;
}
for( i = start; i <= end; i++ )
   printf("%d ", i);
```

이 방법 중 어떤 방법이 가장 좋을지 생각해 보자.

2 프로그램 설명

❶ 03행에서 필요 변수를 다음과 같이 선언한다.

변수명	초깃값	의미
a	정하지 않음	첫 번째 입력 숫자
b	정하지 않음	두 번째 입력 숫자
temp	정하지 않음	변수의 값을 바꾸는 데 사용되는 임시 변수
i	정하지 않음	for문에 사용되는 변수

❷ 04행에서 두 수 a, b를 입력받았다.

❸ 05~10행은 두 수 중 먼저 입력한 숫자가 클 경우에 a, b의 값을 바꾸는 부분이다. 먼저 if문으로 대소 비교를 한 뒤 먼저 입력한 숫자의 값이 더 큰 경우에 두 변수의 값을 바꾼다. 이때 임시 변수 temp가 사용된다.

❹ 11~12행은 for문에서 a에서 b까지 출력하는 기본적인 구문이다.

❺ 13행은 마지막에 출력한 다음 줄을 바꾸는 부분이다.

09 가장 큰 운동장

운동장의 가로와 세로의 넓이를 3세트 입력받아서 그 중 가장 넓이가 큰 운동장을 출력하는 프로그램이다.

```
00    #include <stdio.h>
01    main( )
02    {
03        int i, w, h, max=0;
04        for(i=0; i<3; i++)
05        {
06            scanf("%d %d", &w, &h);
07            if(w*h>max)
08                max = w*h;
09        }
10        printf("%d\n", max);
11    }
```

1 프로그램 설계

❶ 사각형의 넓이 구하기

> 사각형의 넓이 = 가로의 길이 × 세로의 길이

❷ 여러 개의 값들 중 최댓값 구하기

> max = 0   // 단, 여러 개의 값들이 모두 자연수일 때
>
> if (현재 값 > max)
>   max = 현재 값
>
> 모든 값을 검사하면 max는 최댓값

2 프로그램 설명

❶ 03행에서 필요한 변수의 의미는 다음과 같다.

변수명	초깃값	의미
i	정하지 않음	반복문의 반복자
w	정하지 않음	운동장의 가로의 길이
h	정하지 않음	운동장의 세로의 길이
max	0	최댓값을 저장할 변수

❷ 04~06행은 3번 반복하며 3세트의 운동장의 가로와 세로의 길이를 입력받는 부분이다.

❸ 07~08행의 조건문은 새로 입력받은 운동장의 넓이가 현재까지 가장 넓은 운동장보다 크다면 갱신하여 max 값이 항상 가장 넓은 운동장의 값을 가지게 하는 부분이다.

이 문제에서 max 값을 0으로 초기화할 수 있는 것은 w, h가 길이를 나타내는 값이므로 항상 0보다 크기 때문이다. 따라서 max 값이 0보다 작아지는 경우는 발생하지 않는다.

IDEA+ 반복문을 3회 반복하는 방법

```
00    #include <stdio.h>
01    main()
02    {
03       int n = 3, w, h, max = 0;
04       while( n-- )
05       {
06          scanf("%d %d", &w, &h);
07          if( w*h > max )
08             max = w*h;
09       }
10       printf("%d\n", max);
11    }
```

04행에서 while(n--)의 의미는 n을 1씩 감소하면서 n이 0일 때까지 반복하다는 의미이다. 이때 while문은 n의 초깃값이 3이기 때문에 3번만 반복한다.

모범 답안(해설)

10 대금 만들기

하나의 정수를 입력받아서 그 정수의 약수인 좋은 대금의 수를 구하여 출력하는 프로그램이다.

```
00   #include <stdio.h>
01   main( )
02   {
03     int n, i, count=0;
04     scanf("%d", &n);
05     for(i=1; i<n; i++)
06       if(n%i==0)
07         count=count+1;
08     printf("%d\n", count);
09   }
```

1 프로그램 설계

❶ 약수 판단하기

n을 k로 나누어서 떨어지면 k는 n의 약수

> if(n%k==0의 값이 참이면)
>   k는 n의 약수

❷ 개수 세기

조건식의 결과에 따라 count 값 증가시키기

> if(조건식)
>   count = count + 1;

2 프로그램 설명

❶ 03행에서 필요한 변수를 다음과 같이 선언한다.

변수명	초깃값	의미
n	정하지 않음	길이를 저장할 변수
i	정하지 않음	반복문에 사용될 반복자
count	0	대금의 수를 저장할 변수

❷ 05~07행은 i가 n의 약수인지 판단하는 부분과 약수들의 수를 누적하는 부분이다. i는 1부터 n까지 반복하여 모든 대금의 길이를 구한다.

IDEA+ 반복문의 반복 횟수를 줄이는 경우

```
00  #include <stdio.h>
01  main( )
02  {
03    int n, i, count=0;
04    scanf("%d", &n);
05    for(i=1; i<=n/2; i++)
06      if(n%i==0)
07        count=count+1;
08    printf("%d\n", count);
09  }
```

이 프로그램은 앞에서 제시된 프로그램보다 2배 정도 성능이 향상된 것이다. n의 약수 중 n을 제외한 약수는 n/2보다 큰 값은 존재하지 않으므로 n/2까지만 조사하면 된다. 따라서 실행 시간이 2배 정도 빨라진다.

이 방법 이외에도 더 빠르게 만들 수 있는 방법이 있는지 각자 생각해 본다.

모범 답안(해설)

11 바이러스 백신

세 정수를 입력받아서 세 정수 모두를 나누어떨어지게 하는 값들 중 가장 큰 값을 찾는 프로그램이다. 한 정수를 나누어떨어지게 하는 정수를 약수라고 하고, 두 개 이상의 정수를 동시에 나누어떨어지게 하는 정수를 공약수라고 한다.

```
00   #include <stdio.h>
01   main( )
02   {
03     int v1, v2, v3, i, sol;
04     scanf("%d %d %d", &v1, &v2, &v3);
05     for(i=1; i<=v1; i++)
06     {
07       if(v1%i==0 && v2%i==0 && v3%i==0)
08         sol = i;
09     }
10     printf("%d\n", sol);
11   }
```

1 프로그램 설계

❶ x를 y로 나눈 나머지 구하기

> x % y

❷ 논리 연산자를 이용하여 조건 연결하기

> 조건1 && 조건2 (두 조건이 모두 참일 때만 참)
> 조건1 || 조건2   (두 조건 중 하나만 참이면 참)

2 프로그램 설명

❶ 03행에서 필요한 변수를 다음과 같이 선언한다.

• 반복문-212p~213p

변수명	초깃값	의미
v1	정하지 않음	첫 번째 바이러스의 값
v2	정하지 않음	두 번째 바이러스의 값
v3	정하지 않음	세 번째 바이러스의 값
i	정하지 않음	반복문에 사용될 반복자
sol	0	최고 큰 값을 가지는 백신의 값

❷ 05행은 반복을 위한 부분으로 반복 종료는 v1, v2, v3 중 어떤 값을 사용해도 된다. 하지만 가장 이득을 보려면 제일 작은 값을 사용하는 것이 좋다.

❸ 07행의 조건문은 세 정수의 공약수를 구하는 조건문이다. 모든 정수로 나누어떨어지는 i를 sol에 저장한다. 이 반복문이 끝날 때는 sol에 가장 큰 공약수가 저장된다.

❹ 10행에서 최종적으로 구한 sol을 출력한다.

 최대 공약수 구하기

다음 프로그램은 공약수 중 가장 큰 공약수를 빠르게 구할 수 있는 프로그램이다. 13행에서 반복문을 가장 작은 값에서 출발하여 1씩 감소시키므로 처음으로 발견한 백신이 가장 큰 값을 가지는 백신임이 명확하다.

```
00   #include <stdio.h>
01   min(int a, int b)
02   {
03     if(a > b)
04       return b;
05     else
06       return a;
07   }
08   main()
09   {
10     int v1, v2, v3, i;
11     scanf("%d %d %d", &v1, &v2, &v3);
12     for(i=min(v1, min(v2, v3)); i>=0; i--)
13       if(v1%i==0 && v2%i==0 && v3%i==0)
14         break;
15     printf("%d\n", i);
16   }
```

따라서 앞의 방법보다 반복 횟수를 줄일 수 있는 좋은 방법이다. 이 방법으로 프로그램을 작성하려면 반복문에서 v1, v2, v3 중 가장 작은 값을 먼저 구해야 한다. 위에서 가장 작은 값은 min( ) 함수를 이용하여 구한다.

모범 답안(해설)

12 범인을 잡아라 1

10자리 정수를 입력받아서 그 숫자의 자릿수의 합을 7로 나눈 나머지가 4일 경우 '용의자(suspect)', 그렇지 않을 경우 '일반인(citizen)'을 출력하는 프로그램이다.

```
00  #include <stdio.h>
01  main( )
02  {
03    int n, sum=0;
04    scanf("%d", &n);
05    while(n!=0)
06    {
07      sum += n%10;
08      n /= 10;
09    }
10    if(sum%7 == 4)
11      printf("suspect\n");
12    else
13      printf("citizen\n");
14  }
```

1 프로그램 설계

❶ 숫자 분리하기

정수형 변수에 입력받아서 각 자리의 숫자를 분리한다.

– 1234에서 4를 분리

  1234 % 10 = 4

– 1234에서 123으로

  1234 / 10 = 123

❷ 서식 지정자 %d를 이용하여 1자리씩 나누어 저장하기
  - 1234가 입력될 때

  > scanf("%1d%1d%1d%1d", &a, &b, &c, &d); 를 이용하면
  > a=1, b=2, c=3, d=4가 저장됨

❸ 각 자릿수의 합을 구하고 7로 나눈 나머지를 구한 후, 4와 비교한다.

2 프로그램 설명

❶ 03행에서 필요한 변수를 다음과 같이 선언한다.

변수명	초깃값	의미
n	정하지 않음	입력받는 10자리 정수
sum	0	자릿수의 합을 저장할 변수

❷ 05~09행은 입력받은 정수의 각 자릿수를 분해하여 sum에 누적하는 과정이다. 1의 자리를 구하기 위해서 %10을 이용하고 있으며, 1의 자리를 삭제하기 위하여 /10 연산을 활용하고 있다.

❸ 10~13행은 각 자릿수의 합인 sum을 7로 나눈 나머지에 따라서 범인 여부를 판단하는 부분이다.

 서식 지정자 %1d를 이용하여 입력받는 경우
각 자릿수를 분해하여 받은 값을 sum에 누적하여 쉽게 구할 수 있다.

```
00  #include <stdio.h>
01  main()
02  {
03    int i, t, sum=0;
04    for(i=0; i<10; i++)
05    {
06      scanf("%1d", &t);
07      sum += t;
08    }
09    if(sum%7 == 4)
10      printf("suspect\n");
11    else
12      printf("citizen\n");
13  }
```

13 시저의 암호

암호문을 입력받아 원문으로 복원하는 프로그램이다. 기본적으로 '아스키코드 값 - 3'을 하고, 몇몇 문자에 대해서만 예외 처리를 해주면 된다.

```
00  #include <stdio.h>
01  main( )
02  {
03    char chr;
04    while(1)
05    {
06      scanf("%c", &chr);
07      if(chr=='\n') break;
08      if(chr==' ') printf(" ");
09      else if(chr=='a') printf("x");
10      else if(chr=='b') printf("y");
11      else if(chr=='c') printf("z");
12      else printf("%c", chr-3);
13    }
14    printf("\n");
15  }
```

1 프로그램 설계

❶ 문자열 입력
- 문자열의 입력에 사용되는 서식 지정자 %s는 공백이나 널(null) 문자('\0')를 인식하여 이전까지의 문자만 입력받을 수 있다. 이 문제는 공백이 중간에 입력될 수 있으므로 %s를 이용하여 문제를 풀기에는 어려움이 있다.
- 반복문과 서식 지정자 %c를 이용하여 한 문자씩 입력받으려면 반복문 루프 블록 안에 scanf를 사용하면 된다. 그리고 몇 글자를 입력받을지 모르므로 무한 반복문을 사용하고, 특정 조건에서 중단시키는 명령 break를 사용한다. 여기서 특정한 조건은 '엔터를 눌렀을 때'('\n')로 지정한다.

```
char chr;
while(1)
{
   scanf("%c", &chr);
   if(chr=='\n') break;
// …… 처리 명령
}
```

❷ 알파벳 처리

기본적으로 한 문자씩 입력받으면서 각 문자에서 '-3'을 하면 원문으로 복원할 수 있다. 하지만 a, b, c가 입력으로 들어올 경우는 주의해야 한다. 이 문자들은 '-3'을 하면 아스키코드표에 의해 제대로 된 문자가 출력되지 않고 특수 문자가 출력된다. 따라서 a, b, c는 예외 처리를 해야 하는데, if~else if 문을 이용하면 쉽게 처리할 수 있다.

```
if(chr=='a') printf('x');
else if(chr=='b') printf('y');
else if(chr=='c') printf('z');
else printf("%c", chr-3);
```

❸ 공백 처리

공백 문자의 경우 '-3'을 하면 마찬가지로 의외의 문자가 출력되는데, 공백이 입력될 경우 공백을 그대로 출력해야 한다.

```
if(chr==' ') printf(" ");
```

2 프로그램 설명

❶ 03행에서 필요한 변수를 다음과 같이 선언한다.

변수명	초깃값	의미
chr	정하지 않음	문자를 입력받을 변수

❷ 04~13행은 while문 안의 조건이 1이므로 항상 참이 되어 무한 반복문이 된다. 무한 반복문은 끝나지 않기 때문에 반복문 안에서 반복을 종료시키는 명령이 필요하다.

❸ 07행에서 Enter 를 누르면 break를 실행시켜 반복문을 빠져 나간다.

❹ 08행은 공백이 입력되었을 때, 1 공백을 그대로 화면에 출력하는 부분이다.

❺ 09~11행은 a, b, c 문자의 예외 처리이고, 12행은 그 외 모든 알파벳 소문자에서 3을 빼는 부분이다.

모범 답안(해설)

14 1등과 꼴등

두 수를 입력받아 최댓값(1등)과 최솟값(꼴등)을 구하는 프로그램이다.

```
00  #include <stdio.h>
01  main( )
02  {
03    int n, i, num;
04    int max=0, min=100;
05    scanf("%d", &n);
06    for(i=0; i<n; i++)
07    {
08      scanf("%d", &num);
09
10      if(num>max)
11        max=num;
12
13      if(num<min)
14        min=num;
15    }
16    printf("%d %d\n", max, min);
17  }
```

1 프로그램 설계

❶ 유동적인 입력 개수 처리

입력의 개수가 1개, 2개, …와 같이 정해진 것이 아니라 임의의 수 n으로 정해질 경우에는 scanf로 n을 먼저 입력받은 다음 반복문을 이용하여 n개만큼 scanf를 반복하면 된다.

```
scanf("%d", &n);
for(i=0; i<n; i++)
{
  scanf("%d", &num);
  // 다른 처리 명령
}
```

❷ 1등 점수 찾기(최댓값 구하기)
- 반복문을 통해 n개의 데이터를 하나하나 비교한다. 이때 최댓값을 저장하는 변수를 지정하여 이 변수값보다 크면 값을 갱신하고, 작으면 넘어간다. 이런 방식으로 n개의 데이터를 확인하면 최댓값을 구할 수 있다.
- 이 작업을 하려면 최댓값 변수는 반드시 비교할 모든 데이터 값보다 작은 값으로 초기화해야 한다.

❸ 꼴등 찾기(최솟값 구하기)
- 반복문을 통해 n개의 데이터를 하나하나 비교한다. 이때 최솟값을 저장하는 변수를 지정하여 이 변수값보다 작으면 값을 갱신하고, 크면 넘어간다. 이런 방식으로 n개의 데이터를 확인하면 최솟값을 구할 수 있다.
- 이 작업을 하려면 최솟값 변수는 반드시 비교할 모든 데이터 값보다 큰 값으로 초기화해야 한다.

2 프로그램 설명

❶ 03~04행에서 필요한 변수를 다음과 같이 선언한다.

변수명	초깃값	의미
n	정하지 않음	입력받을 점수의 개수
i	정하지 않음	반복을 위한 변수
num	정하지 않음	각 개인별 점수
max	0	최댓값을 저장하는 변수
min	100	최솟값을 저장하는 변수

❷ 6~7행에서 점수의 개수 n을 입력받는다. 이 n은 for문의 반복 조건에 사용될 것이다.

❸ 06~15행은 반복될 부분으로 i 값이 0부터 시작하기 때문에 i가 n보다 작은 동안 반복문을 수행한다. 1만큼씩 증가하므로 모두 n번을 반복하게 된다.

❹ 08행에 scanf도 총 n번 반복되므로 n명의 점수를 입력받는다. 점수가 하나하나 입력될 때마다 10~11행에서 최댓값을, 13~14행에서 최솟값을 갱신한다. 순서도로 나타내면 다음과 같다.

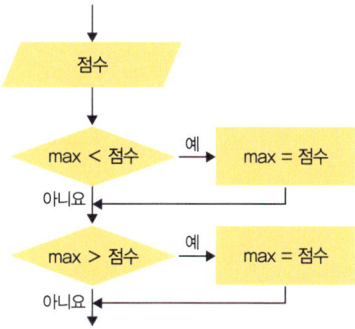

모범 답안(해설)

15 종이 자르기

가로, 세로의 크기가 주어지면 그 크기의 종이를 출력해 주는 프로그램이다.

```
00   #include <stdio.h>
01   main( )
02   {
03     int row, col, i, j;
04     scanf("%d %d", &col, &row);
05     for(i=1; i<=row; i++)
06     {
07       for(j=1; j<=col; j++)
08         if(i==1 || i==row)
09         {
10           if(j==1 || j==col)
11             printf("+");
12           else
13             printf("-");
14         }
15         else if(j==1 || j==col)
16           printf("|");
17         else
18           printf(" ");
19       printf("\n");
20     }
21   }
```

1 프로그램 설계

❶ 가로와 세로 설계

- 가로(width)는 폭을 의미하고, 세로(height)는 높이를 의미한다. 따라서 가로는 열(column)의 개수를 의미하고, 세로는 행(row)의 개수를 의미한다. 2중 반복문에서 행과 열을 채울 때 일반적으로 다음과 같은 구조를 가진다.

```
for(i=0; i <row_max; i++) //행의 개수
    for(j=0; j<col_max; j++) //열의 개수
        // 명령들
```

276 모범 답안(해설)

• 반복문-220p~221p

− 여기서 i는 행 방향(세로)으로 증가하고, j는 열 방향(가로)으로 증가한다. 주로 텍스트 도형이나 2차원 배열을 다룰 때 많이 사용된다.

❷ 어느 시점에 어떤 문자를 출력해야 하는가?

여기서 사용되는 문자는 '−', '|', '+', ' ' 등 모두 4가지이다. for문의 변수 i, j 값이 무엇일 때 어떤 문자가 출력되어야 하는지 잘 설계해야 한다. 그리고 그 중 어떤 조건을 우선적으로 적용해야 하는지도 생각해야 한다.

2 프로그램 설명

❶ 03행에서 필요한 변수를 다음과 같이 선언한다.

변수명	초깃값	의미
row	정하지 않음	세로(행 방향)의 크기를 저장하는 변수
col	정하지 않음	가로(열 방향)의 크기를 저장하는 변수
i	정하지 않음	행 방향으로 증가하는 for문 변수
j	정하지 않음	열 방향으로 증가하는 for문 변수

❷ 04행에서 가로와 세로의 크기를 입력받는다.

❸ 05~20행이 2중 반복문을 이용하여 텍스트를 출력하는 부분이다. i 값을 사용하는 바깥 for문(05~20행)은 행의 증가를, j 값을 사용하는 안쪽 for문(07~18행)은 열의 증가를 의미한다. 가로와 세로의 크기가 4*3일 경우 변수값은 다음과 같이 변한다.

i 값(행)	j 값(열)	적용된 조건식 행 번호	출력 문자
1	1	08행, 10행	+
	2	08행, 12행	−
	3	08행, 12행	−
	4	08행, 10행	+
	printf("\n"); //줄 바꿈		
2	1	15행	|
	2	17행	
	3	17행	
	4	15행	|
	printf("\n"); //줄 바꿈		
3	1	08행, 10행	+
	2	08행, 12행	−
	3	08행, 12행	−
	4	08행, 10행	+

16 세모 바퀴 만들기

한 변의 길이를 입력받아서 a, b, c 각 변으로 분할하여 이 a, b, c의 삼각형을 이룰 수 있는 경우를 구하여 출력하는 프로그램이다.

```
00  #include <stdio.h>
01  main( )
02  {
03    int n, a, b, c, count=0;
04    scanf("%d", &n);
05      for(a=1; a<=n; a++)
06        for(b=a; b<=n; b++)
07          for(c=b; c<=n; c++)
08            if(a+b+c==n && a+b>c)
09            {
10              count++;
11              printf("%d %d %d\n", a, b, c);
12            }
13
14    if(count == 0)
15      printf("-1\n");
16  }
```

1 프로그램 설계

❶ 세변의 길이를 a, b, c 그리고 전체 길이의 합을 n이라고 할 때 a, b, c로 삼각형을 만들려면 다음 조건을 만족해야 한다(단, a≤b≤c).

> a + b > c

❷ count 변수를 이용한 삼각형의 개수 누적

> count 변수에 개수 누적하기

❸ 삼각형의 조건을 만족하는 값을 찾을 때마다 count 값에 누적한다. 만약 count가 0이면 가능한 바퀴가 없다는 의미이다.

• 반복문-222p~223p

2 프로그램 설명

❶ 03행에서 필요한 변수를 다음과 같이 선언한다.

변수명	초깃값	의미
n	정하지 않음	철심의 길이를 저장할 변수
a, b, c	정하지 않음	각 변의 길이를 정할 변수
count	0	가능한 삼각형의 수 저장

❷ 05~07행은 각 삼각형의 가능한 모든 변을 조사하기 위하여 3중 반복문을 이용하고 있다. 각 a, b, c는 1부터 n까지 모든 가능한 경우를 조사한다. 단, 조건 a≤b≤c를 만족할 수 있도록 반복문을 구성한다.

❸ 11행은 3중 반복문에서 각각 정해진 a, b, c의 값을 이용하여 a+b>c를 만족하면 삼각형을 만족하므로 그 값을 출력한다.

❹ 14~15행에서 count의 값이 0인 경우에 -1을 출력한다. 가능한 삼각형이 하나라도 있다면 count 값은 0이 아니다.

IDEA+ 2중 반복문으로 줄일 경우

```
00    #include <stdio.h>
01    main( )
02    {
03      int n, a, b, c, count=0;
04      scanf("%d", &n);
05      for(a=1; a<=n; a++)
06        for(b=a; b<=n; b++)
07        {
08          c = n-(a+b);
09          if(c>=b && a+b>c)
10          {
11            count++;
12            printf("%d %d %d\n", a, b, c);
13          }
14        }
15
16      if(count==0)
17        printf("-1\n");
18    }
```

마지막 c를 선택하는 반복 부분은 n-(a+b)를 이용하여 바로 계산할 수 있으므로, 반복문을 사용하지 않을 수 있다.

17 암호 처리하기

문자열을 입력받아서 두 가지 서로 다른 방법으로 암호화를 한 결과를 출력하는 프로그램이다.

```
00  #include <stdio.h>
01  main( )
02  {
03    char pw[22];
04    int i;
05    scanf("%s", pw);
06
07    for(i=0; pw[i]!='\0'; i++)
08       printf("%c",pw[i]+2);
09    printf("\n");
10
11    for(i=0; pw[i]!='\0'; i++)
12       printf("%c", (pw[i]*7)%80+48);
13    printf("\n");
14  }
```

1 프로그램 설계

문자열의 끝이 NULL이라는 점을 활용하여 프로그램을 작성한다.

> 1단계: 입력받은 문자열을 한 문자씩 조사
> 2단계: 조사하는 문자의 아스키코드 값 + 2 값을 출력
> 3단계: 검사할 문자가 없으면 4단계로, 남았다면 2단계로 이동
> 4단계: 입력받은 문자열을 한 문자씩 조사
> 5단계: 조사하는 문자의 ((아스키코드 값 * 7) % 80) + 48 값을 출력
> 6단계: 검사할 문자가 없으면 종료, 남았다면 5단계로 이동

변환될 문자는 검사하는 한 문자로 바로 결정할 수 있으므로, 한 문자 검사하는 즉시 바로 출력할 수 있다.
5단계에서 연산자 우선순위에 따라서 값이 달라질 수 있으므로 괄호를 해야 한다.

2 프로그램 설명

❶ 03~04행에서 필요 변수를 다음과 같이 선언한다.

변수명	초깃값	의미
pw	정하지 않음	중간고사 반영 비율
i	정하지 않음	계산된 합산 점수

❷ 3행에서 문자열을 저장할 변수를 선언했다. 22개의 공간으로 선언한 이유는 NULL 문자를 저장할 공간을 확보하기 위해서이다. 이와 같이 문자열 배열을 선언할 때에는 최대 문자의 크기보다 1개의 공간을 더 확보해야 한다.

❸ 05행은 서식 지정자 %s를 이용하여 문자열을 편리하게 입력받는다.

❹ 07~09행은 첫 번째 방법으로 암호화한 내용을 출력하는 구문으로, 반복문으로 한 번에 한 문자씩 직접 처리하고 있다.

❺ 11~13행은 두 번째 방법으로 암호화한 내용을 출력한다. 이때 연산자 우선순위에 따라서 답이 틀릴 수 있으므로 괄호를 적절하게 사용하는 것이 중요하다.

18 말하는 앵무새

문자열을 입력받은 후 그 문자열을 거꾸로 뒤집어서 출력하는 프로그램이다.

```
00  #include <stdio.h>
01  #include <string.h>
02  main( )
03  {
04    char str[101];
05    int i;
06
07    fgets(str, 100, stdin);
08
09    for(i=strlen(str)-2; i>=0; i--)
10      printf("%c", str[i]);
11    printf("\n");
12  }
```

여기서 주의할 점은 입력받는 문자열에 " "와 같은 공백문자도 함께 포함될 수 있다는 점이다. 일반적으로 서식 지정자 %s를 사용할 경우 " "와 같은 공백문자는 입력 종료를 의미하므로 gets( )와 같은 다른 함수를 이용하여 처리해야 한다.

1 프로그램 설계

❶ 공백을 포함한 한 줄을 입력받는 방법

scanf의 %s를 이용하면 공백이 포함된 문장을 입력받지 못한다. 이런 경우는 fgets 명령을 사용하면 공백이 포함된 문장을 입력받을 수 있다.

> fgets(배열명, 배열 크기, stdin);

이러한 명령을 이용하여 공백을 포함하는 문자열을 입력받을 수 있다. 원래 fgets는 파일의 문자열을 읽어 오는 명령으로 만들어졌지만, 마지막에 stdin 부분을 넣으면 표준 입출력으로 처리되어 키보드로 입력을 받을 수 있다.

❷ 문자열의 길이를 알 수 있는 strlen( )

strlen( )이라는 함수는 char 배열의 문자열의 길이를 구해주는 함수이다. 이 함수를 사용하기 위해서는 다음과 같은 형식을 이용한다.

> #include <string.h>

2 프로그램 설명

❶ 04~05행에서 필요 변수를 다음과 같이 선언한다.

변수명	초깃값	의미
pw	정하지 않음	문자열을 입력받는 배열
i	정하지 않음	반복문에 사용될 반복자

❷ 07행은 fgets( )를 이용하여 입력받는 구문이다. fgets( ) 함수를 이용하면 줄 바꿈이 입력될 때까지 모든 값을 배열에 입력받을 수 있다.

❸ 09~10행은 입력받은 문자열을 반복문을 이용하여 뒤집어 출력하는 부분이다.

❹ 여기서 strlen( )이라는 함수는 문자열의 길이를 구하는 함수로 string.h에 정의되어 있다. 문자열의 길이를 이용하여 i 값을 문자열의 길이로부터 출발하여 1씩 감소하면서 출력하므로, 거꾸로 출력한 것과 같은 효과를 얻을 수 있다.

❺ 만약 strlen( ) 함수를 사용하지 않고 위와 같은 결과를 얻으려면 문자열의 길이를 직접 구하여 활용할 수 있다.

IDEA+ 문자열의 길이 직접 세보기

```
00    #include <stdio.h>
01    main()
02    {
03        char str[101];
04        int i, len;
05        gets(str);
06        for( len = 0 ; str[len] != NULL ; len++ )
07            ;
08        for( i = len-1 ; i >= 0 ; i-- )
09        {
10            printf("%c", str[i]);
11        }
12    }
```

별해에서 사용한 len 변수의 값은 문자열의 길이를 나타내며, 이 값은 06~07행과 같이 직접 문자열의 길이를 카운트하여 구한다.

모범 답안(해설)

19 C 언어를 찾아라

문자열을 입력받아서 문자열에 'C', 'CC'가 각각 몇 번 나타나는지 알아내는 프로그램이다.

```
00   #include <stdio.h>
01   main( )
02   {
03     char S[101];
04     int i, c=0, cc=0;
05     scanf("%s", S);
06     for(i=0; S[i]!=NULL; i++)
07     {
08       if(S[i]=='c' || S[i]=='C')
09       {
10         c++;
11         if(S[i+1]=='c' || S[i+1]=='C')
12           cc++;
13       }
14     }
15     printf("%d\n", c);
16     printf("%d\n", cc);
17   }
```

1 프로그램 설계

❶ 입력받은 문자열을 한 문자씩 조사한다.

❷ 만약 현재 문자가 'C' 또는 'c'라면, 일단 'C'를 하나 찾은 것이므로 c의 값이 1 증가한다.

❸ 그 다음 문자가 다시 'C' 또는 'c'인지 검사하여, 맞으면 cc 값이 1만큼 증가한다.

❹ 검사할 문자가 없으면 종료, 남았으면 다시 1단계로 이동한다.
이 단계에서 마지막 문자를 판단하는 방법은 현재 문자가 NULL 문자인지 확인하면 된다. C 언어에서는 문자열의 끝이 항상 NULL로 끝나므로 다음 조건을 만족한다면 문자열이 끝난 것이다.

S[i]==NULL (참이면 문자열이 끝난 것임)

2 프로그램 설명

❶ 03행에서 필요한 변수를 다음과 같이 선언한다.

변수명	초깃값	의미
S	정하지 않음	입력 문자열 최대 100 문자
i	정하지 않음	반복문에 사용할 반복자
c	0	'C'의 수를 카운트
cc	0	'CC'의 수를 카운트

❷ 서식 지정자 %s를 이용해서 05행에서 7행에서 문자열을 한 번에 입력받는다. 이때 문자열의 끝에 자동으로 NULL 문자가 입력된다.

❸ 06~14행에 걸쳐서 문자열의 문자를 하나씩 검사한다. 여기서 S[i] 문자가 'c' 또는 'C'라면 c의 값을 1만큼 증가한다.

❹ S[i+1]번째 문자도 함께 검사하여 'CC'로 이루어져 있는지 바로 검사할 수 있다. 이때에도 대소문자에 관계없으므로 'C'와 'c'를 모두 검사하여 만약 그 결과가 참이라면 cc 값을 1만큼 증가시킨다.

❺ 15, 16행에서 구한 값들을 화면에 출력한다.

20 가장 큰 수

10개의 변수를 입력받아 가장 큰 홀수와 가장 큰 짝수를 출력하는 프로그램이다.

```
00  #include <stdio.h>
01  main( )
02  {
03    int S[10], i, m1=0, m2=0;
04    for(i=0; i<10; i++)
05      scanf("%d", &S[i]);
06
07    for(i=0; i<10; i++)
08    {
09      if(S[i]%2 == 1)
10        if(m1<S[i])
11          m1=S[i];
12
13      if(S[i]%2 == 0)
14        if(m2<S[i])
15          m2=S[i];
16    }
17
18    if(m1>0)
19      printf("%d ", m1);
20    if(m2>0)
21      printf("%d\n", m2);
22  }
```

1 프로그램 설계

❶ 홀수, 짝수 판별

> n%2 == 0이면, n은 짝수
> n%2 == 1이면, n은 홀수

❷ 가장 큰 수 판별

> if(max < S[i])
>   max=S[i];

S[i] 중 가장 큰 S[i]를 max에 저장한다.

2 프로그램 설명

❶ 03행에서 필요한 변수를 다음과 같이 선언한다.

변수명	초깃값	의미
S[ ]	정하지 않음	값들을 저장할 배열
m1	0	홀수의 최댓값 저장
m2	0	짝수의 최댓값 저장
i	정하지 않음	반복문에 사용할 반복자

❷ 09~15행은 홀수와 짝수를 판단하여 각 값들 중 최댓값을 저장한다.

❸ 16행과 18행은 각 값들이 존재하는지 파악하여 만약 존재하지 않는다면 아무 값도 출력하지 않게 하는 조건문이다.

IDEA+ 배열을 사용하지 않는 경우

```
00  #include <stdio.h>
01  main( )
02  {
03    int S, i, m1=0, m2=0
04    for(i=0; i<10; i++)
05    {
06      scanf("%d", &S);
07      if(S%2 == 1)
08        if(m1<S)
09          m1 = S;
10
11      if(S%2 == 0)
12        if(m2<S)
13          m2 = S;
14    }
15
16    if(m1>0)
17      printf("%d ", m1);
18    if(m2>0)
19      printf("%d\n", m2);
20  }
```

21 범인을 잡아라 2

10명의 키를 입력받아서 3번째로 키가 큰 사람, 즉 범인을 찾아내는 프로그램이다. 세 번째로 키가 큰 사람을 찾아내려면 반복문을 이용하여 해를 구한다.

```
00   #include <stdio.h>
01   main( )
02   {
03     int H[10], i, j, t;
04     for(i=0; i<10; i++)
05       scanf("%d", &H[i]);
06
07     for(i=0; i<3; i++)
08       for(j=i+1; j<10; j++)
09         if(H[i]<H[j])
10         {
11           t = H[i];
12           H[i] = H[j];
13           H[j] = t;
14         }
15
16     printf("%d\n", H[2]);
17   }
```

1 프로그램 설계

❶ 10개의 자료를 배열과 반복문을 사용하여 차례로 저장한다.

❷ 첫 번째 자료를 선택하여 두 번째부터 마지막 값까지 비교해가면서, 첫 번째 값이 작으면 더 큰 값을 첫 번째 값과 교환한다.

```
for(i=1; i<n; i++)
  if(H[0]<H[i])
    H[0]과 H[i]의 값을 교환
```

반복문이 모두 실행되고 나면 가장 큰 값이 H[0]에 저장된다.

❸ ❷의 단계를 두 번째 원소, 세 번째 원소까지 반복하면 두 번째 값과 세 번째 값이 각 자리에 저장된다.

❹ H[2]에 세 번째로 큰 값이 저장되므로 그 값을 출력한다.

2 프로그램 설명

❶ 03행에서 필요한 변수를 다음과 같이 선언한다.

변수명	초깃값	의미
H[ ]	정하지 않음	10명의 키를 저장할 배열
i, j	정하지 않음	반복문에 사용될 반복자들
t	정하지 않음	값을 교환할 때 사용할 임시 변수

❷ 07행은 현재 배열의 값들 중 다른 원소와 비교할 대상을 정하는 반복문으로, 정해진 값과 08행의 반복문을 통하여 가장 큰 값이 H[0]번 방에 저장된다.
만약 H[i], 즉 선택된 변수의 값보다 H[j] 값이 크면 두 값을 교환하여 항상 H[i]의 값이 H[j]의 값보다 크게 한다.
위의 과정을 H[0]부터 H[2]까지 반복하면 가장 큰 값은 H[0], 그 다음 큰 값은 H[1], 세 번째로 큰 값은 H[2]에 저장된다.

❸ 16행에서 H[2]의 값을 출력한다.

22 윤년 판단하기

연도를 입력받아 조건1, 조건2에 따라서 윤년인지 아닌지를 판단하여 출력하는 프로그램이다.

```
00  #include <stdio.h>
01  bool f(int y)
02  {
03     if(y%400 == 0)
04        return true;
05     else if(y%4==0 && y%100!=0)
06        return true;
07     else
08        return false;
09  }
10
11  main( )
12  {
13     int y;
14     scanf("%d", &y);
15
16     if(f(y))
17        printf("yes\n");
18     else
19        printf("no\n");
20  }
```

1 프로그램 설계

❶ 논리 연산자(&&, ||)를 이용한 복합 조건의 표현

- 조건 A, B에 대한 '&&'(AND)의 진리표

조건 A	조건 B	결과
F	F	F
F	T	F
T	F	F
T	T	T

- 조건 A, B에 대한 '||'(OR)의 진리표

조건 A	조건 B	결과
F	F	F
F	T	T
T	F	T
T	T	T

❷ if~else if~else를 이용하여 다양한 조건을 표현할 수 있다.

> if(조건 1)
>   조건 1일 참이 경우
> else if(조건 2)
>   조건 1은 거짓이면서 조건 2가 참일 경우
> else
>   조건 1, 2가 모두 거짓일 경우

2 프로그램 설명

❶ 03행은 조건1을 판단하는 부분이다.

❷ 05행은 조건2를 판단하는 부분이다. 조건2는 2가지 조건을 논리연산자 '&&'를 이용하여 복합 조건으로 판단한다.

❸ 13행에 선언된 변수의 의미는 다음과 같다.

변수명	초깃값	의미
y	정하지 않음	연도를 저장할 변수

❹ 16~19행에서 함수 f의 결과값으로 윤년인지 판단한다. f의 결과가 true이면 'yes', false이면 'no'를 출력한다.

IDEA+ 논리 연산자를 이용하여 코드 길이 줄이기

```
00    #include <stdio.h>
01    bool f(int y)
02    {
03      if( y % 400 == 0 || y % 4 == 0 && y % 4 != 100 )
04        return true;
05      else
06        return false;
07    }
08
09    main( )
10    {
11      int y;
12      scanf("%d", &y);
13
14      if(f(y))
15        printf("yes\n");
16      else
17        printf("no\n");
18    }
```

03행은 조건1, 조건2를 하나의 또 다른 논리 연산자 '||'를 이용하여 중복적인 조건으로 표현하였다.

모범 답안(해설)

23 윷놀이

4개 윷의 상태를 입력받아 결과를 출력하는 프로그램이다.

```
00   #include <stdio.h>
01   int f(int a, int b, int c, int d)
02   {
03      return a+b+c+d;
04   }
05
06   main( )
07   {
08      int a, b, c, d;
09      scanf("%d %d %d %d", &a, &b, &c, &d);
10
11      switch(f(a,b,c,d))
12      {
13         case 1 : printf("도\n");
14         break;
15         case 2 : printf("개\n");
16         break;
17         case 3 : printf("걸\n");
18         break;
19         case 4 : printf("윷\n");
20         break;
21         default : printf("모\n");
22      }
23   }
```

1 프로그램 설계

❶ 모든 경우에 대한 조건을 설정하는 방법

입력으로 윷1, 윷2, 윷3, 윷4의 값이 주어진다. 여기서 모든 경우를 다 조사해보자.

• 함수-236p~237p

윷1	윷2	윷3	윷4
1	0	0	0
0	1	0	0
0	0	1	0
0	0	0	1

▲ '도'인 경우

윷1	윷2	윷3	윷4
1	1	0	0
1	0	1	0
1	0	0	1
0	1	1	0
0	1	0	1
0	0	1	1

▲ '개'인 경우

윷1	윷2	윷3	윷4
1	1	1	0
1	1	0	1
1	0	1	1
0	1	1	1

▲ '걸'인 경우

윷1	윷2	윷3	윷4
1	1	1	1

▲ '윷'인 경우

윷1	윷2	윷3	윷4
0	0	0	0

▲ '모'인 경우

불가능한 것은 아니지만 이 경우를 모두 if문을 사용하여 나타내기가 매우 힘들다.

❷ 아이디어

윷의 상태가 뒤집어져 있거나(1) 뒤집어지지 않았거나(0) 두 경우 밖에 없다. 따라서 뒤집어진(1) 윷의 개수를 세어서 그 개수에 따라서 결과를 출력하면 된다.

공교롭게도 이 문제에서는 뒤집어진 윷의 상태가 1이고 뒤집어지지 않은 상태가 0이므로, 4개의 윷 상태를 모두 더하면 뒤집어진 윷의 개수를 알 수 있다. 이 개수로 switch~case를 이용하면 쉽게 문제를 해결할 수 있다.

2 프로그램 설명

❶ 08행에서 필요 변수를 다음과 같이 선언한다.

변수명	초깃값	의미
a	정하지 않음	첫 번째 윷의 상태
b	정하지 않음	두 번째 윷의 상태
c	정하지 않음	세 번째 윷의 상태
d	정하지 않음	네 번째 윷의 상태

❷ 09행에서 a, b, c, d 변수에 윷의 각각의 상태를 입력받았다.

❸ 01~04행은 뒤집어진 윷의 개수를 구하는 부분을 함수로 나타낸 것이다. 앞서 설명한대로 윷의 4가지 상태를 모두 더하였다.

❹ 11~22행에서 윷의 상태에 따라 판단하였다. 조건에 따른 결과가 5가지로 나누어지므로 가독성이 좋은 switch~case문을 사용하였다.

24 뒤집어 더하기

입력받은 정수와 함수를 이용하여 뒤집은 정수의 합이 회문인지 판단하는 프로그램이다.

```
00  #include <stdio.h>
01  int f(int n)
02  {
03    int s=0;
04    while(n)
05    {
06       s = s*10;
07       s = s+(n%10);
08       n = n/10;
09    }
10    return s;
11  }
12
13  main( )
14  {
15    int a, b;
16    scanf("%d", &a);
17
18    b = a+f(a);
19
20    if(b == f(b))
21       printf("YES\n");
22    else
23       printf("NO\n");
24  }
```

1 프로그램 설계

❶ 결과값을 0으로 초기화한다.

❷ 입력값이 0이면 종료, 아니면 3단계로 이동한다.

❸ 결과값 = 결과값*10

❹ 결과값 = 결과값+(입력값의 1의 자리)

❺ 입력값 = 입력값/10(나머지 버림)

❻ ❸번 단계로 이동한다. 단계를 모두 거친 후 결과값에는 입력된 수를 거꾸로 뒤집은 값이 저장된다.

❼ 입력값과 결과값의 합을 구한 후, 그 값이 회문인지 검사하여 답을 구한다.

2 프로그램 설명

❶ 03행과 15행에서 필요한 변수를 다음과 같이 선언한다.

변수명	초깃값	의미
s	0	함수용 지역 변수 전달된 값을 뒤집은 값을 저장
a	정하지 않음	입력값을 저장할 변수
b	정하지 않음	입력값과 뒤집은 값의 합을 저장할 변수

❷ 01~11행은 입력받은 수 n을 뒤집은 값 s를 만드는 작업을 하는 함수이다. 따라서 입력값과 결과값이 모두 정수이므로 int f(int)로 작성되었다.

❸ 18행은 입력받은 변수와 f( )를 이용하여 뒤집은 값을 b에 저장한다. 따라서 b가 회문인지 검사하면 'YES'인지 'NO'인지 알 수 있다.

❹ 20행은 함수 f( )를 이용하여 b가 회문인지 검사한다. 이 행을 통해서 함수를 다양하게 활용하는 방법을 알 수 있다.

❺ 20~23행은 참, 거짓의 결과에 따라서 'YES' 또는 'NO'를 출력한다.

25 정수 계산기

학생들의 인원 수와 각 학생들의 점수를 입력받아, 각 점수의 등수를 출력하는 프로그램이다.

```
00   #include <stdio.h>
01   int n, s[100];
02   int f(int c)
03   {
04     int i, rank=1;
05
06     for(i=0; i<n; i++)
07       if(s[c] < s[i])
08         rank++;
09
10     return rank;
11   }
12
13   main( )
14   {
15     int i;
16     scanf("%d", &n);
17
18     for(i=0; i<n; i++)
19       scanf("%d", &s[i]);
20
21     for(i=0; i<n; i++)
22       printf("%d\n", f(i));
23   }
```

1 프로그램 설계

❶ 정렬을 이용하여 순위를 구하는 방법

순위를 구할 때 가장 먼저 사용하는 방법이 데이터를 정렬하는 것이다. 그러나 이 방법은 순위는 바로 알 수 있지만, 동점자를 처리하기가 까다롭다. 또한 1등부터 차례로 출력하는 것이 아니라, 입력받은 번호 순서대로 순위를 출력하는 것이므로 정렬은 좋은 방법이 아니다.

• 함수-240p~241p

❷ 자신보다 성적이 좋은 사람의 수를 카운트하여 순위를 구하는 방법
아래와 같은 공식을 이용하면 자신의 순위를 쉽게 구할 수 있다. 이 방법을 반복문으로 모든 학생에 대해서 적용하면 동점자를 고려하지 않아도 자동으로 처리되므로 매우 편리하다.

> 자신의 순위 = (자신보다 점수가 높은 사람의 수)+1

2 프로그램 설명

❶ 01, 04, 15행에서 필요한 변수를 다음과 같이 선언한다.

변수명	초깃값	의미
n	정하지 않음	학생 수를 입력받을 변수
s[ ]	정하지 않음	각 학생의 점수를 입력받을 배열
i	정하지 않음	각 함수 내에서 반복문에 사용할 반복자
rank	1	어떤 학생의 순위를 계산해 저장할 변수

❷ 02~11행은 학생의 순위를 구하는 함수이다.
함수 내의 반복문을 통하여 자신보다 점수가 높은 학생의 수를 카운트하고, 그 결과를 rank 값에 저장한다.

❸ 18~19행에서 반복문을 이용하여 n명의 학생의 성적을 차례로 배열에 입력받는다.

❹ 21~22행에서 함수를 이용하여 각 학생의 순위를 구한 후 출력한다.

모범 답안(해설)

26 광석 제련하기

25행 5열의 숫자값을 입력받아 가장 큰 3행 3열의 영역의 합을 구하는 프로그램이다.

```
00   #include <stdio.h>
01   int value[5][5];
02   int f(int a, int b)
03   {
04      int sum=0, i, j;
05
06      for(i=a; i<a+3; i++)
07         for(j=b; j<b+3; j++)
08            sum += value[i][j];
09
10      return sum;
11   }
12
13   main( )
14   {
15      int i, j, max=0;
16
17      for(i=0; i<5; i++)
18         for(j=0; j<5; j++)
19            scanf("%d", &value[i][j]);
20
21      for(i=0; i<3; i++)
22         for(j=0; j<3; j++)
23            if(max < f(i,j))
24               max = f(i,j);
25
26      printf("%d\n", max);
27   }
```

1 프로그램 설계

❶ 2차원 배열을 선언하여 광석의 각 부분값을 배열에 저장한다.

> int value[5][5];

❷ 3*3 영역의 가치를 구하는 함수를 설계하여 가치를 구한다.

```
int f(int a, int b)
{
  int sum=0, i, j;

  for(i=a; i<a+3; i++)
    for(j=b; j<b+3; j++)
      sum += value[i][j];

  return sum;
}
```

❸ 여러 가지 방법으로 얻어질 수 있는 여러 가지 값들 중에서 최대 가치를 찾는다.

2 프로그램 설명

❶ 배열과 필요한 변수를 다음과 같이 선언한다.

변수명	초깃값	의미
value[ ][ ]	정하지 않음	5*5 각 값을 입력받기 위한 배열
a, b	정하지 않음	3*3 영역의 왼쪽 위 좌표를 전달받기 위한 변수
sum	0	3*3 영역의 가치 합을 저장할 변수
i, j	정하지 않음	각 함수에서 사용될 반복자
max	0	최대 가치를 저장하기 위한 변수

❷ 02~11행은 a행 b열부터 a+2, b+2까지의 영역의 합을 구하는 함수이다. 이 함수를 이용하여 효율적으로 프로그램을 작성할 수 있다.

❸ 17~19행은 5행 5열의 배열로 각 부분의 가치를 입력받는 부분이다.

❹ 21~24행은 각 영역의 3*3열의 모든 값을 구하여 가장 큰 값을 찾는 부분이다. 이 부분에서 함수를 이용하여 프로그램 작성의 편의성을 높인다.

27 줄 세우기

세 개의 정수를 입력받은 후 오름차순으로 출력하는 프로그램이다.

```
00    #include <stdio.h>
01    void f(int *a, int *b)
02    {
03      int t;
04      t = *a;
05      *a = *b;
06      *b = t;
07    }
08    main( )
09    {
10      int a, b, c;
11      scanf("%d %d %d",&a,&b,&c);
12      if(a>b) f(&a, &b);
13      if(b>c) f(&b, &c);
14      if(a>b) f(&a, &b);
15      printf("%d %d %d\n", a, b, c);
16    }
```

1 프로그램 설계

❶ 두 변수의 값 바꾸기

> t=a;   a=b;   b=t;

❷ 두 변수 오름차순으로 교환하기

```
if(a<b)
{
 t=a;
 a=b;
 b=t;
}
```

• 함수-244p~245p

2 프로그램 설명

❶ 10행에서 필요한 변수를 다음과 같이 선언한다.

변수명	초깃값	의미
a	정하지 않음	첫 번째 사람의 몸무게
b	정하지 않음	두 번째 사람의 몸무게
c	정하지 않음	세 번째 사람의 몸무게

❷ 01~07행은 두 변수에 저장되어 있는 값을 바꿔주는 함수이다. 함수에 전달되어야 하는 값은 변수가 사용하는 주소값이며, 변수 이름 앞에 & 기호를 붙이면 된다. 어떤 주소에 저장되어 있는 값은 * 기호를 붙이면 된다. 이렇게 어떤 변수가 사용하는 주소값을 함수에 전달하는 것을 '참조에 의한 호출(call by reference)'이라고 한다.

❸ 12~14행의 3개의 조건문을 이용하여 세 변수의 값을 오름차순으로 정렬할 수 있다.
  - 첫 번째 조건문에 의해 반드시 b가 a보다 큰 값이 된다.
  - 두 번째 조건문에 의해 c는 b보다 큰 값이 되며, c도 a보다 큰 값이 된다.
  - 마지막으로 a, b를 다시 비교한 후 값을 바꾸면 오름차순으로 정렬된다.

찾아보기

ㄱ~ㄹ

가감 연산자	107
감소 연산자	105
객체	41
객체 지향 프로그래밍	41
게임 개발용 언어	40
고급 언어	39
관계 연산자	124
교육용 프로그래밍 언어	40
그룹 기능	21
기계어	39
논리 변수	95
논리 상수	90
논리 연산자	100, 124
논리적 오류	53, 92
단항 연산자	107
대입 연산자	99
데이터 흐름형 프로그래밍	41
등가 연산자	107
디버깅	51
라이브러리 함수	86
로제타석	81
링커	51

ㅁ

메모리 공간	169
메모리 초과	19
명령어	48
명확성	24
모델링	70
모바일 운영체제	34
모범 소스 기능	20
모범 소스 보기	24
문법적 오류	52
문자 변수	91
문자 상수	90
문자열 변수	91
문자열형 변수	94
문제 검색	20
문제 분석	70
문제 분석 및 설계	45
문제 분해	70
문제집 기능	21

ㅂ

반복	49
반복문	140
배열	157
배열의 구조	158
배열의 선언	158
배열의 초기화	158
배열의 활용	162
백준 온라인 저지	11
버그	52
버림	100
범용 프로그래밍 언어	40
변수	90
변수 선언	90
변수명 지정	96
병렬화	70
복합 대입 연산자	104
부정 행위 차단 기능	27
비교 연산자	100, 107
비트 연산자	102

ㅅ

산술 연산자	99, 124
상수	89
서식 지정자	111
선택	49
소수	75
소스 코드	50
소프트웨어	33
수업 생성	22
순서도	49
순차	49
숫자 변수	91
숫자 상수	90
승제 연산자	107
시간 초과	19
시뮬레이션	70
시스템 개발용 언어	40
시프트 연산	103
식별자	97
실수형 변수	91
실행 중 에러	19
실행 파일	51, 84

ㅇ~ㅈ

아스키코드	51
알고리즘	46
알고리즘 표현 방법	46
알고리즘의 조건	48
알고리즘의 역할	48
알고스팟	11
앱 스토어	34
앳 코더	12
어셈블리어	39
연산자	98
연산자 우선순위	107
예약어	97
오버플로	93
오브젝트 파일	51
온라인 저지	10
우분투	34
운영체제	35
웹 개발용 언어	40
웹 브라우저	34
유클리드 알고리즘	81
유한성	48
응용 소프트웨어	35
이벤트 기능	26
이벤트 기반 프로그래밍	41
일차식	107
자동화	48, 69
자료 분석	70
자료 수집	70
자료 표현	70
자료형	91
재귀 함수	179
재귀 호출	179
저급 언어	39
전처리 구문	86, 99
절삭	100
절차적 프로그래밍	40
정수형 변수	91
제어 문자	110
조건 설정	124
조건 연산자	107
조건문	122
중첩 for문	146

중첩 if문	127
증가 연산자	105
증감 연산자	104

ㅊ ~ ㅌ

참조 연산자	105
채점 가능 언어	15
최대공약수	76
추상화	68
출력한계 초과	19
컴파일	51
컴파일러	57
컴파일 에러	19
컴퓨팅 사고력	10, 67
코드 포스	12
코드업	14
코드업 문제 분류	16
코드업 서버	15
코이스터디	11
콤마 연산자	107
클래스	41
탐색	74
탐색 기반 알고리즘	74
텍스트 편집기	57
통합 개발 환경	35, 56

ㅍ ~ ㅎ

펀치 카드	38
포인터	166
포인터 변수	166
표현 에러	19
프로그래밍	32, 70
프로그래밍 언어	33
프로그램	31
프로그램 구현	45
프로그램 테스트	46
피연산자	99
학생 관리 기능	26
함수	172
함수의 기능	173
함수의 장점	174
함수의 정의	173
함수의 활용	174

핵심 요소 추출	70
헤더 파일	84
형 변환 연산자	106
효율	69

A ~ I

ABC	12
AGC	12
Al-Khwarizmi	46
algorithm	46
ARC	12
ASCII	93
automation	48
bool	92
break	135, 149
bug	52
C#	40
C++	40
call by reference	178
call by value	178
char	32
class	41
code	32
Code::Blocks	58
coding	32
Coding is fun	12
compiler	56
continue	149
debugger	51
debugging	51
Dev-C++	61
do~while문	142
double	92
float	92
for문	143
function	38
GCC	61
Hack	12
Hello, World!	83
html 코드	34
IDE	35
identifier	97
if	122

if~else	125
if~else if...else	129
instruction	38
int	92

J ~ P

Java	42
keyword	97
linker	51
long long	92
machine code	39
main	84
object	41
object file	51
operand	99
operating system	35
operator	99
overflow	93
POJ	13
printf	109
programming	32
punch card	38
Python	42

S ~ X

scanf	113
software	33
Swift	41
switch~case	133
TIOBE	80
ubuntu	34
unsigned int	92
USACO	12
Visual Basic	41
Visual C++	41
while문	140
Windows10	34
Xcode	64

기호, 숫자

&& 연산자	129
2차원 배열	163
3항 연산자	126

C 언어 & 문제 해결
코드업과 함께 하는

발 행 일	초판 1쇄 발행 2017년 6월 5일
지 은 이	배준호, 정웅열, 정종광, 전현석
발 행 인	신재석
발 행 처	(주)삼양미디어
주　　소	서울시 마포구 양화로 6길 9-28
전　　화	02) 335-3030
팩　　스	02) 335-2070
등록번호	제10-2285호
	Copyright ⓒ 2017. samyangmedia
홈페이지	www.samyangM.com
I S B N	978-89-5897-327-0 (13000)
정　　가	15,000원

삼양미디어는 이 책에 대한 독점권을 가지고 있습니다.
따라서 삼양미디어의 서면 동의 없이는 누구도 이 책의
전체 또는 일부를 어떤 형태로도 사용할 수 없습니다.
이 책에는 등장하는 제품명은 각 개발 회사의 상표 또는 등록상표입니다.
잘못된 책은 바꾸어 드립니다.
